U0732315

韶文化研究丛书编委会

主　任：刘启宇

副主任：孔云龙　李晓林

主　编：廖　益

副主编：李　梅　黄明奇　莫昌龙

编　委：廖　益　李　梅　宋会群

　　　　熊贤汉　黄明奇　莫昌龙

　　　　仲红卫　曾宇辉　王焰安

　　　　官建生　宁夏江　赖井洋

　　　　梁观福　何　露　苗　仪

　　　　罗信波

岭南文化书系
韶文化研究丛书

粤北古道与文化

赖井洋　著

暨南大学出版社
JINAN UNIVERSITY PRESS

中国·广州

图书在版编目（CIP）数据

粤北古道与文化/赖井洋著 . —广州：暨南大学出版社，2022.11
（岭南文化书系 . 韶文化研究丛书）
ISBN 978 - 7 - 5668 - 3546 - 8

Ⅰ.①粤⋯　Ⅱ.①赖⋯　Ⅲ.①古道—研究—广东　Ⅳ.①K928.6

中国版本图书馆 CIP 数据核字（2022）第 211998 号

粤北古道与文化
YUEBEI GUDAO YU WENHUA
著　者：赖井洋

出 版 人：张晋升
项目统筹：苏彩桃
责任编辑：王莎莎
责任校对：刘舜怡　黄晓佳　陈皓琳
责任印制：周一丹　郑玉婷

出版发行：暨南大学出版社（511443）
电　　话：总编室（8620）37332601
　　　　　营销部（8620）37332680　37332681　37332682　37332683
传　　真：（8620）37332660（办公室）　37332684（营销部）
网　　址：http://www.jnupress.com
排　　版：广州市天河星辰文化发展部照排中心
印　　刷：韶关市新华宏达印务有限公司
开　　本：787mm×1092mm　1/16
印　　张：18.75
字　　数：289 千
版　　次：2022 年 11 月第 1 版
印　　次：2022 年 11 月第 1 次
定　　价：69.80 元

（暨大版图书如有印装质量问题，请与出版社总编室联系调换）

总　序

一

韶关历史悠久，文化底蕴深厚，源远流长，为岭南开发较早的地区之一。宋代乐史撰《太平寰宇记》所引《郡国志》言："韶州科斗劳水间有韶石，两石相对，大小略均，有似双阙……昔舜帝游此石，奏韶乐，因以名之。"其实，"韶"字来源于"舜帝南巡奏韶乐"的千古美妙传说早在隋唐时期就已流传。隋开皇九年（589），韶州以"韶"为州名，千百年来始终未改。此后，在中华大地上以"韶"命名的古城韶州成为岭南著名州府。迄今为止，韶关是唯一以"韶"命名的历史文化名城。

马坝人的发现证明了早在十多万年前，人类的祖先就在韶关这块古老的土地上繁衍生息。石峡文化遗址的发掘又告诉人们，在四五千年前，这片区域已经与长江流域在经济文化方面有了密切的联系，及至秦破百越、纳岭南，韶州成为岭南最早归属中央政权管辖和开发的地区之一。汉晋以降，珠玑先民持续南迁至珠江三角洲，衍成广府民系和广府文化。可以说，韶文化是岭南文化早期的一个主要源头。唐代著名文学家皇甫湜在为韶州作《韶阳楼记》时写道："岭南属州以百数，韶州为大。"韶关作为广东北大门及粤北历史文化中心，自古就发挥了传输中原文化、弘扬岭南文化的先进作用。

韶关自古为岭南重镇，又是人杰地灵之都、山川灵秀之域。唐初，禅宗南派创始人六祖惠能在韶州弘法近四十年，述成了第一部中国化的佛家经典《六祖坛经》，形成了著名的禅宗文化。南北朝时期以勇猛刚烈著称的风烈将军侯安都，唐开元盛世名相、以风度名扬天下的张九龄，学深刚毅、文采拔萃、以风采而著名的北宋政治家余靖，明代抗倭名将陈璘，清代著名思想家廖燕等，都是受韶文化滋养的土生

土长的韶州人杰。唐代大文豪韩愈，北宋文学家苏东坡，南宋诗人杨万里、著名理学家朱熹、名臣文天祥，明代才子解缙、著名学者丘濬、理学家陈白沙、科学家徐光启、军事家袁崇焕，清代著名诗人王士禛、朱彝尊，以及民国时期革命先行者孙中山，中华人民共和国创建者毛泽东、朱德、陈毅等一大批名人都在韶关留下了千古流芳的诗文和历史足迹。在中华世纪坛上铭刻的一百多位对中国历史文化产生深刻影响的人中有两位外国人，其中有一位是被誉为"中西文化交流第一人"的意大利传教士利玛窦，他也曾经于明代在韶关活动六年，对西学东渐和东学西传作出了不可磨灭的贡献。

从古代相传"舜帝南巡奏韶乐"到岭南名州、历史文化名城，韶关经过代代相传，已经形成了岭南文化中不可或缺的重要组成部分——韶文化。因此，我们说，韶文化是指分布在粤北地区的、受历代行政区划和自然环境影响孕育滋生的一种有着较为突出特征的史志阶段的区域文化。简言之，韶关本土的历史文化就是韶文化。韶文化的核心是以"韶"为主的包容、和谐、善美的传统精神，其文化结构的主要元素是舜帝韶乐文化、客家文化、南禅宗佛教文化、历史名人文化、瑶族文化、矿冶文化、山区生态文化、红色革命文化等，在文化形态上既表现了与岭南文化的同一性，又表现出自然与人文各方面的多元性和独特性。正是由于以上在地域特征、自然生态、族源构成等方面显示出的诸多特殊性，以"韶"为主题的韶文化才得以确立，并在数千年的历史中不断融合发展。

二

韶文化是岭南文化中一个主要的文化类型。这个文化类型的特色在以石峡文化为代表的萌芽阶段已初现端倪，在秦代南越国及两汉以后步入发展阶段，曲江（又称曲红，因曲红冈得名）、始兴郡皆为当时岭南最重要的中心城市之一，特别是此地最富特色的以丹霞红岩为主的自然生态风光逐渐被人们发现，而且由于舜帝南巡，在岭南地区奏韶乐的历史传说，原名"曲红冈"的丹霞地貌被赋予"至美""至善"的韶乐精神，并命名为"韶石"："隋平陈，为韶州，以韶石为名。"（唐初梁载言《十道志》）至此，以"韶"为核心的优美的自然环境和善美和合的韶乐人文精神在粤北地区被有机地结合起来，韶

乐、韶石成为韶州这一地区最响亮的文化符号。基于地方行政区划和自然环境特殊性而形成的区域文化——韶文化,在保留了岭南文化一般特征的同时,逐渐在粤北展现出自己独特的文化结构、文化形态特征,主要表现在:

——舜帝韶乐文化。它不仅是韶关得名之源,而且有历史上一大批古建筑作为载体,以及隋唐以来历代史志和名人歌赋作为文献记录。韶乐的和谐善美精神在韶关地区的传播至少有千余年,是韶文化的精神内核,是统领其他文化要素的主导部分,也是区别于其他区域文化的重要地方特色。之所以把粤北地区的文化称为"韶文化",其主要原因正在于此。

——汉族移民文化、粤北客家文化、瑶族文化、疍民文化构成了韶文化的民族民系主体。特别是持续南迁的珠玑移民构成了日后广府民系的主体,对岭南和东南亚的开发影响深远。

——发源于韶关的南禅宗佛教文化及其他宗教文化构成了韶文化精神层面的重要补充。南禅宗文化使佛教比较彻底地中国化,影响超出岭南,并传播到全国甚至全世界。

——历史上,粤北古道交通文化和名人文化突出。粤北是中原文化和岭南文化之间的主要通道、海上丝绸之路的陆上重要节点,而惠能、张九龄、余靖等都是岭南人杰,影响广泛。

——历史悠久的矿冶文化。韶关采矿历史久远、规模巨大,是世界上最早运用"淋铜法(湿法炼铜)"来大规模生产胆铜的地方。矿冶业延续至今,是韶关的重要经济命脉,也是韶关突出的城市文化特色和韶文化的突出特征。

——山区生态文化。地域居民秉承"天地同和"精神,在历史长河中与自然和谐相处,生态环境基本保持良好,是韶文化特色的显现,也是今后韶关发展的最重要的资源之一。

——以毛泽东、朱德、陈毅等人及抗战时期的广东省委在韶关的革命活动为代表的红色革命文化。此外,孙中山以韶关为根据地二次誓师北伐、抗战初期广东省省会北迁韶关等也都是宝贵的历史财富。

上述文化结构、文化形态特征是韶文化的主要内涵,也是我们开展韶文化研究的主要方向。

三

重视韶文化的研究、传承与弘扬，对岭南文化的传播与发展具有非常重要的意义。深入细致地挖掘和研究韶文化，可以有力地推动粤北历史文化研究的发展，推动地方人文历史与环境的良性互动，丰富人民群众的精神文化生活，深化岭南文化的固有内涵，促进岭南文化繁荣发展，为广东建设文化强省、韶关建设区域文化中心提供理论依据和文化支撑。有鉴于此，韶关市和韶关学院于 2009 年 11 月正式联合成立了韶文化研究院，现已拥有专职、兼职研究人员 40 多人，特聘文化顾问 10 人。研究院成立以来，在韶关学院和韶关市委宣传部、韶关市社会科学界联合会的领导与支持下，积极开展地方文化历史研究与传播工作，先后获准设立广东省张九龄研究中心、广东省韶文化研究基地。2012 年 7 月，经广东省委宣传部和广东省社会科学院发文，研究院升格为广东地方特色文化（韶文化）研究基地，成为全省首批九大特色文化研究基地之一。

本丛书即该基地的初期研究成果。丛书的规模暂不限定，计划先用三年时间陆续推出几批著作。目前选题以历史文化为主，专注于与韶关有关的人、事和物，今后将逐渐扩大研究范围。

感谢韶关学院的党政领导和韶关市委宣传部、韶关市社会科学界联合会对本丛书立项、研究撰写和出版发行的支持与资助。特别感谢本丛书的各位作者，正是由于他们的辛勤劳动和无私奉献，本丛书得以付梓面世。暨南大学出版社对本丛书的出版发行给予了帮助，在此一并感谢。

是为序。

韶关市韶文化研究院
韶关学院韶文化研究院
广东地方特色文化（韶文化）研究基地
2017 年 10 月

目　录

岭南文化书系

粤北古道与文化

第一章 粤北历史地理概况

广东简称"粤"，顾名思义，粤北就是广东之北。对于粤北，我们可以从经济地理和历史建制两个角度进行界定。就经济地理的角度而言，粤北主要是指广东省的北部地区，是一个经济相对落后但自然资源尤其是生态、矿产资源十分丰富的区域；而从历史建制的角度来看，粤北主要是指隋朝之后具有相对稳定建制的韶、连、雄、英四州所辖范围；又由于四州中，韶州的地位与作用凸显，加之清代韶州之太平桥"税关"及现代行政建制变迁的影响，所以，言粤北，民间习惯性地指向韶关地域，即现今韶关、清远两市所辖区域。

本书所指的粤北，也就是历史建制角度上的粤北。

粤北一域，自然资源、交通资源和人文资源丰富，而且扼控南岭，处于岭南岭北之交通要冲。北方政权所选择的诸多军事力量、政治力量的南扩，首先到达粤北地域的韶、连、雄、英诸地，然后再向南拓展。随之而来的是带来先进生产技术甚至资金的中原移民落脚粤北，这不仅使粤北的韶、连、雄、英四州成为人口相对密集的区域，也使粤北成为开发较早的区域，客观上促进了岭南地区的发展。对此，李庆新教授就指出："唐元和十年，大诗人刘禹锡在著名的《连州刺史厅壁记》中写道：'信荒服之善部，而炎裔之凉地。'这是对唐代连州的赞美之辞。其实，这个评价也适合于整个粤北。"①

历史上，岭南的开发，正是以韶州为起点、为基地、为桥梁、为通道，逐渐向南推进而得以实现的。而在促进粤北社会经济发展的诸因素中，交通是其中的关键因素。

---

① 李庆新：《荒服之善部　炎裔之凉地——论唐代粤北地区的经济与文化》，《广东社会科学》1998 年第 1 期，第 80 页。

粤北古道，主要是指古代经粤北（今韶关、清远）区域，沟通岭南、岭北，对接海陆丝路的水陆交通要道。它既包括粤北境内的乌迳古道、梅关古道、城口古道、西京古道、乐宜古道、秤架古道、秦汉古道、星子古道、东陂古道等陆上通道及其分支，也包括了该地域的浈江（浈水）、武江（武溪）、连江（湟水）和北江上游河道在内的四条水上通道，它们构成了粤北古代发达的水陆交通网络。

粤北古道的开辟，使之成为古代岭北诸国诸朝政权向岭南进行军事、政治扩张及经济、文化交流的重要通道，也使之成为对接海陆丝路的重要通道。这些古道对促进粤北、岭南地区的社会经济发展具有基础性和决定性的作用。

一、粤北地域的历史沿革

因粤北南连沿海，北靠五岭，处于沟通岭南岭北的交通要冲地带。自秦以降，历代于此均有建制及管理机构，历史发展中其建制虽有变化，但至北宋时期的广南东路便下辖有韶、连、雄、英四州，此后建制和所辖范围逐渐稳定，从而构成了粤北的主体范围。在粤北的韶、连、雄、英四州中，韶州处于中心位置，而韶州又因其地理之利、开发之先、交通网络的形成而成为千余年来粤北地域的政治、经济、文化与交通中心。

1. 韶州是粤北地域千余年来的政治中心

先秦时期，粤北建制无考。

秦统一六国后，在建制方面承袭春秋战国时期的郡县制，并经秦始皇的改革而成为秦代的地方政治管理体制。秦始皇三十三年（前214年）平定南越后，在岭南地域设置南海、桂林、象郡三郡，以统辖岭南，但其时的粤北各地，均未建县。

汉代，汉高祖平定南越后，粤北地域开始建县，先后设立了曲江（包括今曲江、仁化、乐昌）、桂阳（包括今连县、连南、连山）、阳山、含洭（今英西）、浈阳（今英东及翁源）5县。曲江县县治在今韶关市区东南莲花山下。汉武帝元鼎六年（前111年），曲江、桂阳、阳山、含洭、浈阳5县内属桂阳郡，郡治在郴州，隶属荆州。东汉时，阳山县并入含洭县。

两汉时期，今南雄、始兴一带尚未独立建县，地属扬州豫章郡南野县。

三国、两晋及南北朝时期，粤北地域开始设郡置州，开发的步伐得到加快。三国东吴甘露元年（265 年），在粤北开始设置始兴郡，郡治在曲江（今韶关市区），属荆州，辖曲江、桂阳、始兴、含洭、浈阳、中宿 6 县，其所辖的区域范围，除今韶关市（3 区 2 市 5 县）全境之外，还包括今清远市的部分地区。始兴郡是粤北地区第一个郡一级的地方政权。南朝时期，朝代更替和州郡废置频繁，建制沿革较为复杂。

隋唐时期，全国重新统一，粤北建制渐趋稳定。

韶州：隋开皇九年（589 年）改东衡州为韶州，因州北有韶石山而得名。

连州：隋开皇十年（590 年）置，以州北山产黄连而取州名为连州。

南雄州：南雄州是在浈昌县基础上设立的。浈昌县是划始兴县的化南、横山两乡而置，因境内浈、昌二水而取名，设于唐光宅元年（684 年）。南汉乾亨四年（920 年），以浈昌县为基础设置雄州。至北宋，为别于河北之雄州，开宝四年（971 年），粤北之雄州冠以"南"字，称南雄州。

英州：五代南汉乾和五年（947 年）于浈阳置英州，以浈阳英山出产英石而得州名。

北宋时期，粤北境内分置有韶、连、雄、英 4 州，均属广南东路。

韶州下辖 3 县或 5 县，时有变化。北宋初至开宝五年（972 年）初，领曲江、仁化、乐昌、翁源 4 县；开宝五年至咸平三年（1000年），因仁化入乐昌而领 3 县；咸平三年至宣和三年（1121 年），因恢复仁化县建制，又领 4 县；宣和三年始，因析曲江、翁源二县地置建福县（位于岑水场附近，在今翁源县西北），共领 5 县。

连州，辖桂阳、连山、阳山 3 县，县数和辖境相同。

南雄州，领浈昌（北宋天圣元年即 1023 年，因避仁宗名讳而改称保昌）、始兴 2 县。宣和二年（1120 年）赐郡名保昌。

英州，领浈阳（乾兴元年即 1022 年改名真阳）、洊洭（开宝四年自广州改隶连州，开宝五年改名洊光，开宝六年自连州改隶英州）2县。宣和二年赐郡名真阳。

南宋时期，粤北各州属广南东路。南雄州与连州的建制，与北宋完全相同。韶州虽仍辖5县，辖境亦不变，但所辖县名稍有变化。乾道二年（1166年），分曲江与乐昌二县之部分属地而另置乳源县。南宋庆元元年（1195年），英州升为英德府，领真阳、浛洭2县，英德之名由此开始。

宋元以后，韶（州）、连（州）、雄（州）、英（州）四地的建制，或为州，为路，为府，辖境大体不变。

明洪武元年（1368年），韶州、南雄州升州为府，由广东布政司管辖。韶州府辖曲江、乳源、仁化、乐昌4县，次年，英德、翁源2县并入韶州府，韶州府辖6县。南雄府辖保昌、始兴2县。洪武二年三月，连州领桂阳、阳山2县。四月，废连州，地属连山县，划归韶州府。三年九月，连山县并入阳山县。十三年十一月，复置连山县。十四年四月，于桂阳旧治复置连州（今连县），属广州府，领阳山、连山2县。

清，沿明制，韶州府的建制一直不变，领曲江、乳源、仁化、乐昌、英德、翁源6县。南雄于清初为府，嘉庆十二年（1807年）降为直隶州，裁去保昌县；十六年复升为府，次年再降为直隶州（保昌附郭），领始兴县。连州初隶于广州府，雍正五年（1727年）升为直隶州，领连山、阳山2县。嘉庆二十一年（1816年）升连山县为绥瑶直隶厅，连州城附郭，只领阳山县。以上府、州、厅，均隶属广东省。

新中国成立以后，粤北地域所涵盖的范围基本稳定。1983年，粤北地域实行地市合并，除清远、佛冈两县属广州市，粤北其他各县均为韶关所管辖。至1988年，经国务院批准成立清远市，连县、连南、连山、阳山、英德、佛冈为清远市所辖，南雄、始兴、仁化、乐昌、乳源、曲江、翁源和新丰为韶关市所辖。所以，在习俗中，一般都会把清远所辖范围归属于韶关，这也是对把粤北与韶关等同的习惯认同感的一种解释。从这个意义上说，历史上的韶州（今韶关）就是粤北地域千余年来的政治中心。

历史上的粤北，它既得中原文化开发之先，又广纳海洋文化之元素，两种文化的交汇、碰撞、融合，从而沉淀、凝结出独具特色的粤北地方历史文化，而这一切，均与粤北古代交通的发展有着千丝万缕的联系。

岭南文化书系

粤北古道与文化

2. 韶州是粤北地域千余年来的交通中心

自古以来，粤北地域的韶、连、雄、英四地，位当粤、桂、湘、赣四省（区）交界和南北交通的要冲，是湘、赣入粤的咽喉，又因其得天独厚的地理条件，古代交通发展很快而且便利。

粤北四州中，韶州居于中心。韶州之东的南雄州"枕楚跨粤，为南北咽喉"，历来是岭南通往中原之要道。境内不仅有沟通粤、赣的陆上通道，如"乌迳路"（今称乌迳古道）、"大庾岭路"（唐张九龄奉诏所开之路为"大庾岭新路"，今称梅关古道），也有浈水道（今称浈江古水道）；韶州之北、西北，有城口古道、乐宜古道、西京古道、武溪水路（今称武江古水道）等；这些陆道、水道于韶州交汇，直通番禺（广州），乃至海外。而从广州经北江而上，溯浈水抵南雄，逾大庾岭后转赣江；溯武水抵宜章，入湘江；溯连江，经秦汉古道，也可入湘江。它们汇入长江后，往东而至江南，再北上可达京师，交通十分发达。

当然，在这个由陆道与水道交织的古代交通网中，古英州则是其中的必经之地。宋嘉祐年间，广东转运使荣諲为使番禺与韶州连通便捷，主持开凿了真阳峡，修筑了栈道，从而为古道的延伸、岭南经济文化的发展做出了巨大的贡献。

故而，千余年来，历史上的韶州一直是南北交通的枢纽，山区货物的集散地与转口城市，是粤北政治、经济、文化与交通的中心，粤北古道也成为对接海陆丝路的重要通道。

二、粤北的地理概况

1. 韶关地理概况及地名由来

韶关位于广东省北部，北与湖南省宜章、江华、蓝山、临武、汝城等县交界，东与江西省大余、信丰二县相邻，东南面、南面和西面分别与本省河源、惠州、广州及清远等市接壤。总面积为1.85万平方公里，市区面积3468平方公里。今下辖浈江、武江、曲江3个区，乐昌和南雄2个县级市，仁化、始兴、翁源、新丰和乳源瑶族自治县5个县。至2021年末，户籍人口336万余。

韶关地形以山地、丘陵为主，河谷盆地分布其中，平原、台地面

积约占 20% 。南岭山脉横亘北部的南雄、始兴、仁化、乐昌、乳源、阳山等县，成为我国长江与珠江两大流域的分水岭。位于乳源、阳山二县交界的主峰石坑崆（又名猛坑石），海拔 1902 米，为广东省第一高峰。韶关地势北高南低，浈、武二水分别从境内东侧的南雄、始兴，北端的乐昌、乳源顺势南流，于韶关市区沙洲尾汇成北江；西北方向，又有流经连县、阳山的连江（又名小北江）汇入，使北江水系成为沟通长江水系和珠江水系的桥梁。通过北江水系，北与赣江、长江水运网络沟通，南与珠江三角洲的南海、番禺、顺德、三水等地连成一片。

韶关自然资源丰富。就森林与动植物资源而言，韶关是全国的重点林区，森林覆盖率 73.3% ，是广东省的用材林、水源林和重点毛竹基地，也是珠江三角洲的生态屏障。由于区域内有保存较为完好的原始森林片区，其中蕴藏的植物种类起源古老、成分复杂，被誉为华南生物基因库，列入国家重点保护的野生植物有水松、红豆杉、广东松等 36 种，林副产品有木材、毛竹、松香、松节油、茶油、桐油、木耳、冬菇、茶叶、白果、杜仲、竹笋、板栗等；野生动物种类也多，有华南虎、云豹等国家一级保护动物，穿山甲、猕猴等国家二级保护动物多种。矿产资源中，市境内已探明储量的铅、锌、铜等有色金属达 55 种，保有储量位居全省第一的有 23 种，有"中国有色金属之乡"的称号。韶关位于南岭之南，地势北高南低，山岭众多，沟壑纵横，从而形成了众多的河流，如浈江、武江及北江。全市有集雨面积 100 平方公里以上的河流 62 条，其中 1000 平方公里以上的河流 8 条。这不仅为韶关提供了丰富的水力资源，而且为水上交通的发展提供了基础条件。

韶关丰富的自然资源，不仅为本土居民提供了生存、生息与发展的条件，也吸引了众多中原移民，从而推动了韶关的社会经济与文化的发展。

《广东省志·地名志》载："西汉元鼎六年（前 111 年）置曲江县治此。隋开皇九年（589 年）改称韶州。名因州北有韶石，相传虞舜南巡时，曾在此吹奏韶乐得名。明、清在此设税关，故名韶关。"[1] 此记虽较为简单，但点明了韶关地名的缘由。

---

[1] 广东省地方史志编纂委员会编：《广东省志·地名志》，广州：广东人民出版社 1999 年版，第 201 页。

对此，笔者结合其他史料所载，并加以梳理，认为韶关的地名称谓，历史上主要有四次变更。

第一次：汉代置县时，本地为曲江县治，故叫曲江（以溱水即今武水"江流回曲"而得名）。因"红"与"江"二字繁体结构相似，亦有将曲江写为"曲红"之误，今市区中心以东5华里的莲花山，亦曾称为"曲红山"。

第二次：三国东吴甘露元年（265年），粤北始设始兴郡，本境为始兴郡治，遂称为始兴。其命名的由来，因有始兴江（今浈江）流经本境，兼有加快开发、开始兴盛的政治意义，故名始兴。

第三次：隋开皇九年（589年）改置韶州，因州北有"韶石"，相传虞舜南巡时，曾登此山奏韶乐，故名。

第四次：明中叶以后，因本境内设有三个税关，久之，韶州又名韶关。旧志载：明嘉靖二十六年（1547年），在韶州府城始立遇仙桥税关。到清康熙九年（1670年），移南雄太平桥税关于韶州府城相江门外，称太平东关，并理遇仙（称太平西关）、含洭（在英德县）二厂；同时，在韶州府城北门设旱关一处，称太平北关。

还有另外一种传说，认为由于清代在韶州设有三个税关，而清代税关弊端多，导致"商贾望见关津，如赴汤蹈火之苦"，北上南下之商民皆称过韶州为过"韶关"，久而久之，约定俗成，民间称谓就以特定的税关——"韶关"代替"韶州"地名了。

到1943年，广东省政府正式设"韶关市"。"韶关"这个地名从此就由官方确定下来，至今沿用。

2. 南雄州地理概况及地名由来

南雄，古称南雄州。地处广东省东北部，大庾岭南麓，毗邻江西大余、信丰，自古是岭南通往中原的要道，是粤赣边境的商品集散地，史称"居五岭之首，为江广之冲""枕楚跨粤，为南北咽喉"。而坐落于大庾岭上的梅关，有"南粤雄关""岭南第一关"之称，境内的大庾岭路、乌迳路、珠玑巷及昌水、浈水是历史上的交通要道。

南雄，四周群山环抱，中部为狭长丘陵，自东北向西南沿浈江两岸伸展，称"南雄红层盆地"。因1961年在盆地内发现晚白垩纪恐龙化石而被称为"恐龙之乡"。自然资源有矿产、森林、水力等。矿产方面，有丰富的稀土矿产资源；森林覆盖率达63.4%；主要经济作物

有黄烟、银杏、田七，素有"黄烟之乡""银杏之乡"之称誉。

南雄之名，源于历史上的行政建制。唐光宅元年（684 年）划始兴县的化南、横山两乡置浈昌县，南汉乾亨四年（920 年），为控扼群蛮，设雄州。北宋开宝四年（971 年），因与河北之雄州同名，改称南雄州，从此得南雄之名。天圣元年（1023 年）因避仁宗赵祯讳，改浈昌为保昌。元至元十五年（1278 年），改南雄州为南雄路，领保昌、始兴 2 县。明洪武元年（1368 年）改路为府，辖保昌、始兴 2 县，属广东道。清嘉庆十二年（1807 年），改南雄府为直隶南雄州。

3. 清远地理概况及地名由来

清远市位于广东省中北部、北江中下游，西北部分别与广西、湖南交界，东北部与韶关市接壤，西南部与肇庆市为邻，南部与广州、佛山相连。市境总面积 19152.90 平方公里，约占全省陆地总面积的十分之一，是广东省面积最大的地级市，也是广东省瑶、壮等少数民族的主要聚居地。现辖清城、清新 2 个区，英德、连州 2 个县级市，佛冈、阳山、连南瑶族自治县、连山壮族瑶族自治县 4 县。至 2021 年底，户籍人口 449 万余。

清远地势西北高、东南低，北部地区以山地、丘陵、小盆地为主，南部地区以平原为主，多分布于北江两岸。连州东部、阳山东北部的山岭构成全省地势最高峻的山地，海拔高度在 1000 米以上。英德、清新、清城境内的北江河谷地势最低，大多在海拔 20 米以下。境内山地陡峻，峡谷众多，岩溶地貌发育完整，分布相当广泛。"境内连州、阳山、连南、英德、清新诸县城都有大面积的石灰岩地貌分布，其中连阳石灰岩山原面积达 4300 平方公里，为全省最大的一片岩溶山区。"①

清远市辖区域陆地面积很大，自然资源丰富。2010 年完成的全国第二次土地调查数据显示，清远全市有耕地面积 28.9 万公顷，林地面积 118.8 万公顷；也是广东省的主要矿产地之一，已发现有 60 种矿产品种；水力资源丰富，可供开发利用的水能资源达 87.62 万千瓦。

清远之名，因梁天监六年（507 年）置清远郡而得之。有学者指出，清远得名缘由有四：一说缘于水：因北江古称"浈江"，浈者，

---

① 《清远市志》编纂委员会编：《清远市志：1988—2003》（上），广州：广东人民出版社 2012 年版，第 61 页。

水清之意，清远即取其意。一说缘于花：据传古代清远盛产一种"香花"（失载），香飘千里，故云。一说缘于政："清远"原意应为"清明广远"。一说缘于教：史书记载，梁武帝萧衍是一个虔诚的佛教徒，在位期间曾先后四次出家当和尚，位于清远市郊的飞来寺就建于其时，梁武帝曾为之亲赐匾额"至德"，"清远"之"清"，不仅有清明、清平之意，而且有清静、清修之旨，远则为偏远之谓。

由此观之，清远之名实则因置清远郡而得之，可信。

4. 英州地理概况及地名由来

英德，又称英州，处于周围山地环绕向南倾斜的英德盆地中。河流水源广，出路狭窄，有北江、滃江、连江三江过境，森林覆盖率61.8%，资源丰富，盛产茶叶、英石等。因其处于北江中游，珠江三角洲与粤北山区的接合部，地理位置重要。

英德之名，乃因境中部有英山盛产英石而得，又因宋宁宗赵扩曾受封于此，"承恩泽德"，故名英德。

英德的历史悠久。南汉乾和五年（947年）置英州，治浈阳；南宋庆元元年（1195年），改英州为英德府；元至元十五年（1278年），升设英德路；至元二十七年（1290年），设英德州；明洪武二年（1369年），降英德州为英德县；1983年属韶关市，1988年属清远市。

宋嘉祐六年（1061年），广东转运使荣諲开真阳峡，至洸口古径，作栈道七十间，抵清远，趋广州。英德成为与韶关古道对接，直通广州的重要交通线路上的一个重要节点。

5. 连州地理概况及地名由来

连州地处五岭之萌渚岭的南麓，北靠湖南省永州、郴州，西部与广西贺州相接，东部毗邻韶关。历史上，连州是粤、湘、桂三省（区）接合部和商贸、文化中心，又是中原往南粤的主要通衢之一。境内山地众多、资源丰富，是广东省较大的再生能源基地和生物基因库之一，也是矿产资源储量丰富的区域。

西汉元鼎六年（前111年）置桂阳县。隋开皇十年（590年）桂阳县改连州。民国元年（1912年）废州改称连县，1983年属韶关市，1988年属清远市。

关于连州地名的由来，说法有四：其一，因"物"得名。"因原

境有黄连岭（在今阳山县境），黄连岭又名黄连山，因山产黄连得名。"① 其二，因"山川"得名。连州境内，群山起伏，湟水中流，故有"连万山为一山，连众水为一水"之说。其三，因"矿产"得名。连州盛产铅、锡，古语"铅之未炼者曰连"，又有"铅锡璞名曰连"之说。其四，因"意愿"得名。连州地域山岭延绵，交通阻塞，人们渴望车船畅通，"连"字有车船合并之意。

三、粤北的历史文化印记

就古人类的起源与发展而言，马坝人遗址的发现证明了粤北境内在远古的旧石器时代就已经有人类的活动，距今约有 12.9 万年。

在它之后，在粤北古道域内还发现其他人类生活古遗址、古墓葬等，说明了人类生活与古道的内在关系。

1. 古人类遗址

（1）旧石器时代遗址。

据现有的考古资料，广东境内发现的 6 处旧石器时代文化遗址，有 4 处位于粤北的韶关。《韶关市志》载："这类遗址韶关地区已发现4 处，即曲江县内的马坝狮子岩遗址、龙归奇石飞鼠岩遗址、枫湾骑马石大岩塘遗址和乐昌县的老坪石石灰冲遗物地址。"② 在狮子岩发现的马坝人头骨化石，距今约有 12.9 万年。英德的宝晶宫旧石器遗址、牛栏洞遗址也是该时期的遗址。

（2）新石器时代遗址。

据相关史料，新石器时代遗址在粤北地区发现得较多，从早期到晚期的遗址共有 84 处。其中，韶关市区包括以良村走马岗遗址、正下丝茅坪遗址为代表的遗址 10 处；仁化以长江覆船岭遗址为代表的遗址3 处；翁源以坝仔下角龚遗址、江尾狗皮岭遗址为代表的遗址 21 处；南雄中站梅岭遗址 1 处；始兴以玲珑岩遗址、澄陂村遗址为代表的遗址 11 处；乐昌有乐城大肚岭遗址和庙埂岭遗址 2 处；曲江有以大塘梅花寨遗址、龙归园岗墩遗址为代表的遗址 27 处。

---

① 广东省地方史志编纂委员会编：《广东省志·地名志》，广州：广东人民出版社 1999 年版，第 224 页。

② 韶关市地方志编纂委员会编：《韶关市志》（下），北京：中华书局 2001 年版，第 2134 页。

而清远地区之连县发现的新石器时代遗址有连州陈巷村遗址、保安虎头脑遗址等 2 处，阳山新圩江屋湾遗址 1 处；英德以青塘朱屋岩遗址为代表的遗址 6 处。

2. 生活遗址

粤北古人类的生活遗址多集中反映了秦汉时期该地域人类生活的状况。

据相关史料，粤北的韶关地区所存在的先秦早期的生活遗址，其文化特征是："陶器品种增多，且器型较大，流行圜底器和平底器，圈足器明显减少，有缶、罐、尊、豆、盂、钵、盘、碗、杯等。"① 这类遗址今已发现 87 处，主要分布于河流溪涧附近扁平的土岗上。包括曲江的马坝石峡遗址中上层、大坑口古下山遗址等 16 处，翁源的江尾杨梅山遗址、周陂油房肚遗址等 9 处，英德的九龙穿岩遗址等 3 处，乳源的侯公渡泽桥山遗址，阳山的七拱三山寨遗址，连南的三江猫公山遗址等。"这个时期的重要文化遗存，有少量的磨光石器与青铜器并存。青铜器有钺、矛、匕首、镞、锥、篦刀等，标志着韶关这时已进入青铜时代。"② 至先秦晚期，韶关所存在的古人类生活遗址计有 28 处，其文化特征则表现为陶器制法和纹饰有很大的变化，陶器烧制温度高，陶质坚硬，扣之有声，以平底器代替了圜底器。器类有缶、罐、垒、盂、盆、碗、碟、钵、杯、盒、鼎等。这类遗址在韶关的曲江、翁源、始兴、乳源，清远的连山、英德等地均有发现。到秦汉时期，已在曲江、始兴、南雄、连山、英德等地发现 14 处。这一时期生活遗物的特征，除了延续使用米字纹、方格纹和水波纹等陶器纹饰外，还出现了带戳印的陶器纹饰。遗物中还有少量的石器和青铜器与铁器共存，既反映粤北地域先秦时代的残存，又说明粤北地域发展的差异。

3. 生产遗址

粤北地域的古代生产遗址，已发现的主要是矿冶业和制瓷业的遗址，计有 28 处。

（1）矿冶遗址。

由于粤北地区位于南岭多金属成矿带上，蕴藏着丰富的矿产资源。其中韶关市是广东省的矿产资源大市，素有"中国有色金属之

---

① 韶关市地方志编纂委员会编：《韶关市志》（下），北京：中华书局 2001 年版，第 2136 页。
② 韶关市地方志编纂委员会编：《韶关市志》（下），北京：中华书局 2001 年版，第 2136 页。

乡"的美称，已探明储量的矿产 88 种，其中煤、铀、铅、锌、铜、钨、铋、镉、锑、汞、萤石等矿产储量位居全省首位。

历史上的韶关，一度是重要的矿冶基地，宋代尤著，因此，在韶关发现的矿冶业遗址从北宋延至民国，共有 16 处。其中，宋代有 11 处，明、清两朝有 5 处。就宋代而言，所发现的较具代表性的矿冶业遗址有：韶关市沙山矿冶遗址，仁化董塘银场坪冶铅遗址，始兴顿岗铁炉坪冶铁遗址，翁源新江冶铜遗址、龙集村冶铜遗址，曲江罗坑铁屎岗矿冶遗址、沙溪岑水冶铜遗址；阳山杜步铁屎坑冶矿遗址，连南寨岗回龙冶铁遗址、寨岗铁屎坪冶铁遗址，英德县大镇铁屎塘冶铁遗址等。

北宋前期所置的岑水铜场，是采矿冶炼一体化的矿场。庆历年间（1041—1048 年），全矿有来自各地的工匠十万多人。皇祐年间（1049—1053 年），年产铜量达 5100834 斤，占全国总产量的 80%，居全国之首。《中国通史》载："韶州岑水场，宋仁宗时开发铸钱，有工匠十多万人，规模很大。"并载：仁宗皇祐年间，"全宋年产铜 510 多万斤"[1]。为了解决产量大而运输困难的问题，北宋王朝决定就近冶炼铸币，《宋史·食货志》载，庆历末，"韶州天兴铜大发，岁采二十五万斤，诏即其州置永通监"[2]。因此，韶关当时置有"永通监"铸造钱币，设漕运官员管理运输事宜。位于韶关市西北的沙山（宝岭）矿冶遗址，占地面积 5 平方公里。现存矿井 1600 多口，炉渣堆积遗存 16.5 万立方米。明代粤北的铁矿采冶业，以阳山牛鼻岩铁矿采冶场为代表。清道光《阳山县志》载："宋开宝五年同官开银场，牛鼻开铁务。"又载："洪武七年全国置铁所一十三所，广东则唯阳山一所而已，广州府阳山冶岁七十万斤。"说明牛鼻岩冶铁业始于宋而盛于明，清以后渐趋衰落。

（2）陶瓷窑遗址。

韶关陶瓷烧制业，历史悠久。从新石器时代晚期的遗址中，曾发现多处原始堆烧陶器的半地穴式的窑址遗迹。

从先秦晚期至明清，已发现陶瓷制造地点有 11 处。这些遗址是：韶关市韩家山宋代瓷窑遗址，南雄的全安莲塘坳宋代瓷窑遗址、铺背

① 蔡美彪等：《中国通史》（第 5 册），北京：人民出版社 1978 年版，第 73 页。
② （元）脱脱：《宋史》（第 13 册）卷一百八十·志第一百三十三·食货下二，北京：中华书局 1977 年版，第 4382 页。

村宋代瓷窑遗址，始兴的白石坪战国陶窑遗址、深渡水冷水迳明代瓷窑遗址、司前桃村坝明代青花瓷窑遗址、澄江碗厂下清代青花瓷窑遗址，翁源的翁城碗窑坪明代瓷窑遗址、岩庄碗子窑排明代瓷窑遗址，曲江的白土下乡宋代瓷窑遗址、黄坑庙背埂宋代陶瓷窑遗址等。在生产发展过程中，始兴县的白石坪战国陶窑遗址，烧制了大量生活所需的盆、碗、钵、瓮等用具。到了宋代，韶关制瓷业的规模和技术都有较大的发展，不但改进和提高了馒头窑的烧制技术和窑温，而且使用龙窑进行烧制，生产了大量的碗、碟、盘、杯、盏、瓶等生活实用瓷器。釉色种类很多，有白釉、影青、灰白、黄釉、黑釉和酱色釉等。明、清两代，陶瓷业继续发展，翁源县就发现有 7 处陶瓷生产地点。部分地点形成了窑群和窑排，烧制了大量的青花日用陶瓷。

而在粤北的连州发现的古遗址也较多，如虎头脑遗址、陈巷遗址。虎头脑遗址位于保安镇迳头村，属新石器晚期文化遗址，1982 年发现石锛等石器和小方格纹陶器残片 30 件。而陈巷遗址位于连州镇陈巷村，属新石器晚期文化遗址，1985 年出土石斧、石纺轮、石环等磨制石器和陶器碎片等。

这些生产遗址的发现，凸显了粤北古代人类生产与生活的智慧，也展示了岭南社会文化的发展历程。

4. 古城遗址

粤北地域所活动的人类，因抵御凶猛野兽的危害及军事需要，较早就建有城堡。

粤北地域的城堡主要分布于韶州府及所辖县域。嘉靖《广东通志初稿》载，韶州府的城堡，"古城有：汉城，在浈水东莲花山下；隋城，在武水西，宋初于此置钱监；又有古城在城南，晋末卢循以徐道复为始兴守，于此筑城。刘裕讨之，遣沈田子于旁也筑一城，今呼为沈将军垒。任嚣城，在曲江城南五里，盖嚣筑之，以图进取。而尉佗复筑万人城在浈水边"①。其又载，"仁化古城有二：一在本县北百三十里，昔秦末龙川令赵佗自王南越时所筑，今城口村是其池也；一在今县治北百一十里，唐垂拱初置县所筑"②。此外还有乐昌的乐城西任

---

① （明）戴璟修，张岳纂：《广东通志初稿》，广东省人民政府地方志办公室 2007 年影印版，第 114 页。

② （明）戴璟修，张岳纂：《广东通志初稿》，广东省人民政府地方志办公室 2007 年影印版，第 114 页。

器城遗址（汉代），始兴的罗围汉城堡遗址，英德的连江口江口嘴汉城遗址、英德故城遗址（明代）、浛洸故城（鹿城）遗址（宋代），乳源的虞塘宋元古县城遗址、洲头津乳源县古县城遗址，翁源的五一村明代故城，南雄的中站明代城堡遗址、梅岭镇明代故道遗迹，连山的永丰（南宋程山县城）古城遗址，连南三江清代古城遗址等。

今天的城堡建筑遗存，已成为稀少的历史遗迹。

5. 古墓葬群

粤北之地，从春秋至明，留下了较多的古墓葬群，从而证明了此处人类生活所留下的印迹。今选取《韶关文化志》及其他史料所载简介如下。

（1）韶州地域的古墓葬群。

第一，春秋时期古墓葬群。目前发现春秋时期的墓葬7座，其中第119号墓于1987年8月13日乐昌市麻纺织厂兴建时工地推土发现，随葬器物有陶缶1件，铜刮刀1件，印纹陶缶若干。

第二，战国时期古墓葬群。战国时期墓葬群在乐昌、始兴、曲江和韶关市郊均有发现，约30座。以1987年9—10月出土的乐昌大坪村后山的148、183号墓为代表。出土的随葬物有青铜器鼎、铜短剑、青铜矛、陶罐、陶碗等。

（2）连州地域的古墓葬群。

第一，雷公山古墓群。雷公山古墓群位于西岸镇冲口前坪村南，为汉至南朝古墓群。1973年发现7座古墓，出土一批器物。1984年收得陶罐4件、兵马俑1件及大量墓砖。

第二，瓦窑岗汉墓群。瓦窑岗汉墓群位于连州七星墩，1976年连县氮肥厂动工时发现。出土有东汉时期铜鼎、铜镜等铜器和陶器片，附近发现大量汉砖。

第三，竹子墩汉代木椁墓。竹子墩汉代木椁墓位于龙嘴，1995年发现，找到1件青铜器。此墓较大的形制规模及青铜器，对研究广东北部地区的汉代文化和连州历史有重要意义，特别是对探讨两汉前期南越国与长沙国的关系有重要价值。此外，秦汉以降的历代古墓葬群在粤北地域先后均有发现。

这些散落在粤北大地上的文化遗址，是粤北大地古代人类生活的印迹，见证了他们的生产、生活活动与古道的内在联系。

第二章　粤北古道概述

粤北地处五岭南侧，境内有浈、武二水汇于韶州城南而成北江，北江下游又有连江汇入，与东江、西江合而成珠江。北江的浈、武、连三大支流历来是沟通岭南岭北的水上通道，而历史上的多条陆上通道也依三大水系经由粤北交汇而抵番禺（今广州）。

虽然，五岭阻隔南北，成为南北沟通的天然屏障，但是，早在秦末，秦王朝为了加强北方中央集权对岭南的政治影响，便着手大力修通岭南道，并在五岭上修筑关楼，以扼控五岭通道，加强对五岭的防守。可见，粤北古道是南北政治、军事及文化沟通的重要通道，这些通道既包括了沟通岭南岭北的古陆道，也包括了经陆上通道所沟通珠江水系与长江水系的古水道。

一、秦开岭南新道与粤北古代的交通

1. 秦开岭南新道

秦始皇二十六年（前 221 年），秦统一六国后，不仅实行了"书同文""行同伦"的政策，而且还实行了"车同轨"的交通大一统政策，大力发展交通。

于北，为阻止和防范北方匈奴的侵扰，秦始皇令大将蒙恬率 30 万大军用两年时间修筑了一条南北长达 700 多公里的军事通道，这是秦代由咸阳通往北境阴山间最近的道路，故称"直道"。

于南，秦始皇三十三年（前 214 年），派 50 万大军平南越，征岭南，开始构筑穿越五岭山脉的道路，至汉代对这些道路进行拓展后，称"新道"。

　　"新道"是在五岭南北之间原有的山径小路基础上扩筑的，以水路为主、水陆相兼的交通要道。所以，白寿彝在《中国交通史》一书中指出："秦汉底交通建设，在道路和河渠方面以及馆舍邮驿，都很注意。道路之开辟者，有驰道，通西南夷道，通南越道，褒斜道，回中道，子午道，飞狐道，马援所刊道和峤道。"① 其中与岭南有关者为马援所刊道和峤道。马援所刊道，是汉光武帝建武十七年（41 年）为"南击交阯"而开，零陵桂阳峤道是汉章帝建初八年（83 年）开，"于是夷通，至今遂为常路"。就此而言，无论是秦发 50 万大军征岭南还是汉平吕嘉之乱，他们对岭南的军事用兵，开道设关，客观上打通了岭南岭北的交通，不仅促进了南北的交流，也促进了岭南的社会发展。正是在这样的历史前提下，"五岭通道"得以开通。

　　那么，"岭"与"峤"的关系如何呢？"岭"既有山之意也有道之意，而峤多指山道。谓"五岭"为"山"，则是因南岭山脉中有大庾岭、越城岭、骑田岭、萌渚岭、都庞岭五座大山；谓"五岭"为"道"，则是因穿越于五座大山之间的"山径"，后来拓宽为"道"，这与"峤"有相同的内涵。所以，五岭既有山之意，也有道之意，概可称为"五岭通道"。对此，史料有较多记载。

　　"五岭"一词，最早见于《史记》。《史记·张耳陈余列传》载，秦"北有长城之役，南有五岭之戍"②。并在集解中指出，《汉书音义》曰："岭有五，因以为名，在交阯界中也。"并言，"裴氏《广州记》云：大庾、始安、临贺、桂阳、揭阳，斯五岭"③。而《史记·淮南衡山列传》也载，秦始皇"使尉佗逾五岭攻百越"④。两记均说明了"五岭"为"山"之意。

　　而认为"五岭"为"道"者，可从南宋周去非《岭外代答》中找到依据："自秦世有五岭之说，皆指山名之。考之，乃入岭之途五耳，非必山也。自福建之汀，入广东之循、梅，一也；自江西之南安，逾大庾入南雄，二也；自湖南之郴入连，三也；自道入广西之贺，四

---

① 白寿彝：《中国交通史》，上海：上海书店 1984 年版，第 82 页。
② （西汉）司马迁：《史记》（第 8 册）卷八十九，北京：中华书局 1959 年版，第 2573 页。
③ （西汉）司马迁：《史记》（第 8 册）卷八十九，北京：中华书局 1959 年版，第 2574 页。
④ （西汉）司马迁：《史记》（第 10 册）卷一百一十八，北京：中华书局 1959 年版，第 3086 页。

也；自全入静江，五也。"①

由此观之，五岭为"山"也为"道"，为山，则为南岭山脉的五座山；为道，则指深隐山谷之间的"迳"。而"迳"后来便被拓宽成沟通南北的"通道"了。

秦汉时期的五岭通道，开辟历时较长，且规模巨大。秦末，为了战争的需要，公元前219年，秦始皇派屠睢为主将、赵佗为副将率领50万大军平定岭南。其中一路，越大庾岭，下浈水。尽管翻越大庾岭的山路只有几十里路程，但险峻的山岭令秦军行进十分艰难。秦始皇平定岭南的第二年（前213年），开凿"五岭通道"，从而沟通了岭南岭北的基本联系。

在此之后，秦便开始在五岭通道上筑城设关，扼控岭南。在大庾岭上置横浦关（今南雄市境内），在骑田岭置阳山关和湟溪关（两关均在今阳山县境内），此为"南岭三关"。同时，秦在五岭之上修筑城防。

周去非《岭外代答》载："湘水之南，灵渠之口，大融江、小融江之间，有遗堞存焉，名曰秦城，实始皇发谪戍五岭之地。秦城去静江城北八十里，有驿在其旁。张安国纪之以诗曰：'南防五岭北防胡，犹复称兵事远图。桂海冰天尘不动，谁知垅上两耕夫！'北二十里有险，曰严关，群山环之，鸟道微通，不可方轨，此秦城之遗迹也。形势之险，襟喉之会，水草之美，风气之佳，真宿兵之地。据此要地，以临南方。水已出渠，自是可以方舟而下；陆苟出关，自是可以成列而驰。进有建瓴之利势，退有重险之可蟠，宜百粤之君，委命下吏也。"② 当然，随着岁月的流逝，秦代于五岭上所设之关、所筑之城，多已无迹，但是，从所见之记载来看，五岭之道乃历代兵家必争之地。

西汉元鼎四年（前113年），武帝遣伏波将军路博德屯兵桂阳（今连州），次年，遣五路大军经湟水（今连江）、浈水（今浈江）、漓水、苍梧及牂牁江五条水道，齐会番禺（今广州），一举而平"吕嘉之乱"。东汉建武十八年（42年），遣伏波将军马援率兵渡海、击交趾（今越南），其南下路线则是经过"五岭通道"之一。宋欧阳修于

---

① （南宋）周去非著，杨武泉校注：《岭外代答校注》卷一，北京：中华书局1999年版，第11页。

② （南宋）周去非著，杨武泉校注：《岭外代答校注》卷十，北京：中华书局1999年版，第400页。

韶文化研究丛书

第二章 粤北古道概述

《集古录跋尾》卷三有《后汉桂阳周府君碑》，碑云："昔马援南征，其门人辕寄生善吹笛，援为作歌和之，名曰《武溪深》。其辞曰：'滔滔武溪一何深，鸟飞不渡，兽不能临，嗟哉武溪何毒淫。'周使君开此溪，下合真水，桂阳人便之。"① 宋代，蒋颖叔有《武溪深》续诗，诗之碑文收录翁方纲之《粤东金石略补注》："蒋颖叔续武溪深诗碑，在韶州西武溪亭上，亭今为九成台。碑高六尺，阔三尺五寸。其额正书'宝文蒋公武溪深诗'八字，下前刻马援辞，后刻颖叔和续。词云：'飞湍瀑流泻云岑，砰激百两雷车音。吾闻神汉之初始开鐍，史君姓周其名煜。至今庙在乐昌西，苔藓残碑仅堪读。武水之源自何出，郴州武县鸬鹚石。南入桂阳三百里，浚濑洪涛互淙射。其谁写此入新声，一曲马援门人笛。南方耆旧传此水，昌乐之泷兹乃是。退之昔日贬潮阳，曾到泷头问泷吏。我今以选来番禺，事与昌黎殊不类。未尝神色辄懔慌，何至形容遽憔悴。但怜岁晚毛鬓侵，故园一别至于今。溪光罨画清且浅，朱縢覆水成春阴。何为去此婴朝簪，翩然匹马驰骎骎。两逾瘴岭穷崎崟，梅花初开雪成林。韶石仿佛闻舜琴，曹源一滴清人心，远民安堵年谷稔，百蛮航海来献琛。嗟余才薄力不任，报君夙夜输诚忱。布宣条教勒官箴，有佳山水亦幽寻。乐乎吾乐何有极，不信愁歌《武溪深》。'"②

蒋颖叔的诗文，既是对武溪险峻的描述，也是对韩退之经泷水所遇惊险的描述，在一定程度上说明了武溪水路在当时南北交通中的重要性。

马援大军南下是否经过武溪，待考。但"武溪惊湍激石，流数百里"则是客观事实，反映了大军途经武溪的艰难。

在古代，陆路交通运输只凭步行、骑马、肩挑或牲畜搬运，安全系数低，费时又费力。大规模的军事行动、大宗的商品买卖、官员的升转迁复和长途的旅行，水路更为便利。故而粤北的开发，也从水路交通的整治开始，其中，对西京路、大庾岭路和武溪水路的整治，则是其中的典型。

① （北宋）欧阳永叔：《集古录跋尾》卷三，《欧阳修全集》（下），北京：中国书店 1986 年版，第 1127 页。

② （清）翁方纲著，欧广勇、伍庆禄补注：《粤东金石略补注》卷五，广州：广东人民出版社 2012 年版，第 180 页。

2. 粤北古代的交通

路——是由动物沿着山脉和水系走出来的，是由人逢山开山、遇水架桥修出来的。

"上古之世，人民少而禽兽众，人民不胜禽兽虫蛇"①，为避禽兽虫蛇之害，古人过着构木为巢、逐水而居的生活。同时，人为了生产、交往，随水而行，这些往来行走的足迹，逐渐形成了沟通四方的小径；但是，"大川名谷"，仍然处于"冲绝道路"的状态。司马迁在《史记》中指出，早在距今四五千年的尧舜禹时代，"陆行载车，水行乘舟，泥行蹈毳，山行即桥"② 已是十分普遍的事。到了夏代，禹帝开通了冀、兖、青、徐、扬、荆、豫、梁、雍9个州的陆路和水路。秦始皇统一六国后，堑山填谷，开始大规模修建驰道，从而构建起以咸阳为中心、延伸各地的交通网络。

汉代的道路建设比秦代有大的发展，出现了《史记》所言"汉兴，海内为一，开关梁，弛山泽之禁，是以富商大贾周流天下，交易之物莫不通"③ 的局面。唐代在继承古代路线布局的基础上，采用八个方向（八至）的辐射形式，形成了以西京长安为中心的完备道路网，全国的干线道路（驿道）由长安伸出，辐射到各地。正如柳宗元所言："万国之会，四夷之来，天下之道途毕出于邦畿之内。……由四海之内总而分之，以至于关，由关之内，束而合之，以至于王都。"④ 纵横交错的干支道路有力地促进了社会经济与文化的发展。

路，从岭峤而成驿道、栈道，由驰道而成直道，从毕于邦畿之内，而后辐射海内，使天下合于一，尤其是秦因军事用兵开岭南新道后，催生了岭北逾岭南的陆上通道和水上通道。所以说，南岭通道即是沟通南岭山脉的南北通道，这些通道多穿南岭、经粤北而过。

唐代杜佑《通典》卷一百八十四《古南越》载："自北徂南，入越之道，必由岭峤，时有五处。塞上岭一也，今南康郡大庾岭是。骑田岭二也，今桂阳郡腊岭是。都庞岭三也，今江华郡永明岭是。萌渚

---

① 王先慎撰，钟哲点校：《韩非子集解》卷十九，北京：中华书局1998年版，第442页。

② （西汉）司马迁：《史记》（第4册）卷二十九，北京：中华书局1959年版，第1405页。

③ （西汉）司马迁：《史记》（第10册）卷一百二十九·货殖列传第六十九，北京：中华书局1959年版，第3261页。

④ （唐）柳宗元：《馆驿使壁记》，《柳宗元集》卷二十六，北京：中华书局1979年版，第703-704页。

岭四也，亦江华界白芒岭是。越城岭五也，今始安郡北，零陵郡南，临源岭是。"① 这个记载说明了岭峤之所在，其中当然也就包括了穿越于各岭之间的通道。

宋代周去非在《岭外代答》中也把五岭归为入岭的通道，因有五岭，道也有"入广东之循、梅道""逾大庾入南雄道""自郴入连道""入广西之贺道"及"自全入静江道"五条。曲江籍北宋名臣余靖，对岭南通道也有详细的记载。他于《韶州真（浈）水馆记》一文中说："凡广东、西之通道有三：出零陵下离（漓）水者，由桂州；出豫章下真（浈）水者，由韶州；出桂阳下武水者，亦由韶州。无虑之官峤南，自京都沿汴绝淮，由堰道入漕渠，溯大江、度梅岭、下真（浈）水至南海之东、西江者，唯岭道九十里为马上之役，余皆篙工楫人之劳，全家坐而致万里。故之峤南虽三道，下真（浈）水者十七八焉。"②

其实，历史上经粤北境而沟通岭南岭北的通道还有很多。这些修建及开通时间不一的古道，构成了古代粤北的重要交通网络，是对接海陆丝路的重要部分，沟通了南北的联系，并带动了地方社会经济、文化的发展、繁荣。

下面按韶关、清远辖内古陆道和古水道情况加以叙述。

二、粤北古陆道概述

粤北境内的古陆道，主要包括韶关境内和清远境内的古道，它们构成了粤北境内的陆上交通网络，成为通往岭南岭北的主要通道。

（一）韶关境内的陆路古道

秦之后，韶关境内古陆道的开凿与修筑，主要有东汉卫飒开凿的西京路，唐代张九龄开凿的大庾岭新路，宋代荣諲修筑的真阳峡古径，明代顾节、姜子贞修筑的翁源"羊径"，以及在历史上形成的乌迳路、城口古道、乐宜古道及其一些分支。

---

① （唐）杜佑撰，王文锦等点校：《通典》（第5册）卷一百八十四，北京：中华书局1988年版，第4911页。

② （北宋）余靖撰，黄志辉校笺：《武溪集校笺》卷五，天津：天津古籍出版社2000年版，第180页。

岭南文化书系

粤北古道与文化

1. 东汉卫飒开凿西京路

西京路，意为可达西京（长安）的道路，东汉建武二年（26年），由桂阳太守卫飒主持开凿。

"西京路"在大庾岭与骑田岭之间的山谷地带穿越，是大庾岭新路未开之前连通岭南、中原的重要而且是主要的交通线路，也是对接海陆丝路的重要孔道。

关于卫飒与西京路，《后汉书》有较详细的记载。《后汉书·循吏列传》卷六十六载："卫飒字子产，河内修武人也，家贫好学问，随师无粮，常备以自给。王莽时，仕郡历州宰。建武二年，辟大司徒邓禹府。举能安剧，除侍御史，襄城令。政有名迹，迁桂阳太守。郡与交州接境，颇染其俗，不知礼则，飒下车，修庠序之教，设婚姻之礼。期年间，邦俗从化。先是洭浈、浈阳、曲江三县，越之故地（洭浈故城在今广州洭浈县东。浈阳，今广州县也。曲江，韶州县也。）武帝平之，内属桂阳。民居深山，滨溪谷，习其风土，不出田租。去郡远者，或且千里。吏使往来，辄发民乘船，名曰'传役'。每一吏出，徭及数家，百姓苦之。飒乃凿山通道五百余里，列亭传，置邮驿。于是役省劳息，奸吏杜绝。流民稍还，渐成聚邑，使输租赋，同之平民。"[1] 卫飒所"凿山通道五百余里"之路，史称西京路，今称西京古道。

此记不仅反映了卫飒"政有名迹"，而且说明了当时开凿该路的目的。其一，"传役"制度的实行使"百姓苦之"，为省役息劳，杜绝奸吏；其二，为了加强对桂阳郡的管理，稳定社会以发展经济；其三，朝京、进贡的需要。基于此，时任桂阳太守的卫飒主持了该路的开凿与修筑。

明万历二十九年至三十四年（1601—1606年）知县吴邦俊主修之《乳源县志》对"西京路"进行了最早的文字记载。其他志书所载亦多。如：

清康熙二年（1663年）《乳源县志·山川》中有"风门山"与"西京路"的记载，曰："风门山，县西十五里，两山夹峙，一迳中通，古西京路，夏日多风，故名。"所以，该志《邮铺》中也载：县

---

[1] （南朝宋）范晔：《后汉书》（第9册）卷七十六，北京：中华书局1965年版，第2458－2460页。

"西北旧有西京路，世久道湮，崎岖蒙蔽，行者畏之"。《韶州府志·舆地略》记："南关，洲头街，旧名西京路"，又说："小梅关，在县西北二十里，地名马头涧，旧传开元前西京路。"该志又记："西京路，县西大富桥上腊岭谓西京路。"① 另《韶关市志》载：西京路"自洭浈（今英德县西）、浈阳（今英德县东）经横石塘、罗坑、凤田岭（今属乳源县，宋代以前属曲江县）、石角塘、云岩、梅花、罗家渡、老坪石、武阳司至湖南宜章，全长 500 余里。因由宜章北上可达西京，故称西京古道"② 。而《曲江县志》对此也有"史称西京古道"③ 之记载。《英德县志》也有相关记载，兹不赘述。

简单梳理后，笔者认为，"西京路"的得名原因有二：

其一，"朝京之路"。"西京"指我国古都长安（今西安），历史上是秦、西汉、隋、唐等朝代的都城，也是古代中国政治、经济、文化的中心。故曰西京路为古代岭南的朝京之路。

其二，"进贡之路"。吴邦俊于《乳源县志·桥路》中记："西京路，旧传唐武德年间未必然也，唐太宗建京太原，岭南朝贡俱从大庾至。玄宗时，张相国开梅岭。西京之名何取焉？意者玄宗幸蜀南粤使臣或由此朝贡，肇此名耶。"

这就是说，西京路是岭南及海外诸国向长安（西京）朝贡之路。唐玄宗时岭南鲜果沿着此路大量北运长安以满足唐皇及其他人的需求。故诗人杜牧《过清华宫绝句》曰："长安回望绣成堆，山顶千门次第开。一骑红尘妃子笑，无人知是荔枝来。"④ 当然了，岭南及海外诸国对京师的进贡物品中，不只有满足杨贵妃之口欲的荔枝，还有其他产自岭南及海外的珍珠海产、香药等物品，种类之多，无以数计。

时间上，西京路以东汉卫飒于建武二年（26 年）"凿山通道五百余里"为始，中经历代修葺、加固、扩修而成南北通道。其中几次较大型的修筑是：明嘉靖十二年（1533 年），刘浚等以石砌筑基，扩宽路面；明万历三十三年（1605 年）知县吴邦俊召集民工修筑从乳源县城至湖南宜章全程，并修建龙溪、均丰、白牛坪、梅花、武阳 5 间公

① （清）林述训等修，单兴诗纂：《韶州府志》卷十四，韶州万竹园据光绪二年本重印。
② 韶关市地方志编纂委员会编：《韶关市志》（上），北京：中华书局 2001 年版，第 616 页。
③ 曲江县地方志编纂委员会编：《曲江县志》，北京：中华书局 1999 年版，第 373 页。
④ 林庚、冯沅君主编：《中国历代诗歌选》（上编·二），北京：人民文学出版社 1964 年版，第 512 页。

馆；清康熙元年（1662 年），知县裴秉钫修凿、拓宽了梯云岭段，乾隆四十六年（1781 年），当地乡民重修梯云岭路段，扩宽处达 3 ~ 4 米。唐以后，岭东大庾岭新路开凿，西京路作用日微。

空间上，西京路起自英德洺洭，至湖南宜章县城，《后汉书》载为全程 500 里；而清康熙二年（1663 年）《乳源县志》则记为 320 里，"由邑治前而西南至于腊岭风门，折而走北以至梯云岭、白牛坪，梅辽武阳司抵于楚之宜章三百二十里"①。后者所言，其起点为乳源县境，故在里程上有别。

由此可见，西京路主线基本为南北走向，在历史的发展中，沿西京古道而衍生出一些岔道，可视为西京古道的分支，有人也称之为"西京路"。

2. 唐张九龄开凿大庾岭新路

大庾岭新路，现称梅关古道，为唐玄宗开元时的名相张九龄于开元四年（716 年）主持开凿。

梅岭之上原有大庾岭路，但原大庾岭路"险绝不可登陟"，"唐开元丙辰内供奉张九龄奉诏开凿新路，斫两崖而中通之"。② 大庾岭新路的开凿使之成为中唐以后南北的交通要道。

史载，秦征南越时，南下大军曾把大庾岭上原有的小径辟为军事用道，史称"大庾岭路"。而随着历史的发展，南北商贸等交流的扩大，原来"载则曾不容轨"，"运则负之以背"的险峻、狭小道路，已很不适应时代的发展了。在唐开元四年，张九龄经大庾岭回曲江后，深感大庾岭的险峻和行走大庾岭路的艰难，于是，上书呈请开凿新路以利南北的交流、沟通。正如《开凿大庾岭路序》载："初岭东废路，人苦峻极，行径夤缘，数里重林之表，飞梁嶻嶭，千丈层崖之半。颠踬用惕，渐绝其元。故以载则曾不容轨，以运则负之以背。"落后的交通不利于岭南岭北的交流和商贸往来，而此时的"海外诸国，日以通商"，强盛的唐王朝为了把岭南和海外的"齿革羽毛""鱼盐蜃蛤"运进中原，"上足以备府库之用，下足以赡江淮之求"，于是，在张九龄"献状"后，便"诏委开道"。可以说，新开岭路正是时代发展的

---

① 乳源瑶族自治县地方志编纂委员会编：《乳源瑶族自治县志》，广州：广东人民出版社 1997 年版，第 342 页。
② 广东省地方史志办公室辑：《广东历代方志集成·南雄府部（一）》，广州：岭南美术出版社 2007 年版，第 65 页。

要求。在这样的历史条件下，张九龄利用"岁已农隙"之时，"钦冰载怀，执艺是度，缘蹬道，披灌丛，相其山谷之宜，革其攀险之故"，历经艰辛，修成"新路"，使之"坦坦而方五轨，阗阗而走四通，转输以之化劳，高深为之失险"，昔日的"畏途"成了"坦途"，对南北交通的发展，经济文化的交流起到了极大的促进作用，梅关古道也成为对接海陆丝路的重要孔道。

由于唐代经济、政治、文化方面的发展带来了交通的大发展，在国内的诸多交通路线中，有不少新开和新筑的道路，如关内道、河南道、江南东道和岭南道等。白寿彝在《中国交通史》一书中引《新唐书·地理志》指出，在这些新开的道路中，"要以'关内道'的'偏路'为最长，大庾岭的山路为最要。大庾岭是一条由西向东的山脉。在未开新路前，这山似只有蜿蜒小径，供单身人崎岖地通过，为南北交通的阻碍不少。新路既辟，自广州北上者，便可得到许多的便利"①。同时，唐王朝不仅承接了隋所开的大运河，也新辟了许多水道以加强水运。

大庾岭新路开通后，由江西虔州（今赣州）南行，翻越大庾岭，进入南雄州、始兴、韶州，八百里至广州。通过大庾岭新路使广州、洪州（今江西南昌）、信州（今江西上饶）、常山及苏州相连，从而使岭南的货物，溯北江，入浈江，到达南雄，然后经大庾岭路，越岭而至南安，再沿章水，下赣江，出长江，上中原或下江南；而岭北货物，也多沿此道，自北往南，越岭而下浈水、入北江、至珠江，远输海外。大庾岭新路的开通将长江水系和珠江水系连通，成为唐代通往海外的重要贸易路线。

两宋时期，随着全国政治、经济中心的南移，南来北往的商旅有百分之七八十经过梅关古道，交通运输，日见繁忙。北上的货物主要是粤盐、海货及韶州岑水场（今曲江大宝山）的铜，南下的货物主要是茶、丝、瓷器和米谷，每天来往于古道的脚夫、挑夫，不下千人。

明代，梅关古道上设有红梅巡检司，并设置了7条商业街道（珠玑街、石塘街、里东街、灵潭街、中站街、火迳街、小岭街），沿街开设有较多的茶楼、客栈，以便商旅歇息。清代开海通商后，外贸的发展，使经由广州进出口的货物越来越多，梅关古道更为繁忙。

---

① 白寿彝：《中国交通史》，上海：上海书店1984年版，第119页。

大庾岭新路开通时，张九龄曾率众于路两旁植有松、梅以荫行人，但是，由于岭荒路远，保护不力，后来商旅往来无所荫庇。为了更好地保护和发挥新路的作用，唐后的历朝对大庾岭新路进行多次修整。

据《南雄府志》及《直隶南雄州志》等相关史料，其中几次规模较大的修扩具体如下：

其一，宋代蔡抗、蔡挺兄弟，立表梅关，共修大庾岭新路。嘉祐七年（1062年），时蔡抗为广东转运使，其弟蔡挺为江西提点刑狱，兄弟二人对年久失修的大庾岭路进行了修扩。他们商议于该年冬，以大庾岭路梅岭隘口为界，各自向南、向北三十里修筑大庾岭道路，"以砖甃其道"，"每数里置亭以息客"并"左右通渠"，使大庾岭新路变得更宽，路面更平。且在梅岭大庾岭新路隘口立碑，署表"梅关"。此后，"梅关"成了粤赣之间的界关，大庾岭新路也多称为梅关古道。

其二，元代对古道的修补和对道旁松树、梅树的增种。这主要表现为元泰定二年（1325年）广南路总管亦马都丁、至元四年（1338年）杨益分别率众民对道路进行了修补并增种松树、梅树若干。

其三，明代对古道进行了多次的修补及对道旁松树和梅树的增补。这主要表现为：洪武年间广东参议王溥亲临梅岭路视察，见道路年久失修，便并命地方官员调集人力修桥铺路；正统十一年（1446年），南雄知府郑述，主持砌筑岭路90余里，增补松、梅树若干；明成化五年（1469年），广东布政使濂行会同南雄知府江璞，征发民工铺筑古道路面的同时，在梅岭之上修筑关楼，并命名为"岭南第一关"；明正德十三年（1518年），广东布政使吴廷举令南雄府在岭路两旁种植松、梅5000余株，吴廷举在植树活动中，即兴挥毫写下《大庾岭路松》诗四首，有"十年两度手栽松""种得青松一万株"的名句；万历二十六年（1598年），南雄知府蒋杰在梅岭隘口，重修了梅关楼，并为关楼题额"南粤雄关"，朝南面石额为"岭南第一关"，落款为"南雄知府蒋杰题，万历戊戌"。值得一提的是，为了加强对梅关古道的保护，明永乐年间，南雄知府陈锡定以官府的名义告示民众，禁止对路旁之松树、梅树进行砍伐。官府以告示的形式规定对道路两旁树木的保护，彰显出生态保护的深刻内涵，此举意义重大。

其四，清朝对梅关古道的维护。嘉庆四年（1799年）两广总督觉

罗吉庆捐白银一千两，用于购买材料、招募民工以修整岭路，同时，也在两旁补植了一些松树和梅树，以便路人休息。

由于历代对梅关古道的修筑及增补松、梅等树，梅关古道也成为古南雄州八景之一："官道虬龙"美景。

大庾岭新路的开通使南北的沟通更加便利，不仅促进了南北的政治、经济交往，而且进一步促进了文化交流和发展，新路成为对接海陆丝路的重要孔道。

3. 西晋李耿与乌迳路

乌迳路，现称乌迳古道，位于古南雄州之东北部，它依昌水而成，通江西信丰。因其贯穿粤赣交通的重要节点圩镇"乌迳"而得名。

关于乌迳路的文字记载，最早当属明嘉靖《南雄府志》。该志的"营缮"中记："乌迳路，通江西信丰，陆程二日，水程三四日，抵赣州大河。庾岭未开，南北通衢也。"①

明嘉靖《南雄府志》是由时任南雄知府胡永成修、进士谭大初纂的地方志，于嘉靖二十一年（1542 年）刻成。它不仅承接了宋元时期的部分旧序，也增加了修纂者的新序，从中可以说明南雄历史的某些变迁。如胡永成于《南雄府志·后序》中云："雄志三十年未修，续修于今，非永成敢僭妄举事，幸有郡进士谭君次川成稿在，永成特乐成之。"而郡人谭大初于《南雄府志·后序》中则曰："雄之为州，自伪汉乾和始，州之为南，自宋开宝始，郡故有志。历宋元而正德凡六修，嘉靖壬酉冬。"② 明嘉靖《南雄府志》"是为今存最早的府志"③。由此可以说，明嘉靖《南雄府志》中对"乌迳路"的记载，当是较早的文字记载。

从明嘉靖《南雄府志》所载"乌迳路，通江西信丰，陆程二日，水程三四日，抵赣州大河。庾岭未开，南北通衢也"。推之，乌迳路是古代连通粤赣的水陆联运的通道，也是古代岭南地区直达豫章（今江西南昌）、进入中原与江南地区的古道之一。它的存在时间，要比中唐时期张九龄奉诏新开凿的大庾岭路要长。

---

① 广东省地方史志办公室辑：《广东历代方志集成·南雄府部（一）》，广州：岭南美术出版社 2007 年版，第 66 页。

② 广东省地方史志办公室辑：《广东历代方志集成·南雄府部（一）》，广州：岭南美术出版社 2007 年版，第 120 页。

③ 南雄县地方志编纂委员会编：《南雄县志》，广州：广东人民出版社 1991 年版，第 15 页。

所以，2011年《南雄市志》对"乌迳路"作如是记："乌迳路是一条仅次于梅关古道的贯通南北、水陆联运的古道。由南雄城溯浈水而上三四天到达乌迳，转陆路经田心、松木塘、鹤子坑、鸭子口、石迳圩、老背塘、犁木坵、焦坑俚，进入江西信丰县九渡圩码头转水运，以小艇（每艇载四五十石）沿九渡小口下桃江，入贡水，出赣江，运程100多公里，三四天到达虔州。明嘉靖年间，每日来往于乌迳路牛车约100辆，往来于南雄至新田、乌迳的木帆船约500艘。民国二十二年（1933年），县城至新田往返需六七天，有小民船240余只。民国二十三年雄信公路建成通车，逐步替代了乌迳路。"①

但是，乌迳路的开辟时间及内在的历史元素如何，未见史书有载。然而，细查乌迳域内客族的族谱，发现西晋建兴三年（315年）愍帝时太常卿李耿于新溪（今新田）建村一事，与乌迳古道的存在有着很大的关系。

乌迳路开辟后，它不仅承接中原移民的脚步，也是粤盐赣粮贸易往来的重要通道。其作用在唐张九龄开辟梅关古道之前已突显，谓之"庾岭未开，南北通衢也"。但是，大庾岭新路开辟以后，其作用日微，至明清时期又盛。明清时期乌迳路上的乌迳称"市"，古道上的新田码头有"日屯万担米，夜行百只船"之称。

由此可见，乌迳古道不仅是古南雄州的重要交通要道，也是古代水陆联运的"南北通衢"。

4. 水口—南亩古道

水口—南亩古道，位于今南雄市东南部的水口、南亩两镇境内，因而有研究者称之为"水口—南亩古道"。

古道东与新龙相接，可达江西龙南、定南等地；北至湖口，与乌迳古道、梅关古道相通，南亩水又可以与昌水道相通，东可至江西信丰、赣州，往南下浈水而至番禺等地，作用与影响较小，目前所见古籍史料中无载。

5. 凌江—百顺古道

凌江—百顺古道，位于今南雄市西北部，它依凌江而成，也称凌江古道。

凌江，古称横浦水、楼船水，源于百顺镇杨梅村的俚木山，流经

---

① 南雄县地方志编纂委员会编：《南雄县志》，广州：广东人民出版社1991年版，第292页。

澜河、密下水、莲塘，至雄州水西与浈江合，是浈江古水道的重要支流。

凌江—百顺古道，是南雄州城（水西）北出，经全安、苍石、大坪、石溪水至百顺，经百顺、汝城，入湖南的古道。境内经百顺、甘地、上张、邓洞、左龙、扶溪与仁化城口古道相接。因古道位于山区，古时修有较多的拱桥，其中大湾俚拱桥、打石桥、老拱桥、寡婆桥、猪仔峡等拱桥保存较好，多位于沉洞水上。古道上还有一些石板桥及风雨亭。

古道上，"明洪武三年（1370年）设凌江驿站"①，洪武十年（1377年）于百顺圩设有百顺巡检司。百顺巡检司与洪武二年（1369年）设于乌迳的平田巡检司、洪武十六年（1383年）设于梅关下的红梅巡检司并称"南雄州三司"。

古道域内有隋朝将领麦铁杖之墓及黄屋城城堡等历史遗迹，民间传承着"丰收节"之习俗。

6. 城口古道

城口古道位于今广东仁化县境内，依长江、锦江而成。城口古道与湖南汝城三江口相接，是湘粤边境古道上的交通咽喉。沿城口古道、锦江南下则与浈水相通，远至番禺；东北行可至大庾岭之梅关古道、乌迳古道，通江西等地。

唐、宋以降，城口古道地位日显。明嘉靖《仁化县志》载，明洪武七年（1374年），于城口设恩村巡检司，接湖广界；在紫阳岭下设扶溪巡检司，接江西界；并设有城口隘和古秦城。

《仁化县志》记："城口隘，在县东北一百二十里，界接大庾。"②"古城二，一在县北一百三十里，康溪都。秦末龙川令赵佗所筑。其境通郴州、桂阳。今之城口村，是其池也。一在今县治北百一十里，盖唐垂拱初置县所筑。今皆废。"③古秦城于城口镇，扼湖南通往广东的隘口。古城东起城群村八角亭，南靠恩溪水，西至老盐街，北至三

① 南雄县地方志编纂委员会编：《南雄县志·大事记》，广州：广东人民出版社1991年版，第14页。

② 广东省地方史志办公室辑：《广东历代方志集成·韶州府部（九）》，广州：岭南美术出版社2009年版，第14页。

③ 广东省地方史志办公室辑：《广东历代方志集成·韶州府部（九）》，广州：岭南美术出版社2009年版，第41页。

角坪。

现今，古城墙已毁，清代重修的西城门楼尚存。西城门楼有前后两门，前门与古道相连，通往湖南省汝城县，后门通城内，门用灰色石条筑成。前门门楣上有石刻横匾"古秦城"阴刻楷体三字，右上首刻"嘉庆元年仲冬吉旦"（1796 年），左下方刻"合乡宣修"。1982年，城口古秦城被列为县级文物保护单位。

7. 乐宜古道

乐宜古道是乐昌通往湖南宜章的古陆道。其起点为乐昌城北，经北乡、沿溪山、九峰山、蔚岭关、户昌山、黄圃，进入湖南汝城境内。在老坪石接西京古道，可在黄圃的田头码头转罗家渡、九泷十八滩到乐昌（此为水路，即武溪水路）。

1994 年版《乐昌县志》记：乐宜古道是"北宋时期，广东与中原地区的交通干道之一。自县城北行，经矮石、北乡、石窖子、沿溪山、九峰、羊牯岭（今两江）、上斜、蔚岭关、大屋场（今五里冲）、土佳寮、湾树背、户昌山、金鸡岭、老坪石，达湖南省宜章县，接郴（郴州）宜（宜章）古道，乐昌县境内长 100 余公里"[①]。这不仅说明了古道的走向及途经地点，也对路程进行了说明。明代曾在古道九峰山上设有"九峰巡检司"，对乐昌北上货物及从宜章等地南下货物进行检查并收取货税。《乐昌文物志》也记："宜乐古道，位于湖南宜章与广东乐昌县之间。相传秦汉时期就已开辟通行。公元 660 年，六祖从湖北黄梅山南归，途径古道，过蔚岭关。"[②] 这一记载，虽然把乐宜古道开辟的时间往前推至秦代，同时也说明了这个时间的来源只是"相传"，但是，如果把古道与秦征南越联系起来，古道在秦代就已经开辟也是可能的，只是其作用较小而已。而其中有价值的地方就是说明了六祖惠能曾沿古道南归，这为惠能沿古道传法作了一个很好的注脚。

南来北往取乐宜古道，要翻越山高路弯、险峻难行的九峰山，所以，在梅关古道开通后，其作用日微。但不管如何，乐宜古道是粤湘、粤赣的交通要道，这一点是不可否定的。

8. 顾节、姜子贞开通翁源"羊径路"

顾节、姜子贞，明代翁源知县。羊径，翁城通往韶州府的主要古

---

① 乐昌县地方志编纂委员会编：《乐昌县志》，广州：广东人民出版社 1994 年版，第 214 页。

② 《乐昌文物志》编纂办公室编：《乐昌文物志》：广州：广东人民出版社 1989 年版，第120 页。

道之一，也称"羊径桥路"。

乾隆《翁源县志》载："羊径，县北五十里。两崖对峙，岑水中流，险峻曲折，有似羊肠，故名。所谓水可浸铜者即此也。明弘治间，知县顾节募工芟辟；万历间，知县姜子贞凿石重修。诸险阻处悉为坦夷。行者称便。"又载："半道有石门扼塞。崇祯十一年，楚贼犯韶，知县朱景运监铁包重门二扇，立石栅数座，拨乡兵防御。"①

羊径路是翁源北出南华寺、抵韶州的主要道路，也是古代韶州往南经官渡至广州的陆上通道之一，曾有"官路"之称。

清乾隆《翁源县志》卷七《艺文志》载有原任阳江县知县蒙文伯北上京师参与补选，路经翁源，访广文韦君所撰的《重修羊径路记》。

该记载："癸巳冬，北行补选，借道过翁邑，访广文韦君，叙亲好也。路出南华寺，抵韶州，甫遇韦君，偕邑侯姜公同寓。余因展拜，见侯古貌庞眉，锦心绣口，真人豪也。既就寝，韦君问曰：'子来亦过羊径路乎？'曰：'予非翅物，曷能弗过。且见路若桥，焕然一新，状若康庄，第不知谁为之也？'曰：'余侯为之，请为我记，以垂不朽。'予曰：'辰角见而除道，天根涸而成梁，此王政也。'予愧未为而告所愧以传人越鸡伏鹄难矣。虽然诲规矩者，必班倕离朱匠将微乎？遂忘固陋爰记其事。先是侯奉命来宰是邑，道经历焉。勃然曰：'是路也，胡为乎？若斯之险隘，崎岖若羊肠，然且也。深箐绝壑，古木交加，怪石巉岩，飞泉瀑布匪直，上官之巡历、部使之观风，有所不便。即南华寺之香火，岁走几千万人，咸斜径托足而称苦矣，守土者亦何爱而忍之哉？'甫莅任，越岁，政通人和，讲及砻石以砌金，咸诺而乐从，即捐俸。命匠殚厥心力，督诸筑砌，悉就方法，以暨工役，无怠朝夕。经始于某年某月迄某年某月告成。于是，路之狭者、断者、石之横亘碍巉者、水之飞瀑溅淋者，罔不平伏。坦荡宽广，可容舆马，坚固可贻万年，无复向之羊径云云矣。使不勒石则莫为之，后虽美弗彰，尚有残缺，畴复修之，此记不容已也，记成。或曰，徒杠舆梁，乃王政一事。而羊径桥路亦侯政之一端耳，曷足以尽侯所长，予谓东粤自有韶郡，便有此路，从来贤令出入郡城，登览胜概者，何算竟尔寥寥，未闻有开辟若今日者，岂造化遗功俟，侯为之再造也，钦百世

① 广东省地方史志办公室辑：《广东历代方志集成·韶州府部（九）》，广州：岭南美术出版社2009年版，第36页。

而下，由侯路观侯功能忘情哉？予为之记，亦犹春秋首年纪事耳。曾是足以尽侯乎？若侯之善政，屡屡载在口碑，采风者必录焉。矧侯乡雅□多贤，布列中外者，不知其几。即甲子所取士，有登政府而位岩廊者，有跻开府而居藩臬者。昔□与侯同志磨砺，其功名事业，赫赫可观。是皆侯之所优为，亦侯之所可致者。譬之冀北之马，产无弗良，皆可追风而逐电，揽辔澄清，特须臾间耳。翁善政之足，毋庸予记。或曰：'然诚知言哉？'遂相与立石，以记前件，以告来者。万历癸巳冬，原任阳江县知县粤宾蒙文伯撰。"①

此记认为，羊径"崎岖若羊肠"，深箐绝壑，怪石巉岩，艰险难行，且"南华寺之香火，岁走几千万人"，在这样艰险的小径上行走，人人"咸斜径托足"，苦不堪言，极大地阻碍了翁源与韶州的诸多交流，于是姜公"捐俸"，"命匠殚厥心力，督诸筑砌，悉就方法，以暨工役，无怠朝夕……于是，路之狭者、断者、石之横亘碍巉者、水之飞瀑溅淋者，罔不平伏。坦荡宽广，可容舆马，坚固可贻万年，无复向之羊径云云矣"。通过艰苦的劳作，开通了"自有韶郡，便有此路"的羊径桥路，方便了人们的商贸往来，是为"王政一事"，功不可没。

除羊径之外，该志还对翁源四出的其他古道，如东山径、祥符径、铁寨径、太平径、梅花径、茶藤径、桂花径、陂子径、象狮径等均有记载。

东山径，县东十里，石壁险峻，隔绝芙蓉等十一铺，明嘉靖间，知府符锡命乡民开凿，往来甚便。

祥符径，县西北三十里，长四十里，俗名鹅公瞅，通英德县。

铁寨径，县东北四十里，长十五里，通始兴。

太平径，县北五十里，长二十里，下为鱼溪，溪径险仄，舆马难行，有荡马石、扇鹰岩，葱茅坪诸险，往来甚苦之。

梅花径，县东十里，长五里，一名唐径。

茶藤径，县南十里，长七十三里，一名青山径，通广州增城县。

桂花径，县东一百里，长五里，通始兴县。

陂子径，县北三十里，长三十里，通始兴县。

① 广东省地方史志办公室辑：《广东历代方志集成·韶州府部（九）》，广州：岭南美术出版社 2009 年版，第 89 页。

象狮径，县东一百里，长八十里，通河源县。①

1979 年版《翁源县志》载，翁源境内有"翁源驿道"。"翁源驿道开通于明代。其时，韶州府设置 6 驿 66 铺，其中翁源 4 铺。清同治二年（1863 年），韶州驿铺里程 675.5 公里，其中翁源 95 公里，即翁源至英德大坑口 50 公里，翁源至曲江途经江镇（今新江镇）、鸡笼（今铁龙）、沙溪（今曲江）为 45 公里。"②

明代，在翁源与韶州之间的茶园铺，设有桂山丫巡检司署。清乾隆《翁源县志》载，桂山丫巡检司署，"旧在茶园铺桂山丫后，被贼焚毁。明嘉靖八年，知府彭大治改迁于南浦；十七年，巡检杨材重修。崇祯八年，为土豪武断拆毁，申详究罪，罚银修整；十一年巡检沈复初重建，今迁于三华镇"。桂山丫巡检司原有"弓兵二十名"。并记礤下巡检司署，"在陈礤铺，国朝雍正十年设"③。

同时，民国《翁源县志稿》对翁源四出的交通情况有专门的记述，其《交通志》载："官道，北经狗耳岭达岭南道治，陆路一百六十里，水路四百三十里；南逾横石水达广东省治，陆路六百里，水路七百五十里；陆路南逾横石水抵英德县治，行程一日；北经狗耳岭抵曲江县治，行（路）程二日；东北经桂山抵始兴县治，行（路）程三日；东经岩头抵江西虔南县治，行（路）程三日；东经南浦抵连平县治，行（路）程三日；东经周陂抵新丰县治，行（路）程三日。水道，南由横石水、狮渡河，乘盘船南行抵英德县治，行（路）程三日。"④

发达的交通，带动了商业的发展与繁荣，也催生了该地的诸多圩市。民国《翁源县志稿》载："易称，日中为市，交易而退，各得其所，此圩市之肇始，而懋迁之所，从来也都会要区市肆繁盛固非可以伦比，若山野小邑，蒸民作告，且有不粒食者矣，遑论贸易云尔哉。考圩市之制，北方谓之赶集，南人则曰趁圩。名虽异而事则同也。翁

---

① 广东省地方史志办公室辑：《广东历代方志集成·韶州府部（九）》，广州：岭南美术出版社 2009 年版，第 36 页。
② 翁源县地方志编纂委员会编：《翁源县志》，广州：广东人民出版社 1979 年版，第 89 页。
③ 广东省地方史志办公室辑：《广东历代方志集成·韶州府部（九）》，广州：岭南美术出版社 2009 年版，第 17 页。
④ 广东省地方史志办公室辑：《广东历代方志集成·韶州府部（十三）》，广州：岭南美术出版社 2009 年版，第 301 页。

源圩市凡二十余所。"① 沿道的主要圩市有：周陂圩、六里圩、南浦圩、龙仙圩、新江圩、岗尾圩、太平圩、犁头冈圩、松塘圩、横冈圩、坝仔圩等。

由此可见，顾节、姜子贞开通"羊径路"，对翁源与韶州等周边地区的交往及南下番禺均有极大的推动作用。

（二）清远境内的陆路古道

由清远北上入中原，陆路大体有两条道路：一是沿北江古水道而至英德，过曲江，在乳源沿西京古道，进入湖南，然后北上京师；二是经阳山、过连南而至连州北上，进入湖南之宜章。

而自古南来连州有三条道：一是经南风坳至丰阳入东陂到连州；二是经凤头岭或荒塘坪入星子至连州；三是经分水坳入清水过西岸落连州。此外，广西邻近各县则经连山出鹿鸣关入三江达连州。由连州再循阳山或连江，南至广州，直至海外。

1. 荣諲开峡山栈道

北江水路自英德至清远一段有三个峡谷，即浈阳、大庙和中宿，三个峡谷河道水流湍急、凶险，舟船难行，在一定程度上阻碍了南北商贸的发展。为了改变这种状况，北宋嘉祐六年（1061 年），广东转运使荣諲主持了浈阳峡（古径）栈道的修筑，从而避开了湍急的河流，连通了西京路。往南可下通中宿、番禺、端州。

清屈大均《广东新语》载："自英德至清远有三峡，一曰中宿，一曰大庙，一曰浈阳。大庙介两峡之间尤为险狭。故尉佗筑万人城于此。"又言："蜀三峡其险在滩，粤三峡其险在峡。……挽舟车率从北禺，衣钩竿挂，乍却乍前。至浈阳，路益紧束，彼此绳索相牵，腾藉而上，踝血沾溅利石，往往至剧。"② 在这里，屈大均指出，自英德至清远的北江水路，有三峡之险，于秦代，南越尉赵佗就筑万人城于大庙峡以扼控南北。险峻狭长的水路在一定程度上阻碍了南北商贸的往来。为了促进南北之交流，在北宋嘉祐六年，广东路转运使荣諲对北江水路英德至清远的三峡段进行了整治，修筑栈道，从而改善了交通

---

① 广东省地方史志办公室辑：《广东历代方志集成·韶州府部（十三）》，广州：岭南美术出版社 2009 年版，第 301 页。

② （清）屈大均：《山语·三峡》，《广东新语》卷三，北京：中华书局 1985 年版，第 69 - 70 页。

状况。

对于荣諲主持开凿峡山栈道一事，翁方纲在《粤东金石略·南山石壁诸刻》中记有《宋广东路新开峡山栈路记》。为了说明问题，照录如下：

宋嘉祐六年，在英德市南山定光室南石壁上。高二点一米，宽二点二米，隶书，保存尚好。张俞，史书作愈，字少愚，四川益州郫县人。屡举不第，隐于家，杜门著书。文彦博治蜀，为置青城山白云溪以居之。碑文录如左：

广东路新开峡山栈路记，蜀人张俞撰。

渡韶岭，由英州济真江达广州三百八十里，皆崇山密林，回□□□。过排场，逾黄岗；涉板步，渡吉河；攀空旷，履危绝；犯瘴莽，践□域；豺虎伏□，□□□人。人由此险，甚于死地。又自英由浛光至端州四百里，林岭氛□，□□排场，居者逃，行者顿。黥流转徙，饥疫积道。虽咸交沙□之域，殆未过也。□南越入中国千余年，凿山通道，无岁不役。然犹其恶如此，岂昔人未得利之要乎？本路转运使、尚书、刑部郎中荣公諲按越地图，将开道于二州间，以利舟车。嘉祐五年春，巡行英州，得真阳峡后古径至光口。唯光口抵大塚峡，南望广之涉头六十里，峻岭嶄屹，石壁上空，上下路绝，古莫能议。公遂底大塚峡，观其险壁。曰：可栈险为道如汉中，则由峡道□□□。□江平行经牛栏，历灰步趋广州。弃迂险，行直道，此天造地设之利，□□□英亦由栈道下清远，经四会入端州，则浛光瘴路可弃。然其要害□□□□塚峡，若户之有关键，弩之有机牙，然后可以开阖，可以弛张。乃命屯田□□□、知英州陆君□总计其事。又遣番禺县主簿张知名往莅其役，止三十□日而栈道果成。凡七十一间，皆凿崖横梁，穴石立柱，翼椽敷板，卫以长栏。峡壁岩岩，峡流浩浩。栈阁既设，道出□际，万人步骤，耸然神造。又并山开途，循江立堠。邮驿相望，樵采相闻。行有粮，宿有舍。瘴疠远，盗贼销。自有越人，无如此利。其七月，公以新路地图及厉害事上闻。诏可其奏。众谓南□之地，古称荒绝；盗贼由□，世有叛服。近岁侬蛮入寇番禺城下，天子遣将诛讨，而蒋偕辈顿兵英州，不能进尺寸地，□□□蛮渡江而去，亦由险绝不通，兵不习险厄故也。□今承平□岁，户口蕃□，□□云集，商

旅林行，□赋日繁，屯戍日众，比夫前世数十百倍。□□□犹阻□□险艰，岂通道九夷□义乎？今是役也，盖有五利焉。人得便道，□□□之劳，一也。不罹瘴疠，不虞盗□，二也。国务费财，民不劳力，三也。烽燧忽警，师旅安行，四也。峡险既通，奸萌不□，五也。古所谓用力少，获功多，其是谓乎。荣公用文学政事，由机密□□司，出治广东十六州之地。不衰财，不墨刑。唯利是行，唯弊是去，故远□□□□之。若开斯路也，其利之大者欤。昔张九龄开韶岭道，归融洽□□□皆所劳者众，所利者近焉。世犹能称之，况此坦坦大利，可不载乎？勒之岩石，以示后世，且备续南越志之故事云。自英至广减道里八十三，废驿二，罢马铺□□□三，水递一十四。自英至端减道里百二十。嘉祐六年岁次辛丑六月壬子朔二十七日戊寅镌石。朝奉郎、尚书职方员外郎、知英州军州□、兼内勤农、提点银铜场公事、上骑□尉、赐绯□袋、借紫茹庭实。①

上面有述，张俞《宋广东路新开峡山栈路记》刻在定光室南石壁上，宽2.2米，高2.1米，隶体直书阴刻。此篇"栈路记"是张俞在罗浮山游览后，路过英州，应邀而作。它对于研究当时的政治、军事、经济和交流贸易，有着重要的参考价值。

《宋史·荣諲传》对其修筑峡山栈道也有所载，曰："荣諲，字仲思，济州任城人。諲举进士，至盐铁判官。晋州产矾，京城大豪岁输钱五万缗，颛其利，諲请榷于官，自是数入四倍。为广东转运使。广有板步古河路绝险，林箐瘴毒。諲开真阳峡，至浈口古径，作栈道七十间，抵清远，趋广州，遂为夷途。"②

综上所记可知，自英州达广州三百八十里，自英州浛光至端州四百里，途经崇山密林，时有虎狼、劫匪出没，"人由此险，甚于死地"。荣諲为"利舟车"，亲自勘查，"弃迂险，行直道"，仿汉中栈道模式，"凿崖横梁，穴石立柱，翼椽敷板，卫以长栏"，建栈道七十一间，化险途为夷途，"以利舟车"。栈道修成后，使英州至广州、英州至端州的行程得到缩短，即"自英至广减道里八十三""自英至端减

---

① （清）翁方纲著，欧广勇、伍庆禄补注：《粤东金石略补注》卷六，广州：广东人民出版社2012年版，第231－233页。

② （元）脱脱：《宋史》（第31册）卷三百三十三·列传第九十二，北京：中华书局1977年版，第10707页。

道里百二十"，使民获得"坦坦大利"。由此可见，荣諲开凿与修建真阳峡，使古道的作用发挥得更好。

由英德逆江而上，可沿连江进入连阳地域，也可沿北江而至韶州。在韶州可分五路：其一，由英德至曲江、乳源，后沿西京古道而至宜章、郴州；其二，逆武溪而上至乐昌、坪石而至宜章、郴州；其三，逆浈江而上至南雄，沿大庾岭新路、过梅关而至江西大余、赣州；其四，逆浈江而上至南雄新田码头上岸，经乌迳古道至信丰九渡水码头而达信丰、赣州；其五，逆浈江而上至月岭，入锦江，接城口古道而至湖南汝城等地。

历代对古栈道较大规模的维修与加固，主要有：

其一，广东府判符锡加固栈道、凿开峡谷中钓鱼台。从北宋嘉祐六年（1061 年）至明嘉靖四年（1525 年），历经 400 余年的风雨，加之战乱兵火的损害，古栈道破损严重，有些地方已经难以通行。对此，明嘉靖四年，广东府判符锡筹集资金、招募民工，疏通沟涧，筑石桥 12 座，以通陆路。而针对峡谷河道中的巨石——"钓鱼台"，他则集思广益，采用石工之建议，于冬日水浅时，对巨石"先以烈火煅，再淬以油醋，然后举锤击之，石应锤而碎"。在水深险要地段，"构建栈道，并以木栏护之，固以铁锁，自是水陆俱便"①。

其二，清康熙年间，平南王尚可喜为加强在南方的权位，发展南北商贸，重修了北江"三峡"栈道，开浈阳大道。于是"向之险阻尽成坦途，而舟人行旅，担负牵挽，直行无虞"②。

其三，道光五年（1825 年），两广总督阮元，为了利于南北交通与商贸的发展，对英德至清远间的"三峡"栈道及其他路段也进行修筑。他采用了分段分修法，在勘测后将其地形分为南、中、北三段，由盐商、海关署、洋商及太平关分段揖修，计修造"道路 24400 余丈，桥梁 245 座，用银 49000 余两，六年工成"③。盐商、洋商、海关署共同参与，反映了这段通道在运输上的重要性。

古栈道经宋后历朝历代的维修与加固，进一步提高了安全性，也成为南北交通的重要通道。

---

① 黄培荣等：《道光〈英德县志〉》，广州：岭南美术出版社 2009 年版，第 191 页。

② （清）廖燕：《廖燕全集》，上海：上海古籍出版社 2005 年版，第 123 页。

③ （清）张鉴等：《雷塘庵主弟子记》，北京：中华书局 1995 年版，第 150 页。

此外，清远的连阳地域，因其"介楚粤之交"，地理险要，古代交通也很发达。连州是中原拓展南疆的主要通衢，在岭南人文发展史上有重大影响，而连阳境内之古道又是构成粤北清远古道的重要部分。连州地域的古道主要包括零陵、桂阳峤道，顺头岭（也称顺岭）秦汉古道，星子古道等。

2. 郑弘奏开零陵、桂阳峤道

郑弘，东汉大司农。郑弘所奏请开凿、穿越骑田岭的古道，包括零陵峤道和桂阳峤道两条古道。

《后汉书·郑弘传》载："郑弘，字巨君，会稽山阴人也。……弘少为乡啬夫，太守第五伦行春，见而深奇之。召署督邮，举孝廉。……建初八年，代郑众为大司农。旧交趾七郡贡献转运，皆从东冶泛海而至，风波艰阻，沉溺相系。弘奏开零陵、桂阳峤道，于是夷通，至今遂为常路。"①

此记说明，东汉章帝建初八年（83 年），汉武帝征南越后，在五岭以南设置了南海、苍梧、郁林、合浦、交趾、九真、日南七郡。按照文中的记载，这七郡贡献物资的运输，过去皆从海路，运至东冶登陆。因"风波艰阻，沉溺相系"，损失较大，所以当郑弘接任大司农之后，便奏开零陵、桂阳峤道，改海运为陆运。

经过大规模修缮后的骑田岭古道从桂阳郡治郴州，经临武到桂阳，通往番禺。骑田岭峤道沿途五里一邮亭，十里一驿站非常有规模。从此后，骑田岭峤道郴州、桂阳，成为中原与岭南往来更加便捷、安全的交通要道。

自古"骑田岭峤"就为中原通往岭南沿海的"咽喉"要地。还在先秦之世，地处百越之地的岭南，就已"称臣"于商、周，并有了以赋贡"朝天子"之举。据《逸周书·王会解》，早在商初，岭南的"桂国、产里、九菌、损子"等越人"部落"之国，就有了以特产"珠玑、玳瑁、象齿、文犀、翠羽、菌鹤、短狗、骆人大竹、南海之秬等"，赋贡于"朝"的历史。尽管赋贡之路，不知是否走过"岭峤"，然而骑田岭峤距"朝歌"（河南）之近，却是其他岭峤古道不可比的。

① （南朝宋）范晔：《后汉书》（第 4 册）卷三十三·列传第二十三，北京：中华书局 1965 年版，第 1154－1156 页。

对于东汉大司农郑弘奏请开凿零陵、桂阳峤道，有学者指为"骑田岭峤道"，也有学者指为零陵峤道、桂阳峤道两条。笔者认同前者之观点。

因《后汉书·郑弘传》载："弘奏开零陵、桂阳峤道，于是夷通，至今遂为常路。"这里并没有指明零陵、桂阳的区别，更没有说明是两条道路。相反，只说明是"弘奏开零陵、桂阳峤道"。零陵，古时指永州，桂阳指连州（后也指郴州），两者在秦代均属长沙郡。连州，西汉初立县，称桂阳县。而清道光时期阮元的《广东通志》，其《前事路》也载："武帝遣路博德伐南越，出桂阳，下湟水，则旧有是路，宏（应为"弘"）特开之，使夷通。"① 从这里也可以看出，其所指是从零陵越岭而至桂阳，再下湟水一线，郑弘在"旧有是路"的基础上进行修筑，使之"夷通"。事实上，在秦汉时期，从交趾往中原各地，多取道交趾、合浦、桂林、零陵一线。此线只要从交趾沿海东行，至合浦的桂门关后，再沿南流江、北流江至苍梧，北上桂江，通过灵渠、湘江等水道，便可直达长江了。因为途中可以充分利用水运，所以是当时交趾通中原最快捷的交通路线。

不管如何，郑弘奏请所开之零陵、桂阳峤道，其目的在于打通临武与桂阳之间的通道，以对接"西京路"和湟水水道（连江水路），作为"西南两广"运送南海贡品上京的通道，其作用和意义是重要的。

3. 连州境内最早的古道——顺头岭秦汉古道

对于连州一域，刘禹锡在其《连州刺史厅壁记》中记载："荒服善部，炎裔凉墟。欧阳经云阁记曰：北接九嶷，南连衡岳。"史上域内曾设有鸡笼关、火夹关、鹅鹰关、台子关和湟溪关等五关，鸡笼关、火夹关、鹅鹰关、台子关四关在连山厅域，"湟溪关在阳山北，当骑田岭路，秦于此立关。按《汉书》：赵佗行南汉尉事，移檄告湟溪关，曰：'盗兵且至，急绝道，聚兵自守'，即此地"②。古代，连阳之地北接湖湘，南连粤桂，通道作用明显。

所以说，连州是中原拓展南疆的主要通衢，在岭南人文发展史上

---

① （清）阮元：《广东通志》卷一百八十一，上海：上海古籍出版社1995年版，第59页。
② 广东省地方史志办公室辑：《广东历代方志集成·韶州府部（十三）》，广州：岭南美术出版社2009年版，第38页。

有重大作用，而连阳境内之古道又是构成粤北古道的重要部分。

史料显示，顺头岭古道是迄今发现的最早开通的官道之一。顺头岭，清同治《连州志》称顺岭，该志载："顺岭，在星子。气象磅礴，高瞰星江，有南天门匾额，离州城一百里，俗呼顺头岭。"① 即顺头岭秦汉古道位于连州北面，从与湖南临武县交界的茅结岭起，经荒塘坪至南天门前方的白牛桥，长约 40 里。以青石顺山势铺就 800 余级石板路，古道上的顺头岭村的怀远驿站、南天门凉亭（此亭石匾，南门为"南天门"，北门为"广荫亭"）和怀清亭，为古道上今存之遗迹。

南风坳，在西溪与蓝山分界处，也是五岭中南北交通隘道。清代学者容闳在《西学东渐记》中说："连州南风岭，地处湘潭与广州之中央，为往来必经之孔道，道旁居民咸借肩挑背负为生。"又说："肩货往来于南风岭者不下十万人。"② 可见当时交通运输之盛况。

连州顺头岭古道为秦代任嚣（时任南海尉）率领秦军所开辟，时为骑田岭峤道，后被赵佗（时任龙川令）封锁的道上"阳山""湟溪"和"横浦"三关中，湟溪关即在顺头岭上。西汉元鼎五年（前 112 年）秋，汉武帝调遣罪人和江淮以南的水兵共 10 万人，兵分五路进攻南越。伏波将军路博德率第一路兵士从桂阳溯未水而上，跨越骑田岭入湟水（连江），并于公元前 111 年与杨仆合兵攻破番禺，一举平定南越。

顺头岭古道开通后，成为秦汉及唐初时期岭南通往京城的第一通道，史称"荆楚走廊"。唐刘禹锡被贬为连州刺史时，所走之路便是顺头岭古道，他曾对古道发出感慨，其《度桂岭歌》曰："桂阳岭，下下复高高。人稀鸟兽骇，地远草木豪。寄言千金子，知余歌者劳。"③ 其实，早在唐、宋以前，骑田岭古道的盐运就存在，沿海的海盐先是从广州用船运到连州的星子埠，然后再由挑夫翻过骑田岭，运到中原各地。因此，在湖南也习惯地将这条秦汉时期的古道称为"盐路"。

古道的开通，有力地促进了南北的经济文化交流，连州因地利而成为重要的交通枢纽。人口的增加、商贸的繁荣、文化的发展，使之

① 广东省地方史志办公室辑：《广东历代方志集成·韶州府部（十三）》，广州：岭南美术出版社 2009 年版，第 39 页。

② （清）容闳：《西学东渐记》，长沙：湖南人民出版社 1981 年版，第 46 页。

③ （唐）刘禹锡：《乐府》（下），《刘禹锡集》卷二十七，北京：中华书局 1990 年版，第 353 页。

与广州、韶州并称"岭南三州"。

4. 东陂古道

东陂古道位于连州西北方向的东陂镇，依东陂河而成，是水陆联运之道。

东陂古道是清代重修的连通湖南蓝山与广东连州的古道，因其经东陂镇茶亭村，也叫"茶亭古道"。它从界山关至东陂，长约10公里。中分两路：北路经东陂、丰阳、三水、南风坳往湖南蓝山县，西路经西岸、清水、广东坳往湖南江华瑶族自治县，是明清时期连接湘粤的主干道之一。

石板古街是这条古道的组成部分，始建于明末清初，青石板铺成的主街道绵延3里多。东陂古埠物产丰富，至今，"东陂腊味"仍有盛名。

5. 星子古道

星子古道为荆楚古道遗址，连州境内长约50公里。由湖南宜章、临武等地南下，即通过顺头岭古道连接星子古道，直达连州，再经湟水水道，可远达徐闻、番禺等地。今存古道曾于清代重修。

星子古道连接着凤头岭古道，北接湘南宜章、临武，南通连州。通过古道，中原的陶瓷、丝绸、茶叶等商品源源不断地运往岭南，进而销往海外，岭南特产及域外舶来品亦由此道北达中原。

据相关文献，因古道的存在，星子很早就成为该地域的经济中心，宋代发展成为商业圩市，明、清时期，楚地配食粤盐，粤盐遍湖南，肩挑贩夫益至数十万人。古道上行人如织，商贾贩夫在此停留贸易，一时商铺林立，蔚为壮观。清嘉庆二十一年（1816年）曾于星子设置巡检司以管制南北交通及社会治安。

历史上，星子古道也是唐时韩愈、刘禹锡，先后贬官岭南所经之道，因此星子古道又是贬谪官南行之道及文化传播之道。

古道上的三洲村"北门楼"、被誉为"八卦村"的黄村古堡是保留至今的古迹。

顺头岭秦汉古道、东陂古道和星子古道是今清远市连州境内较为著名之古道。《连州市志》载，连州境内还有其他古道，具体为："连州至阳山古道一段途经州前、白庙、铁坑，长93里；另一段途经庙前、狗牙滩、小江口，长80里。连州至连山古道途经石泉、白沙，长

45 里。连州至朱岗司古道途经东坑，长 70 里。连州至庙前古道途经星子司，长 70 里。东陂至南风坳古道清代修，从界山关至东陂，长约 20 里，再由东陂经丰阳、三水、南风坳往湖南蓝山，约 60 里。西岸至江华古道从界山关北上，经新铺、西岸、石马、清水、广东坳往湖南江华县，约 50 里。大路边凤头至宜章古道途经黄沙堡，约 10 里。"① 由上可见，古代连州也是南北交通的重要枢纽，并成为连阳地域的政治、文化中心。

6. 阳山秤架古道

秤架古道位于阳山境内秤架山上，秤架山与乳源天井山相接，古道于广东屋脊石坑崆峰林溪涧中穿越，成为阳山连接乳源西京古道的重要孔道，也是从阳山县深塘村，沿青莲水、秤架河北上，中经犁头镇、岭背镇、秤架乡而直达湖南宜章的通道。

《阳山县志》载："明清时期，阳山县境内有古道 25 条。其中县南有七拱西路、第五屯、莲塘、崩墈步、牛皮岭、龟迳、深埇迳、深坑、金鸡坪、鸡矢坑、挂榜岭、大塘坳、大迳、太平圩西 14 条；县西有凿石迳、十里坪、石矶 3 条；县北有牛尾岭、三条桥、栗仔岭、拳头岭、梅子迳 5 条；县东有风门坳、长沙、佛仔岭 3 条。这些古道历来是民间商旅、货物运输的主要通道。路途设有凉亭，供过往客商、乡民歇息。建国后，随着交通条件逐步改善，古道多被公路代之，部分已废弃。"② 要明确的是，这里所记的"古道"有较多的乡道成分，或者是秤架古道的分支。

秤架古道开于何时，待考证。但从古道域内曾发现并出土的新石器晚期的石钺、战国时期的青铜矛、汉代墓葬，再结合秦征南越的行军路线来看，其形成的时间当为秦汉时期，只是因其险峻难行，作用日渐衰微了。

尽管如此，古道上也留有较多的、关于古道维修路段的摩崖石刻。一处是秤架乡杜菜村石碑岩有记载整修白芒路段的石刻，石刻有"天禧四年庚申岁四月八日，众缘抽请道人修开白芒石路，道济往来……"字迹。另一处在古道的佛子迳路段，是明万历二十三年

① 连州市地方志编纂委员会编：《连州市志》（上），广州：广东人民出版社 2011 年版，第 378 页。
② 阳山县地方志编纂委员会编：《阳山县志》，北京：中华书局 2003 年版，第 523 页。

（1595 年）的摩崖题记——《接洋路记》。在三元坳石岩上还存有一条军事记事题刻："李都督协李司马统带各勇，大破草仔营贼巢，凯旋之成，由此经过，改名分水坳。"落款的日期是清咸丰六年九月。这些摩崖石刻可以证明古道的存在及其历史。

秤架古道傍依秤架河，连接湘粤两地，货船上可抵湖南桂阳，下可达广东南海，故在阳山诸乡镇中，青莲圩处于南与广州、北与湖南交往的最佳位置。因此，认为秤架古道始为军道，继为官道，最后转为民间商道的观点是成立的。

三、粤北古水道概述

粤北古水道是指流经粤北地域，沟通岭南岭北的古代水路交通要道。它由浈江古水道、武江古水道、连江古水道及北江古水道构成。这些古水道与广东境内的西江、东江一起，形成珠江水道网。由于军事运输的需要，在秦汉时期便得到开通和迅速发展，从而使岭南的水上运输活动变得频繁起来。

秦始皇二十四年（前 223 年），秦命尉屠睢率 50 万大军灭楚，接着发兵南越。屠睢战死后，秦旋遣任嚣、赵佗统领 5 万士卒，分三路平南越：一路越大庾岭，下浈水；一路过骑田岭，下连江；一路过萌渚岭，下贺江、西江；三路并进，抵达番禺，平定南越，并设南海、象郡、桂林三郡，第一次把岭南并入中央政权的版图。

至唐代，内河运输有了较大发展。开元四年（716 年），为了便利商货转输和贡物运送，内供奉张九龄奏请开凿大庾岭新路，之后其作用日益突显，并得到历代扩修，从而使珠江水系的浈江和长江水系的赣江连接起来，进而使珠江、长江与大运河相衔接，构成贯通中国南北水上交通的大通道。此后，很多北方移民都经此水道进入岭南，不少商贾、谪官、使客也取此水道往来南北，如韩愈经武水，过昌乐泷，曾留下《泷吏》等诗。

可见，粤北古水道不仅开发的早，而且发挥着重要的作用。了解它们的历史状况，探析它们在对接海陆丝路、沟通岭南岭北的社会交往、促进岭南社会经济与文化发展方面的作用，具有深远的意义。

（一）韶关境内的古水道

韶关境内的古水道主要由浈江古水道、武江古水道及北江上游古水道（北江水道）组成。

浈江、武江是北江上游的两大支流。浈江发源于江西信丰，流经广东南雄、始兴、曲江，武江发源于湖南宜章，流经乐昌，两大支流在韶关城区南汇合后，成为北江（上游），它自北向南，流经英德江头咀，与发源连州的连江汇成北江干流，汇入珠江，流入南海。

1. "南来车马北来船"的浈江水道

上文所说的乌迳路与浈江航道是位于南雄州境内的浈水航道，此处所言的浈江水道是指南雄州至韶州之间的水道。

古代交通依水而行，浈江水道最早用于军事用兵。《汉书》载：元鼎五年（前112年）秋，汉武帝为平南越吕嘉之乱，命"卫尉路博德为伏波将军，出桂阳，下湟水；主爵都尉杨仆为楼船将军，出豫章，下横浦；故归义粤侯二人为戈船、下濑将军，出零陵，或下离水，或抵苍梧；使驰义侯因巴、蜀罪人，发夜郎兵，下牂柯江；咸会番禺。"① 杨仆奉诏率5万楼船水师溯赣江至南安，后弃舟渡岭，在浈、凌两江汇合处造船练兵、备战。元鼎六年（前111年）冬，楼船水师下浈江，与伏波将军会师石门，进军番禺，一举而平吕嘉之乱。

浈江水道也是南宋后珠玑巷移民南迁的主要路线，南宋初，罗贵率33姓97家珠玑巷人的南迁就是其中的典型事例。罗贵一行，"以竹结筏，浮浈水而下，至连州水口，遇风筏散，溺毙男女无数，至广属香山县黄角大良，各投土人草屋安歇，分寻居住，成聚落焉"②。由此可知，浈江古水道是宋后中原移民南迁之路。

唐代，自开元四年张九龄奉诏开凿大庾岭新路后，浈江便成为沟通岭南岭北，连接长江、珠江的主要通道了。它将海外及岭南的"齿、革、羽毛之殷，鱼、盐、蜃蛤之利，上足以备府库之用，下足以瞻江淮之求"。随着商业的发展，浈江水运日益繁忙，船筏来往如梭，码头设施也逐步完善起来了。其中，浈江河上的南雄州城，沿河

① （东汉）班固：《汉书》（第11册）卷九十五·西南夷两粤朝鲜传第六十五，北京：中华书局1962年版，第3857页。

② 南雄珠玑巷人南迁后裔联谊会筹委会编：《南雄珠玑巷人南迁史话》，广州：中山大学出版社1991年版，第17页。

设有盐码头、龙蹲阁码头、大码头、青云门码头、木码头五大专业码头。随着商贸的发展，码头年久失修，至清同治六年（1867 年），南雄直隶州除重修州城沿江原有码头外，还新修"猪"码头、顺水码头、槐花门码头、皇华门码头和回栏门码头。这些码头的修建，极大地推动了南雄水上运输业的发展，古道上的乌迳、南雄州城成为赣南、闽南和粤北货物集散地之一。就自明天顺二年（1458 年）由右金都御使、广东巡抚叶盛在城南太平桥上所设的太平关而言，"乾隆年间，每年收税银 13 万余两，道光年间达到 21 万余两。盐码头每年起卸广盐 1000 万斤以上"①。浈江古水道，不仅通航时间早，而且通航能力强，是沟通岭南岭北的重要通道之一。自宋至明清，浈江水道上的南雄州，商贸繁荣。

古代的浈江水道，河水清澈、河面宽广，风景秀丽，历代诗人写下了较多的生动诗句赞美它。如南朝齐始兴内史范云的《三枫亭饮水赋诗》："三枫何习习，五渡何悠悠；且饮修仁水，不挹背邪流。"描写了河水清澈；而宋代诗人杨万里的《二月二十三日南雄解舟》诗句："昨夜新雷九地鸣，今朝春涨一篙清；顺流更借江风便，此去韶州只两程。"所描述的则是浈江河道的深广、运输的快捷；清初诗人朱彝尊道经南雄时，作有四首《雄州歌》，其中一首诗曰："绿榕万树鹧鸪天，水市山桥阿那边。蜑雨蛮烟空日夜，南来车马北来船。""南来车马北来船"真实地表现了浈江古水道的繁华与繁忙。

2. "武溪何毒淫"的武江水路

武江，古时称虎溪、泷水、武水（也有称肆水、三泷水、虎水、乐昌水），唐时改名为武溪。武溪发源于湖南临武县三峰岭北麓，流经湖南省的临武县、宜章县、郴县、桂阳、汝城等五县和广东省的乐昌、乳源、曲江，沿途有人民河、斜江河、高安水、腊水河、水东河等 5 条支流注入，于韶关市区沙洲尾与浈水合流，是北江上游的重要干流。今韶关市人多称之为西河、武江。

关于武溪，郦道元《水经注》载："武溪水出临武县西北桐柏山，东南流，右合溱水，乱流东南迳临武县西，谓之武溪。"又记："武溪水又南入重山，山名蓝豪，广圆五百里，悉曲江县界，崖峻险阻，岩岭千天，交柯云蔚，霾天晦景，谓之泷中。悬湍回注，崩浪震山，名之

---

① 韶关市地方志编纂委员会编：《韶关市志》（上），北京：中华书局 2001 年版，第 689 页。

泷水。东至曲江县安聂邑东，屈西南流。泷水又南出峡，谓之泷口。西岸有任将军城，南海都尉任嚣所筑也。嚣死，尉佗自龙川始居之。东岸有任将军庙。"① 此记大体说明了武溪流向及其险峻的情况。

而欧阳修在《集古录》卷三《后汉桂阳周府君碑》中也记："武水源出郴州临武灵鹫石，南流三百里，入桂阳。而桂阳真水、庐溪、曹溪诸水，皆与武水合流"，"韩退之诗云'南下昌乐泷'，即此水也"。②

秦汉征南越，曾以武水为道。武溪险峻湍急，伏波将军马援南征过武溪，曾作《武溪深》，曰："滔滔武溪一何深，鸟飞不渡，兽不能临。嗟哉！武溪何毒淫。"可见武溪之凶险。

武水道以险峻、多泷而出名，有三泷之险，其中以昌乐泷为著。泷水中，"舟上者与石争，下与水争"，可谓"一片风帆乱石边"。为了进一步加强南北之联系，东汉时曾对武水及其附近的陆路进行了数次整治。其中，周憬开凿武水，功不可没。

《韶关市志》记："嘉（应为"熹"）平三年（174 年）前，桂阳太守周憬募民疏凿武溪，夷高填下，迄安聂（在今韶关市区武水西岸），商旅称便。"③

对周憬"夷高填下"疏浚武溪，宋代洪适于《隶释》中《神汉桂阳太守周府君功勋之纪铭》有载。曰："桂阳太守周府君者，徐州下邳人也。讳憬，字君光。体性敦仁，天姿笃厚。行兴闺门，名高州里，举孝廉，拜尚书侍郎，迁汝南固始相，遂拜桂阳。……郡又与南海接比，商旅所臻，自瀑亭至乎曲红，一由此水。……下迄安聂，六泷作难。湍濑潇潇，泫沄潺潺。虽《诗》称'百川沸腾，高岸为谷，深谷为陵'，盖莫若斯。天轨所经，恶得已哉。改其下注也，若奔车失辔，狂牛无縻，勿亢忽舻，睦不相知。及其上也，则群辈相随，檀柁提携，唱号慷慨，沈深不前。其成败也，非徒丧宝玩、陨珍奇、替珠贝、流象犀也。往古来今，变甚终矣。于是，府君乃思夏后之遗训，施应龙之显画，伤行旅之悲穷，哀舟人之困厄，感蜀守冰，珍绝犁鬿，嘉夫昧渊，永用夷易。乃命良吏，将帅壮夫，排颓磐石，投之穷壑，夷高填下，凿截回曲，弭水之邪性，顺导其经脉，断硍溢之电波，弱阳侯

① （北魏）郦道元：《水经注》，长春：时代文艺出版社 2001 年版，第 290 页。
② （北宋）欧阳永叔：《集古录跋尾》卷三，《欧阳修全集》（下），北京：中国书店 1986 年版，第 1127 页。
③ 韶关市地方志编纂委员会编：《韶关市志》（上），北京：中华书局 2001 年版，第 24 页。

之汹涌。由是小溪乃平直，大道允通利，抱布贸丝，交易而至。升涉周旋，功万于前。"① 从碑记中可以看到东汉中后期的桂阳太守周憬任职期间开凿武溪的情况。他用"夷高填下"之科学方法，"顺导其经脉，断砠溢之电波，弱阳侯之汹涌"，使得这条犹如"失辔之奔车""无縻之狂牛"的江水，变为平直的河流，从而达到了"小溪乃平直，大道允通利，抱布贸丝，交易而至"之目的。

至元、明时期，武溪泷路多有修筑，大体如下：

其一，乐昌县令张思智率众凿开和修平新泷西路，时间在元至正二年（1342年）左右。

其二，乐昌县主簿宋奎开凿、修平新泷东路，时间在明正德年间。

其三，韶州知府符锡开凿六泷。武溪泷道，两岸陡绝，不可驻足，年久失修，"舟行飞沫中，稍失尺寸，即颠覆如败叶，过者往往恨世无复"②，以至南北通道为"泷"所阻。于是，嘉靖二十年（1541年），韶州知府符锡率众"辟路六泷，上舟从泷，则人从陆"；又"发闲役，募匠石，锄土山，凿石山，梁溪谷，广晨径，路穷则济水，两岸互行。盖自县城西由北岸，至大延上五十里为期门渡，而北由期门三十里为许滩渡。而南舟皆官护，于是，行者相属于道"③。

其四，万历四十八年（1620年），知府吴运昌又"开泷路以利舟楫"④。

六泷的开凿，使得该地水陆并行，往来行人络绎不绝。明代对武江水路的疏浚治理较前代频繁，其地位之突出可见一斑。

坪石港是武江上的重要码头，位于武水上游的粤湘交界处，今隶属乐昌市交通局。它始建于汉代，清代前中期，这里"舟车毕至，来往官商所共游"。房屋倚江而建，房后为码头，装卸货物，房前临街为店铺。广州商人在此建有广州会馆，道光二十七年（1847年）重建广州会馆时，广府商人踊跃投资。闽、赣商人也在此设店开铺，贩运贸易，建有闽、赣会馆。清代至民国年间，武江具规模的码头有老坪

---

① （南宋）洪适：《隶释·隶续》卷四，北京：中华书局1985年版，第54页。

② （明）黄宗羲：《新凿泷路记》，《明文海》（第4册）卷三百八十三，北京：中华书局1987年版，第3966页。

③ （明）黄宗羲：《新凿泷路记》，《明文海》（第4册）卷三百八十三，北京：中华书局1987年版，第3967页。

④ （清）徐宾符等：《同治·乐昌县志》，台北：成文出版社1967年版，第285页。

岭南文化书系

粤北古道与文化

石拱桥头码头、水牛湾大码头、乐昌中渡码头、盐埠码头、南昌码头、沙提市码头、华光庙码头等。随着历史的变迁，铁路、公路运输的发展，很多码头现已废。武溪水道西岸（今乐昌城西南 1 公里处）曾建有任嚣、赵佗古城。可见，武溪水道自古就是南北的交通要道，而与武溪水路联运的陆上通道则为乐宜古道和西京古道。

简言之，武溪水道即由广州往郴州方向去的一条水道，这条道路由广州起程后，直接沿北江经韶关，再循北江支流武水达宜章，越骑田岭而至郴州。此道虽有六泷之险，但它是广东与郴州之间的一条捷径。此道在传达政令和加强行政管理方面，都曾发挥过重要作用。

3. 北江水道

自秦以降，古代越岭南下，多取水路。北江水道是指由浈、武二水汇合而成的水上通道。

《广东省志·水运志》载："北江也是秦汉时期广东对外交往的一条重要水道。虽然航道滩险很多，但比经西江、过灵渠、出广东要缩短很多里程。秦汉时期，入粤多取骑田岭山道，从桂阳（今广东连县）下湟水入北江顺水而下，或从湖南郴县下武水进入北江南来。其中武水一道，虽有六泷之险，但它是湖南郴县至广东曲江县的捷径，自东汉起便屡加疏凿，建武二年（26 年），为方便官府公差来往，桂阳郡太守卫飒便首开此道。汉桓帝（147—167 年）时期，桂阳太守周憬再次疏凿武水，整治六泷之险，进一步方便了商贾往来和货物流通。两晋南北朝时期，北江航道已成为广东与岭北的主要交通要道，人员和商货来往都很繁荣。"①

浈、武二水在韶州汇合后构成了北江的上游干流，是珠江的三大水系之一，也是贯穿韶州、经英德而至番禺的主要水道。由于其流经地区，尤其是英德段多为石灰岩地貌，两岸高山耸立，峡谷众多，河道中多有暗礁险滩，湍急的水流阻碍着南来北往的船只。为了保证交通的顺畅，历代对北江河道及其上游的武水多有疏浚，北江水路条件的改善，使之成为岭南与岭北的交通要道。

（二）清远境内的古水道

在古代以水路为主要交通线路的背景下，清远境内因有连江汇入

---

① 广东省地方史志编纂委员会编：《广东省志·水运志》，广州：广东人民出版社 2006 年版，第 33 页。

北江，其水路交通发达。清远境内的古水道主要有连江古水道、星江古水道、东陂河水道等。

1. 连江古水道与湟川三峡

连江，古称湟水。发源于广东省连县星子圩磨面石（亦有说是连县三姊妹峰），上游星子河流经连州城北大塘湾与东陂河汇合后称连江。干流长275公里，集水面积1.01万平方公里，流经连县、阳山、英德3县，至英德县连江口注入北江，为北江最大支流。清《嘉庆一统志》载："黄连水在（连山）厅南。旧志：'山在连县南四十里，产黄连。'"故连江因源头有产黄连的山得名。

古时，湘南各地农副产品输往广州、产自沿海的粤盐及广货运往湘南大地，大都以连州为中转站。除沿秦汉古道从郴州、宜章越过凤头岭经大路边、星子至连州外，紧依古道而形成的湘南至连州的"小径"（俗称石板路）有三条：第一条路由湖南嘉禾、道县、新田、宁远等县经丰阳、东陂至连州；第二条路由常宁、衡阳、桂阳、祁阳、临武县翻越茅结岭经荒塘坪、星子至连州；第三条路便是由衡阳、永州、江华等地经清水、西岸至连州。当时，物品的运输主要靠人力，因而路上往来的挑夫日计数百人。他们把产自湘南的花生、花生油、茶油、莲子、百合、冬菇、豆类、药材、生猪、活鸡运到连州，顺道挑回食盐、火水（煤油）、火柴、棉纱、布匹等。物资的转运在连州得到完成，连州也就成为陆路与连江古水道对接的枢纽城市。

连江古水道是北江水系的又一主要支流。它起源于星子红岩山，流经连州，于连州南汇东陂水而南流，经阳山，于英德连江口汇入北江。水道长181公里，沿岸多高山峡谷，坡陡流急，滩多水浅，有大小险滩139处，且河道宽窄深浅不一，通航困难。古时，水道上行船只主要靠纤夫拉或人工撑。新中国成立后，地方政府采取措施改善连江河航道状况。1958年前后对航道重点地段炸礁疏航，使其能容纳10～15吨木帆船通行。至1972年，国家投资6000万元，先后在连江上建造了11座梯级渠化船闸，使连江成为中国第一条梯级渠化河道。正常情况下，连州南下广州顺水行程约5天，返上逆水7天左右。至2003年，连州外航道（连江）仍然为境内水上运输的重要通道。连江是我国第一条集通航、灌溉、发电、行人四大功能于一体的梯级渠化水道。

连江上有峡，古时称连峡，又称湟川三峡。它由龙泉峡、楞伽峡、羊跳峡组成。三峡中以楞伽峡为险，为古代连江航运之艰难河段。峡山上有一块酷似贞女的巨石，故又称贞女峡。此峡向来是连江的咽喉，流水湍急，轰然若雷。中唐，韩愈因事贬至阳山为县令时，与友人同游湟川三峡。至贞女峡，感其奇景，写有《贞女峡》一诗，诗曰："江盘峡束春湍豪，雷风战斗鱼龙逃。悬流轰轰射水府，一泻百里翻云涛。横浪卓龙相搏击，澎湃急疾声怒号。漂船摆石万瓦裂，咫尺性命轻鸿毛。"① 景色优美却险滩重重的贞女峡，在一定程度上成了连江的交通阻碍，为改善交通状况，官府曾对楞伽峡进行整治修拓。

史籍记载，早在唐宝历年间（825—827 年），连州刺史蒋防就对湟川三峡进行过疏通，以便商旅，即蒋防"尝疏楞伽峡水以利涉，民甚德之"②。而南宋年间，即嘉泰二年（1202 年）、嘉定十三年（1220年），连州地域曾遭洪灾之害。嘉泰二年五月，连阳地域尤其是连州，遭遇长时间的倾盆大雨，致使连州城区一片汪洋，连江江水暴涨，湟川三峡河道淤塞，"航楫不通，估货不行"，连州萧条冷落。18 年后的嘉定十三年，连州再发大水，"城邑吞没，漫为湖海"。经此洪灾，太守杨榕即令司法官李华整治连江、治理水害。李华亲自勘查、博采众议，制订出"上以火攻，下以堰取"③ 的治河方案。历经三年，终于把淤塞的楞伽峡打通，疏浚了三峡河道，恢复航运。有感于此，理学家张栻于峡壁上题"楞伽古峡"，今存。

连江古水道不仅商贸繁忙，且多胜景。从连州的龙泉峡到阳山的大理峡，长达 25 公里，沿途峰峦对峙，形势险峻，一峡一景。而由龙泉峡、楞伽峡、羊跳峡构成的"湟川三峡"则是景中之景，可谓最精华处。

唐代诗人刘禹锡贬任连州刺史期间，对连州山水赞叹不已，留下"剡中若问连州事，惟有千山画不如"④ 的诗句，刘禹锡从宽处赞美连州之山水；而清代进士林华皖则从精妙处赞之，认为"湟川三峡"可以与长江之巫峡媲美。林华皖于康熙六年（1667 年）任连州知州时，

① （唐）韩愈：《韩昌黎全集》卷三《古诗三》，上海：世界书局 1935 年版，第 50 页。
② （清）阮元：（道光）《广东通志》，广州：岭南美术出版社 2009 年版，第 3796 页。
③ （宋）叶适著，刘公纯等点校：《叶适集》卷十一，北京：中华书局 1961 年版，第 179 页。
④ （唐）刘禹锡著，刘禹锡集整理组点校：《刘禹锡集》（下）卷三十八，北京：中华书局 1990 年版，第 568 页。

留下《连峡行》，曰"谓连峡之殊，尤瑰异卓绝者龟岩。历相九州名胜，罕有伦比，即以连峡与巫峡同观，亦岂夸美"等。

当然，历代对"湟川三峡"的赞誉，还有很多。

2. 星江古水道

星江古水道是指以星子河为干流的内河航道，为连江上游河道。

星子河，又名星江、桂水。清同治《连州志》载："桂水，即星子水，俗名奉化水，源自莽山。"①

星子河流经大路边、星子、麻步、保安，在附城鸬鹚咀与东陂河汇合。星子河为连江上游河段，全长95公里，集雨面积1623平方公里。

星江古水道是连州的内河航道，民国《连县志》载："星江（旧志名桂水），其源有三：（一）浦上水，又名奉化水。源出东北凤头岭之凤头岩，南流三公里至潘家北山水冲，会合由爬船洞来之水，向西南流经大路边村，再南流五公里许至峯家东北，有黎水岩之水来注，再向西南流四公里许至峯园村之东北，与潭源水会合。（二）潭源水，又名辅国水。源出潭源洞之东，斜向西流十余公里至大片岭，有龙潭，下临绝壁，匹练悬空，成大瀑布，下有鼋潭。再西流约七公里，会合奉化水，南流至星子带水边村，有红黑两岩水自西北来注。（三）红黑两岩水。红岩水源出田家乡上柏场之水岩，经唐家村，伏流至红岩口。黑岩水源出田家乡角牛山，经牛鼻岭、白石湾两处，伏流至黑岩口。两岩水至高屋寺后会合，东南流至星市新塘街侧，与奉化、潭源两水会合，名星江，一名剑水。又向南流十公里经马渡坪北，至宫渡头南，有朝天桥水自东来注。仍向西南流，经蔴埠圩，出宾于乡南，至湾村西，有保安水自北来会。复南流二十余公里经开口岭湖口水而至鸬鹚咀，与西溪水会合。"② 由此可见，星江是由众多支流汇聚而成的较大的内河，由星子至连州水程计80多公里，明清时期有船60多艘，大船载重10000斤左右，小船载重5000斤左右，由星子下行一日可达连州，由连州上行三四日可达星子。

星江古水道旁便是星子镇，街中建有"湘南会馆"和"楚南

---

① 广东省地方史志办公室辑：《广东历代方志集成·韶州府部（十三）》，广州：岭南美术出版社2009年版，第41页。

② 广东省地方史志办公室辑：《广东历代方志集成·韶州府部（十三）》，广州：岭南美术出版社2009年版，第485页。

商会"。

3. 东陂河水道

东陂河水道指以东陂河为干流的连州内河航道，通连江。

东陂河，又名西溪，旧称卢溪水或卢水，长72公里。民国《连县志》载，由连州至东陂水程计50余公里，有大小船50艘航行于河道上。

连江上游的东陂，古时是连县的大商埠，货物中转站。从东陂河上岸，走陆道到临武县城下水，可达湘江；或经陆路，过凤头岭而至宜章，北上可到郴州下湘江；若向西北走陆路三天，可到宁远县城。因此，从广东而上至连州的货物，多沿连江而泊于东陂，再肩挑陆行，翻越骑田岭到临武县城，下水北运。东陂河水道成为连接连江与湘江的重要走廊。因东陂村紧依东陂河，南来北往的商客多落脚于此，日久便形成一条沿河古街，即今天的东陂商贸古街。

东陂商贸古街的形成，与东陂谢氏的迁入相关联。东陂一地，是发源于蓝山的古卢水冲积而出的一片小盆地，土地肥沃。崇祯九年（1636年），因避战乱而北迁的东莞谢氏，沿湟水至连州西北这片旷野迁徙，卜居卢水陂，以"东陂"为村名，繁衍生息，成一方望族。"谢氏宗祠"为古街留存的一座具有鲜明岭南艺术风格的建筑。至今，宗祠地坪两对高3尺的旗杆石，上刻"岁进士候铨儒学训导谢玉楷、谢草芳、谢岩阿立"，这是谢氏家族中有人获得功名的体现，也是东陂古水道发展的历史见证。

总之，粤北古道的开通，有力地推进了南北政治、经济及文化的交流，促进了岭南社会的发展。正如明代岭南学者丘濬对张九龄新开大庾岭路所作的评价一样："兹路既开，然后五岭以南之人才出矣，财货通矣，中原之声教日近矣，遐陬之风俗日变矣。"[①] 这一评价，对粤北其他古道的开通及其作用具有同等的意义。

---

① 广东省地方史志办公室辑：《广东历代方志集成·南雄府部（一）》，广州：岭南美术出版社2007年版，第265页。

第三章　粤北古道与客家移民

　　广东最早的古人类活动遗址是韶关曲江马坝狮子岩的"马坝人遗址"，由此说明最早在广东活动的人类当是马坝人。史载，1958 年在该地石灰岩溶洞洞穴中发现了人类头骨化石，据考证是旧石器时代中期的人类化石，属早期智人，称"马坝人"，马坝人遗址距今约 13 万年。而距今约 1 万年前新石器时代的"广东"地域，其活动主体是"百越先民"，他们在长期的社会实践中创造出独特的百越文化。

　　为加强对百越的政治统治，秦始皇发动了统一岭南的战争，开启了中原人民南迁的移民潮流和与"百越"民族的融合进程。

一、秦汉时期粤北古道域内的民族融合

　　秦以前，岭南的广大区域是百越各族姓的聚居地，百越各族在这片被北方汉人视为荒蛮化外之地上生息、繁衍。

　　《广东省志》指出："先秦，今广东境内居住有南越、西瓯、骆越、闽越等史称卜'百越'或'百粤'诸族的先民。"①

　　秦统一岭南后，经略岭南，大批中原人迁到岭南，开启了中原人与百越人"杂居其间"的局面。于是，这些百越人在与从中原迁徙而来的汉人的生产、生活交往中，"乃稍知言语，渐见礼化。……于是教其耕稼，制为冠履，初设媒聘，始知姻娶，建立学校，导之礼

---

　　① 广东省地方史志编纂委员会编：《广东省志·少数民族志》，广州：广东人民出版社 2000 年版，第 10 页。

仪"①，遂出现《汉书·地理志》所载的"百越杂处，各有种姓"② 的民族交汇与融合的局面。

中原汉人南迁与百越诸族的融合是一个漫长的双向融合过程。融合过程中，有原部族的扩大，也有原部族的分解甚至消失，但是，就融合过程而言，它是发展的，这种发展甚至波及南方的少数民族及东南亚一些国家的民族。他们的发展都与古代百越族群有一定的历史渊源关系。

秦朝，自秦始皇三十三年（前 214 年）征战岭南，历经 5 年，统一了岭南，并置南海郡、桂林郡和象郡以加强其统治。秦对岭南的军事用兵实际上也是对岭南实施移民的开始，随后诸代，移民不断，南北民族融合得到加强。

秦始皇多次有组织地向岭南移民，这可以从以下史料记载中得到说明。

其一，《淮南子·人间训》载，秦始皇"利越之犀角、象齿、翡翠、珠玑，乃使尉屠睢发卒五十万，为五军：一军塞镡城之岭，一军守九嶷之塞，一军处番禺之都，一军守南野之界，一军结余干之水，三年不解甲弛弩"③。

其二，《史记·秦始皇本纪》云："三十三年，发诸尝逋亡人、赘婿、贾人，略取陆梁地，为桂林、象郡、南海，以适遣戍。……三十四年，适治狱吏不直者，筑长城及南越地。"④

其三，《史记·淮南衡山列传第五十八》云："又使尉佗逾五岭攻百越。尉佗知中国劳极，止王不来，使人上书，求女无夫家者三万人，以为士卒衣补，秦皇帝可其万五千人。"⑤

上述中原移民有士兵、犯罪官吏、商人，而更多的是贫苦的农民和手工业者。他们来到岭南后，"与越杂处"，成为拓荒岭南的主力军。

① （南朝宋）范晔：《后汉书》（第 10 册）卷八十六·南蛮西南夷列传第七十六，北京：中华书局 1965 年版，第 2836 页。

② （东汉）班固：《汉书》（第 6 册）卷二十八·地理志第八（下），北京：中华书局 1962 年版，第 1669 页。

③ 张双棣：《淮南子校释》（下）卷十八，北京：北京大学出版社 1997 年版，第 1907 页。

④ （西汉）司马迁：《史记》（第 1 册）卷六·秦始皇本纪第六，北京：中华书局 1963 年版，第 253 页。

⑤ （西汉）司马迁：《史记》（第 10 册）卷一百一十八·淮南衡山列传第五十八，北京：中华书局 1963 年版，第 3086 页。

汉高祖二年（前205年），原秦南海郡尉赵佗击并桂林、象郡，自立为南越武王。汉武帝元鼎五年（前112年），南越国丞相吕嘉反，汉武帝发楼船卒十万，分五路征伐南越。翌年，平定南越，置南海、苍梧、郁林、合浦、交趾、九真、日南、珠崖和儋耳九郡，以强化对岭南的管理与控制。

汉平南越后，袭用秦代将中原罪犯发配岭南的政策。对此，《三国志·吴书·薛综传》有一段记载和分析，曰："昔帝舜南巡，卒于苍梧。秦置桂林、南海、象郡，然则四国之内属也，有自来矣。赵佗起番禺，怀服百越之君，珠官之南是也。汉武帝诛吕嘉，开九郡，设交趾刺史以镇监之。山川长远，习俗不齐，言语同异，重译乃通，民如禽兽，长幼无别，椎结徒跣，贯头左衽，长吏之设，虽有若无。自斯以来，颇徙中国罪人杂居其间，稍使学书，粗知言语，使驿往来，观见礼化。……乃教其耕犁，使之冠履，为设媒官，始知聘娶，建立学校，导之经义。由此以降，四百余年，颇有似类。"①

显然，中原人口伴随着移民潮而卜居岭南各地，岭南的总人口也在不断增长，而中原文化也慢慢得以于南岭之地传播、发展，而这一发展过程，与粤北古道的开辟紧密相关，是通过古道得以完成的。

二、粤北古道与客家移民

客家作为汉族中的一个民系，"是一个极富有传奇和神秘色彩的集群。几千年来，他们从中原向外迁徙，足迹遍及大半个中国和海外各地。他们在流涉中对促进中原跟国内外的文化、经济交流以及民族交往，有着极其重要的影响"②。

客家人的南迁必然与南北交通要道的开辟有着天然的联系。古代岭南岭北的沟通与粤北古道的开辟有着密切的关系。北宋名臣余靖对当时的南北交通情况有过清晰的分析，他说："凡广东、西之通道有三：出零陵下离水者，由桂州；出豫章下真水者，由韶州；出桂阳下

① （西晋）陈寿：《三国志》（第5册）卷五十三·吴书张严程阚薛传第八，北京：中华书局1964年版，第1251页。

② 罗香林：《客家源流考·出版前言》，北京：中国华侨出版公司1989年版。

武水者，亦由韶州。"① 由此可见，岭南岭北的沟通，除一路经骑田岭
而下、由桂州之外，其余二路取武水、浈水者，皆经韶州下北江而至
番禺。西京路与大庾岭新路成为北方移民最重要的"入岭之道"。

中原汉族的南迁始于秦汉南征的军事移民，后历魏、晋、南北朝、
隋、唐及明、清诸代。北方汉人或避战乱、避灾难举族举家南迁的情
况又以唐、宋、明、清时期为显。对于"客族"或"客家"的南迁，
晚清诗人黄遵宪有："中原有旧族，迁徙名客人。过江入八闽，展转
来海滨。俭啬唐魏风，盖犹三代民"② "筚路桃弧展转迁，南来远过一
千年。方言足证中原韵，礼俗犹留三代前"③ 等诗句，真切地反映了中
原客族辗转迁徙，南渡长江，卜居岭南，繁衍各地或远迁海外的情况。

学界对于客家源流及其南迁情况的研究，观点颇多。其中刘佐泉
指出，最早讲述客家源流问题的是徐旭曾先生④，山西大学历史系罗
元贞则指出：为避北方战乱，北人南迁有过三次，即两晋之际、唐中
叶及北宋时期。而罗香林则认为："客家先民原自中原迁居南方，迁
居南方后，又尝再度迁移，总计大迁移五次，其他零星的迁入或自各
地以服官或经商而迁至的，那就不能悉计。"⑤

下面就罗香林在《客家源流考》等著作中所言的五次移民情况，
列表说明。

表 3 - 1　客家先民五次大南迁简表

数次	时期	主要原因	最远终点
第一次	东晋至隋唐	避"五胡乱华"等战乱	山西、河南、长江流域
第二次	隋唐	避黄巢之乱	河南、江西、福建、广东之北
第三次	南宋	元人入侵及宋室南渡	广东之东、北部

① （北宋）余靖撰，黄志辉校笺：《武溪集校笺》卷五，天津：天津古籍出版社 2000 年版，
第 180 页。
② （清）黄遵宪：《送女弟》，《人境庐诗草》卷一，上海：商务印书馆 1937 年版，第 5 页。
③ （清）黄遵宪：《己亥杂诗》，《人境庐诗草》卷九，上海：商务印书馆 1937 年版，第 114 页。
④ 徐旭曾：《和平徐氏族谱·旭曾丰湖杂记》。参见刘佐泉：《客家历史与传统文化》，郑
州：河南大学出版社 1991 年版，第 32 页。
⑤ 罗香林：《客家源流考》，北京：中国华侨出版公司 1989 年版，第 13 页。

数次	时期	主要原因	最远终点
第四次	明清	满人入侵、内地人口膨胀	广东东、北、中部及沿海，台湾彰化、四川东部、广西柳江、黔南、西康会理
第五次	清朝	广东西路"土客"大械斗及太平天国事件	雷州半岛或海南岛

就粤北韶关、清远两地而言，除乳源、连南、连山三地多瑶、壮外，其余地域居民均为汉族客家，或称"粤北客家"。可以说，"粤北客家"是赣南客家、湘南客家和粤东客家的融合体，它们经粤北古道而汇聚于粤北地域，构成了粤北地域的主体居民。

三、韶关古道与客家移民

在韶关古道域内，较具代表性的客家移民，主要是珠玑巷和西京古道两大路线的移民，其他如乌迳古道、城口古道、乐宜古道也存在小规模的客家移民。

（一）梅关古道和珠玑巷的移民状况

在古代之南雄州境（今南雄），梅关古道与珠玑巷相接，其承接北方移民南迁的时间早、次数多，发挥着重要的作用。

由于大庾岭路开辟时间早，自秦以后，北方汉人不断迁入南雄州地域，导致其人口变化较大。清道光《直隶南雄州志·舆地略·户口》就记："稽户口于雄州，昔也往来无定，今也安止不迁。周末越人徙此，晋迁江左，而西北荐绅随以南焉。宋南渡而仕宦之族，徙浈水者尤众，是岭表之首，亦远人之所萃也。然仙城、鉴海间，世家巨族多由珠玑巷而徙居。意者地瘠而冲，自北而来者不少，望南以去者亦多，而今殊不尔矣，烟村鳞接，考其先世来自岭北者十之九。宅而宅，田而田，安土重迁，各有世业以长子孙，斯非久道，化成之效，

与所愿沐养涵濡，引于靡，竟而永底，烝民之生也。"①

从中可以看出，南雄人口是变化的、流动的，"昔也往来无定，今也安止不迁"。而自"周末越人徙此，晋迁江左，而西北荐绅随以南焉。宋南渡而仕宦之族，徙浈水者尤众，是岭表之首，亦远人之所萃也"，而"考其先世来自岭北者十之九"。

罗香林在其《客家源流考》一书中也指出："客家先民原自中原迁居南方，迁居南方后，又尝再度迁移，总计大迁移五次，其他零星的迁入或自各地以服官或经商而迁至的，那就不能悉计。而其先世，则多居于黄河流域以南，长江流域以北，淮水流域以西，汉水流域以东等，即所谓的中原旧地。"②而其《客家研究导论》中也指出，南雄先民百分之八十属于客户移民。因此，可以说，南雄人口并不仅是原有先民的自然繁衍所致，更多的是外来之客户。

1. 秦汉的军事移民

在秦汉时经梅岭大庾岭路的南迁移民，主要是三次规模较大的军事移民。

其一，梅鋗居梅岭与移民。屈大均《广东新语》载，梅鋗本越王勾践后裔，避楚走丹阳，"当秦并六国，越复称王，自皋乡逾零陵至于南海，鋗从之，筑城浈水上，奉其王居之，而鋗于台岭家焉。"③可见，"梅鋗的渡岭南迁，落籍南雄，是有名姓可考的最早的一批定居南雄的北方（江南）移民，也可视为北人南迁之始"④。而以今日之势，则梅鋗后裔分迁翁源、曲江、英德者众，留居南雄者寡。

其二，秦平南越之乱与移民。为平南越之乱，秦始皇于二十四年（前223年），命尉屠睢率50万大军征楚，后转征南越。屠睢战死，任嚣、赵佗统领5万士卒，过大庾岭，下浈水；过骑田岭，下连江；过萌渚岭，下贺江，抵达番禺，平定南越之乱。南越赵佗曾"求女无夫家者三万人，以为士卒衣补，秦皇帝可其万五千人"⑤。秦朝对岭南的

---

① 广东省地方史志办公室辑：《广东历代方志集成·南雄府部（二）》，广州：岭南美术出版社2007年版，第166页。

② 罗香林：《客家源流考》，北京：中国华侨出版公司1989年版，第13页。

③ （清）屈大均著，李育中、邓光礼、林维纯等注：《广东新语注》，广州：广东人民出版社1991年版，第62页。

④ 曾祥委、曾汉祥：《南雄珠玑移民的历史与文化》，广州：暨南大学出版社1995年版，第8页。

⑤ （西汉）司马迁：《史记》（第10册）卷一百一十八·淮南衡山列传第五十八，北京：中华书局1963年版，第3086页。

用兵所引发的向南方移民，是岭南有史以来又一次大规模的军事移民，他们是继梅鋗之后又一批落籍南雄的北方移民。

其三，汉武帝平吕嘉之乱与移民。西汉元鼎五年（前112年），南越王相吕嘉谋反，武帝命卫尉路博德为伏波将军，出桂阳，下湟水；主爵都尉杨仆为楼船将军，出豫章，下浈水，会合南海，平定叛乱。后于岭南设南海、苍梧等九郡。叛乱平定后，楼船将军杨仆的部属及子孙，留守梅岭，世居于此，南雄"杨沥岩"是为纪念杨仆将军的遗迹。

秦汉时期的军事活动所带来的移民，主要散居于大庾岭路域和浈水流域，他们有的与当地土著结合，或卜地开基，以至形成了粤北古道域内的较早的客家族群，成为开发粤北的一支重要力量。

2. 珠玑巷移民与罗贵南迁

自秦汉至宋，经大庾岭路落籍珠玑巷的北方汉人较多，以致珠玑巷地域人口激增，而宋代"胡妃事件"直接导致了罗贵率珠玑巷三十三姓九十七家，沿浈水、北江南迁珠江流域，在珠三角一带形成了以珠玑巷为"祖宗故居"和"七百年前桑梓地"的客家族群。这种南迁情况导致了南雄州人口的较大变化。

明嘉靖《南雄府志》载："宋初，南雄州，户17366（其中保昌16000，始兴1366），口51773（其中保昌48886，始兴2887）；嘉定间，户33639（其中保昌30823，始兴2816），口55756（其中保昌50357，始兴5399）。"① 从这个记载中不难发现，从宋初到嘉定年间，南雄州的户数几乎翻了一番，这种增长速度，是人口的自然繁衍难以达到的，与北方移民的大量迁入有直接的关系。

北方的战乱、胡妃事件、珠玑巷人口的增加及当地自然灾害的频发，导致了南宋时期罗贵率众南迁珠三角域。所以，陈乐素先生指出："北宋政权结束，高宗仓皇南渡。在战乱中，中原土民，一部分随高宗走东南，流寓于太湖流域一带；一部分随隆祐太后走赣南，在隆祐太后自赣南回临安后，土民在动乱中，更南渡大庾岭，寄寓南雄。这渡岭的一支，经过一段时期，又从南雄南迁，流寓于珠江流域一带。"又言："天灾人祸，民不堪命，十存四五，犹虑难周，及今奉明旨颁行筑土设寨所，因思近处无地堪迁，远闻南方烟瘴，地广人稀，堪辟

---

① 广东省地方史志办公室辑：《广东历代方志集成·南雄府部（一）》，广州：岭南美术出版社2007年版，第67页。

住址。"①

罗贵群体南迁的直接动因为避"胡妃事件"所带来的影响。胡妃，又称苏妃、尼妃等，因其失调雅乐，诏下冷宫，因而潜逃。时为南雄商人黄贮万所得，事泄，有司恐皇上追究，图谋灭迹。时居珠玑巷牛田坊三十三姓九十七家，以罗贵为首，赴府告准案结引，立号编甲，向南而行。此次南迁族姓虽以得到官府批准的《流徙铭》中三十三姓为主体，但是，其所引发的南迁族姓更多。陈乐素教授考证后指出："综合黄慈博先生遗稿收集到的家谱族谱所载姓氏，先后从南雄南迁的，除上述《流徙铭》中的三十三姓外，还有庞、唐、邝、丁、石、雷、孔、邓、孙、司徒、邵、任、朱、魏、程、侯、鲍、缪、房、容、潘、冼、祁、袁、姚、蓝、萧、韩、甘、林、杨、梅、吕、严、刘、关、屈、余、简等四十姓，连前合计有七十多姓。而七十多姓中，有不少是同姓而异宗的，如黎、麦、李、陈、张、何等。这样加起来就接近一百姓。这近一百姓人家，先后南迁，散居各地。"② 这一百多姓族，从珠玑巷出发，沿浈水至韶州，又从韶州沿北江南下至广州，再从广州逐渐散处各地。

明代中后期，也有较多的南迁珠玑巷人的子孙回迁珠玑巷的情况，这从珠玑巷南迁各族族谱中不难发现。也正是如此，才能较好地解释为何珠三角一带的客族后裔皆言"珠玑巷吾之故乡"。

所以，屈大均在《广东新语》中说："吾广故家望族，其先多从南雄珠玑巷而来。盖祥符有珠玑巷，宋南渡时诸朝臣从驾入岭，至止南雄，不忘枌榆所自，亦号其地为珠玑巷。如汉之新丰，以志故乡之思也。"③

3. 乌迳古道移民与主要姓族

乌迳古道域，属赣、粤交界之地，古道本身就是沟通粤赣之要道，往南沿昌水可接浈江、北江，可通韶州、广州；向北接桃江、赣江，通中原和江南地区。而古域内，地势低洼、多丘陵，自然资源丰富，生活环境相对安定，故此，吸引了众多的移民迁此生息。

据考，乌迳古道域内的客家移民，其迁入时间则多为魏晋、唐宋

---

① 陈乐素：《求是集》（第2集），广州：广东人民出版社1984年版，第265页。
② 陈乐素：《求是集》（第2集），广州：广东人民出版社1984年版，第263页。
③ （清）屈大均著，李育中、邓光礼、林维纯等注：《广东新语注》，广州：广东人民出版社1991年版，第43页。

和明清三个时期。其迁入线路大体上为：

中原——江浙——闽西——赣南——乌迳

中原——赣南——南雄——乌迳

闽西、赣南——始兴——乌迳等

从各族族谱及相关史料来看，乌迳古道域内的居民都是移民，是客族。在这些客族中，最早的是新田李族。其族谱称，"未立雄州，占籍浈昌者，惟予族最先，亦惟予族最久"。其余各族，稍后迁入。

笔者初步统计，乌迳古道域内聚居的氏族主要有叶、李、杜、赖、董、赵、孔、陈、黄、彭、龚、严、王、邓、刘等60余姓，而以叶姓为最多，约占30%。

其中影响较大、人口较多的族姓有：

（1）七星树下叶氏：叶姓，源出于芈姓沈氏。春秋后期，楚国左司马沈尹戍在与吴军之战中战死，楚昭王封其子沈诸梁在叶县（河南叶县旧城），称为叶公，子孙遂以叶为姓。

叶氏是南雄第二大姓。《叶氏联谱》称：叶氏受姓始祖诸梁一世，周楚大夫，居南阳郡。传七十世乾昱，居浙江松阳，生五子：道构、道与、怀孜、怀裕、怀凤。道与、怀孜、怀裕后裔先后有八支迁来南雄，大部分卜居乌迳古道域内。

七星树下叶族，先祖叶道与，原居浙江处州府丽水县。生五子：崇道、崇德、崇仁、崇义、崇礼。四子崇义，名浚，唐乾符初授广东崖州都督，年老告归，至南雄，闻黄巢寇入长安，道路云扰，乃择地卜居于乌迳七星树下（今乌迳水城，城门上仍存有明代"七星世镇"之匾刻），开创叶氏基业。叶浚生三子：雨物、雨济、雨时。雨物务农，开发山下垌；雨济经商，于乌迳建圩开市；雨时，字云兴，仕南汉，以军功授千夫长，戍守乌迳，保境安民。后晋时，贼兵犯境，雨时接战于白石岗（乌迳圩北约10里），阵亡，敕封护国都统。七星树下叶族视叶浚为开基祖，叶氏姓氏节纪念之祖。其后裔播迁古道域内的乌迳、坪田、新龙、孔江、界址等地。

（2）新溪李氏：肇姓始祖利贞，其父理征（皋陶裔孙），仕于商，因直谏，被纣王赐死。利贞随母入山避难，以李子为食而获活命，利贞不敢再称理氏，遂改理为李姓。后来，李氏发祥于陇西（甘肃）。北朝时，李虎封为陇西公，为兰州一带望族，因名"陇西堂"。至宋，

李纲为相，封忠定公。纲曾生孟公，孟生子名珠，因避宋元之乱，经浙江、江西石城而入闽，定居汀州宁化石壁李家坊，娶吴氏，生金、木、水、火、土五子，为江南李氏五大支。南雄李氏有三大支：西晋太常卿李耿一支、唐西平王李晟一支、宋进士节度使李火德一支。而新田李氏，则为李耿之后裔。

新田《新溪李氏十修族谱》（1997 年）记：新田李族，始迁祖李耿①，字介卿，秣陵（今南京）后街人。西晋愍帝朝正议大夫、太常卿。因见朝政危乱，国事日非，乃叩陛出血，极言直谏，愍帝怒而左迁始兴郡曲江令。西晋建兴三年（315 年）秋，李耿挈家之任，由虔入粤，道经新溪，环睹川原幽异，遂弃官隐居于新溪之岸，子孙繁衍，人文蔚起，遂成一方望族。

至唐，李氏后裔孙李金马，宪宗元和七年（812 年）进士，后授江陵令，政绩颇著，迁户部侍郎，大中七年（853 年）卒于官，晋阶尚书、金紫光禄大夫，开南雄人文之先肇。

新田李族卜居新田至今，近 1700 年。所以，其族谱称，"未立雄州，占籍浈昌者，惟予族最先，亦惟予族最久"。由此，于民间，就有了"先有新田李，后有浈昌县"之说。

（3）乌迳村杜姓：杜氏发祥于京兆郡，因名"京兆堂"。周成王封丹朱后裔于杜，称唐杜氏，又称杜伯。子孙以祖先名字和封地为姓。

《中国江南杜氏联修族谱》（1995 年）之《源流序》记："杜氏系出帝尧裔孙刘累之后，周成王封唐列三代为诸侯，后成王灭唐，封其弟叔虞，改封杜为城。有杜伯者，周宣王为上大夫，因无罪被杀，其子孙奔赴各诸侯国，随之也以杜为氏。"

而《明南雄保昌乌迳杜氏重修族谱序》记："乌迳杜氏，派衍京兆，唐名相晦②之后嗣。刺史端州遂分居此地，代有历年，文人蔚起。载入邑志，诚凌江望族也。"《明杜氏重修谱源序》又记："粤稽杜姓得氏于周成王灭唐邑迁封杜伯因氏焉，厥后派衍甚繁，自其人文之蔚起、勋业之彪炳则莫盛于京兆。而京兆而居岭南者，吾祖悦卿公是也。悦卿公者何？唐左仆射蔡公如晦嫡嗣也。"如晦公生三子，"长子曰憬，官拜御使；次子曰福，官荫殿前宿卫；三子曰愉，字悦卿，官荫

---

① 李耿，南雄市人民政府地方志编纂委员会编《南雄市志》第七篇《人物》，有记。

② 晦，指唐初名相杜如晦。参见《旧唐书》卷六十六·列传第十六。

太常博士，贞观十九年出为端州刺史，此杜姓入岭南之始也"，"显庆三年戊午卒于官，葬于州城之东锦鸡山"。

杜愉生二子。长子杜正宇，"弘道元年，诏同三品以上各举一人，广州都督裴舒景交章荐宇公有文武才，公应召见"，"时粤未经通道，宇公道由广及韶，路经乌迳，值高庙崩，嗣圣即位"，"武后称帝"。于是，杜正宇便托疾不进。"见此地川原秀异，因复卜居，名曰杜屋，盖不忘所氏也。此宇公又为浈昌杜宅之始祖也。"次子杜正宸留居端州，"迄今繁衍于广肇属邑者，皆其苗裔也"。

而《清杜氏三修谱源流引》也记："吾杜姓世居京兆，自唐贞观十九年，宦祖悦卿公由太常博士拜朝散大夫，出为端州刺史，遂繁衍岭南。二世正宇公应诏毕见，由广达韶，路经乌迳。旋值武后僭位，乃托疾不进，卜居乌迳。其时光宅元年，始分始兴郡东北置浈昌县。是未有浈昌以前，吾祖已立籍此邦，较他姓为独久。由唐迄今，鼎更数朝，年延千载。"

所以，杜氏认为："愉公为岭南杜氏之始祖，宇公为浈昌杜氏之始祖也。"杜氏后裔分居福建建宁，广东肇庆、南雄、乐昌，江西吉水、万安、南康等地。

（4）松溪董族：《松溪董氏七修族谱》（2011年）之《董氏历代源流考》记："吾家出自颛顼后，飂叔安之裔孙。曰董父能扰龙，以事舜帝，帝嘉之，封董父为鬷川（今山东菏泽定陶）侯，赐董氏。曰扰龙，其后遂以为氏。"

松溪董族，始迁祖董玮，是耒阳知县董俦第六子。北宋元符三年（1100年）荐举从江西乐安县流坑任南雄州刑曹参军，举家随任迁居南雄城东门孝悌街。南宋初，孙董宗成自东门孝悌街迁保昌松溪开基。长子董政聪生三子，其中一乳双胎为董双保、董双生。时南海寇兵猖乱，双保、双生随父董政聪平乱，三年后乱平凯旋，至半路为奸党以拥兵反叛为由，挑唆皇上加以谋害。后得以平反，追封武略将军。这个事件，可以从《松溪董氏七修族谱》中得到印证。该族谱之《序》记："董之先，唐丞相晋之后二十三世孙玮，南雄刑曹参军，因家城东关。再传宗成，徙望梅乡水松之山坑。生政聪，有勇力，为守土都司、千兵长。戴氏生二子，长子双保，次子双生。年一纪，有大用。南海寇乱，父子兄弟起义兵，保障一乡。宋敕封宣政武略将军。乡人

立庙山坑祀之，永报功也。"

董氏子孙繁衍，由松溪枝分楚庭桂北，后裔分迁于乌迳、界址、孔江、新龙等镇，并远播广州石牌、北村、梅田、山水等珠三角地区，广西钟山，江西大余、于都等地，湖南常宁、攸县、汝城，港、澳、台，加拿大等世界各地。

（5）界址赵族：南雄赵姓开基于宋。《赵氏族谱》（1996 年）称：南雄赵氏开基祖为赵子崧，宋太祖赵匡胤六世孙。赵子崧，字伯山，自号鉴堂居士。燕王德昭五世孙。徽宗崇宁五年（1106 年）进士。宣和四年（1122 年），宗正少卿。宣和末，知淮宁府。靖康之乱，汴京失守，子崧起兵勤王。高宗建炎元年（1127 年）为大元帅府参议官，东南道都总管，知镇江府，两浙西路兵马钤辖。建炎二年（1128 年），子崧为政敌辛道宗诬陷，贬单州团练副使，谪居南雄州。绍兴二年（1132 年）卒于贬所。其子孙一支，先卜居于今南雄宾阳门，后迁牛田坊洋坋村，再迁粤赣边陲龙头坊（今界址镇赵屋），后散布于界址、乌迳、孔江、新龙、油山、南亩、梅岭等边远山区。有一支迁乐昌改籍瑶族，有部分还回迁金陵，部分迁居四川峨眉等地。

《宋史》卷二四七《宗室四》载："子崧字伯山，燕懿王后五世孙。登崇宁五年进士第。宣和间，官至宗正少卿，除徽猷阁直学士、知淮宁府。……绍兴二年赦，复集英殿修撰，而子崧已卒于贬所。"

由于靖康之乱，汴京失守，子崧起兵勤王，辅高宗赵构登上帝位，建立南宋政权。然而赵子崧被贬谪南雄州四年并死于贬所，这对其后裔是很大的打击。子崧后裔对朝廷心灰意冷，淡泊功名，不求仕进，乃由南雄城厢徙居乡村。宋末，文天祥招兵勤王，陈福基在南雄起兵抗元，均不见南雄赵氏积极响应的记载。赵子崧子孙为避元兵，再远徙于界址龙头坊，立祠隐居，世代农耕为业，为开发南雄东北一隅作出了贡献。他们不言门第，安分守己，遵从"厚生""光宗"祖训，尤重"平平安安地安家乐业，和和睦睦地繁衍子孙"的"厚生"内涵，养成勤劳、淳朴、犷直之风。

乌迳古道的移民族群较多，表 3-2 选取古道域内较大客族的南迁情况简介如下。

表 3-2　乌迳古道主要客族简介表

姓族	原居地	迁入地	迁入时期	开基祖
叶	浙江处州	乌迳七星树下	唐乾符年间	叶浚
李	江苏秣陵	新田	西晋建兴年间	李耿
杜	陕西长安	乌迳杜屋	唐武后年间	杜正宇
赖	江西信丰	乌迳牛子石域	明正德年间	万芩、万芳
董	江西乐安	界址赵坑	南宋	董玮
赵	河南淮宁	界址龙头坊	南宋	赵子崧
孔	江西泰和	油山平林	北宋	孔温宪
黄	福建邵武	珠玑巷	北宋	黄昌
陈	福建莆田	黄坑溪塘	北宋	陈福基
严	江西泰和	界址隍溪	元初	严君瑞
龚	福建上杭	界址大坑	明洪武年间	龚福海
彭	江西吉水	油山上溯	后唐天成年间	彭南选

4. 北方移民与南雄的人口变化

为了能更好地说明北方移民对南雄人口的影响，特列宋、元、明、清南雄人口变化简表（见表 3-3），可窥其一斑。

表 3-3　宋、元、明、清、南雄人口变化简表

时间		户数	口数	备注
北宋	初	16000	48886	
南宋	嘉定（1208—1224 年）	30823	50357	
元		10792	53960	《元史·地理志》
明	洪武辛未（1391 年）	7431	58186	
	永乐壬辰（1412 年）	-853	-27266	
	正统壬戌（1442 年）	-1528	-34310	
	成化壬寅（1482 年）	-1620	-33788	
	嘉靖壬午（1522 年）	-1938	-40863	
	隆庆壬申（1572 年）	-290	-36155	
	万历壬午（1582 年）	-132	-35745	

时间		户数	口数	备注
清	顺治辛卯（1651 年）		编审男子 8019 妇女 4576	
	康熙丁未（1667 年）		编审男子 8992 妇女 5211	

注：此表据道光《直隶南雄州志》卷九《舆地略·户口》整理。①

很明显，南雄州的人口在宋代有较大数量的增加，而明、清时期则呈现减少的情况，其主要原因就是移民的影响。

（二）西京古道与"广东填四川"移民

从第二章"西京古道"的介绍中我们知道，"西京古道"即史载的"西京路"，它是一条开辟较早、贯通南北的重要通道。历史上，西京古道不仅是"驿道""商道"，也是一条"移民"之道。

西京古道与梅关古道、珠玑巷接纳客家移民不同。自秦而降，梅关古道、珠玑巷所接纳的移民是原居中原，后因战乱、灾荒而自北向南迁徙的中原汉人，他们向南迁移的时间早、次数多、规模大。西京古道历史上也曾接纳南来的北方移民，但是，西京古道还表现出另一个特征，即在清康雍乾时期大量的客家人沿着此道，经湖南而至四川，融入到清政府"湖广填四川"的移民大潮中。

"湖广填四川"是清朝以湖广、陕甘、江浙等地人口向四川移民的一次大规模移民浪潮。自顺治延至嘉庆、道光年间长达 150 余年的时间里，政府或引导或强制，从而使内地各省人口持续不断地向巴蜀地区迁移。

1. "湖广填四川"的移民运动

虽然自汉唐以来，四川平原尤其是成都之地，"生齿颇繁，烟火相望"，但在经历宋元战争、张献忠"屠蜀"、"三藩"之乱及大范围的自然灾害后，曾经的"天府之国"，在清初已经变成"民无遗类""地尽抛荒""土旷人稀"之境。

《清实录·康熙十年五月至九月》载四川湖广总督蔡毓荣之疏，

---

① 参见拙作：《乌迳古道与珠玑文化》，广州：暨南大学出版社 2015 年版，第 67－68 页。

云："蜀省有可耕之田，而无耕田之民。"① 为此，清朝立国后，自顺治朝开始就鼓励内地各省之民，向四川迁移，落籍、垦荒，于是开始出现清代前期近百年的大规模的"填四川"移民潮。

据不完全统计，百年多来，内地各省入川人口达百万之众。傅崇矩在《成都通览》中指出："成都之地，古曰梁州，历代皆蛮夷杂处，故外省人呼四川人为川蛮子，也不知现在之成都人，皆非原有之成都人，明末张献忠入川，已屠戮殆尽。国初乱平，各省客民相率入川，插站地土，故现今之成都人，原籍皆外省也。外省人以湖广占其多数，陕西人次之，余皆从军入川，及游幕、游宦入川，置田宅而为土著者。湖广籍占二十分之五分、河南山东籍占二十分之一分、陕西籍占二十分之二分、云贵籍占二十分之三分、江西籍占二十分之三分、安徽籍占二十分之一分、江浙籍占二十分之二分、广东广西籍占二十分之二分、福建山西甘肃籍占二十分之一分。上列外省人入成都籍者，今皆为成都人矣。"② 所以，傅崇矩有"现今之成都人，原籍皆外省"之论，此论也反映出四川人口的变化。

根据这个记载，我们也可以看出，就各省的移民数量而言，以湖广占其多数，"占二十分之五分"。而"广东广西籍占二十分之二分"，数量也不少。据此，也有学者认为，在"湖广填四川"的大历史背景下，由于广东人入川者较多，由此而出现了"广东填四川"问题。

2. 西京古道与粤北客族入川

四川有客家人，但是，罗香林先生在《客家源流考》中却指出："四川一省，亦没有纯客住县"③，四川客家人主要分布在涪陵、巴县、荣昌、隆县、广汉、成都等十三县，"这些地方的客人，都是清初自闽粤赣三省迁去的"④。也就是说，客家人迁入四川主要集中在清代初期，而这些客家人也主要来自广东地域。然而，这次移居四川，并不是广东所有的府州县都有客家人迁四川，他们主要是分布在粤北和粤东北山区丘陵地带的客族移民。

客家人是自秦以降从北方迁入岭南地域的汉人。清前期，迁入四川的广东客家移民主要分布于粤东的潮州府、惠州府、嘉应州以及粤

① 《圣祖仁皇帝实录》卷三十六，《清实录》（第4册），北京：中华书局1985年版，第485页。
② （清）傅崇矩：《成都通览》（上），成都：巴蜀书社1987年版，第109－110页。
③ 罗香林：《客家源流考》，北京：中国华侨出版社1989年版，第55页。
④ 罗香林：《客家源流考》，北京：中国华侨出版社1989年版，第56页。

北的韶州府、南雄州等地，又是多为山区之客家各族。具体如何呢？据有关学者统计，广东客家移民迁出地主要分布于惠州府的连平、和平、河源、永安、博罗、归善、龙川、海丰、陆丰；潮州府的大埔、揭阳、普宁；韶州府的乐昌、曲江、仁化、乳源；广州府的新宁；嘉应州的平远、长乐、镇平、兴宁；南雄州的保昌、始兴；罗定州的西宁，等等。从这里也可以看出，粤北地域的客族迁往四川者，其中以曲江、乳源、乐昌、仁化为多。

为了说明"广东填四川"的问题，下引刘正刚发表于《暨南学报（哲学社会科学版）》1996 年第 1 期的《清代广东移民在四川分布考——兼补罗香林四川客家人分布说》一文所收集资料，加以佐证，特此说明。刘正刚在文中指出：

雍正六年（1728 年）正月，广州将军署理巡抚石礼哈上奏称："据乐昌县知县马燧具禀，该县地通湖南入川大路，如本省之广惠南韶等府，南雄之保昌、始兴各县入川之人，必由本县地方过楚入蜀等语。"此外，曲江县也有人变产入川。

雍正十一年（1733 年）五月，广东总督鄂弥达和巡抚杨永斌在奏折中称：查往川者"皆系惠州之兴宁、长乐、龙川、和平、永安及潮州之程乡，罗定州之西宁七县民人"。同年十月，鄂弥达又上奏折称："……，更于入川要路，如惠州之和平、连平、龙川，韶州之乐昌、仁化各县多张告示。"劝阻粤民入川。

雍正末年，广东肇罗道杨锡绂在《奉委查办入川人民事宜条禀》中称："查去年清查入川人民，只有长乐、兴宁、镇平、平远、龙川、河源、连平、永安、和平等县。今则添出大埔、揭阳矣。……又有海丰、归善、普宁三县矣。前又据陆丰将入川人民造册具报，则陆丰亦有之矣。"[①]

除官方公文告示之外，各姓氏族谱也是记载其家族的原籍和迁入地的主要资料，是进行移民史研究的较可靠的第一手史料。

如惠州永安陈氏之宣统《陈氏族谱》载：其入川始祖绣尧公，于

---

① 转引刘正刚：《清代广东移民在四川分布考——兼补罗香林四川客家人分布说》，《暨南学报（哲学社会科学版）》1996 年第 1 期，第 57 页。

雍正五年（1727年）由广东惠州府永安县双下约归湖村堂肚里，"率同四云公等迁于四川省永宁道直隶资州内江县佃居崇林铺桂花湾"。

又如，同治《华阳廖氏族谱》载其入川太始祖廖吉周，"原籍广东兴宁县洋洞坑住人氏，见人繁费祖业无几，于是父子商议上川移至简州石板潭深沟子地名居住"，后迁至华阳县石羊场三道桥落业。

再如，民国《绵西张氏族谱》载其族迁移情况为："宋末元初仲祖蔚起公家于闽汀武平岩前盈塘里，此闽之有张氏也，自蔚起公始也。传至八世为参祖权舆公移家于广东惠州府龙川县进贤乡，此粤之有张氏也，自权舆公始也。更传十世为美升良登公随母携弟入川，初家川东移居德阳蕉芭滩，旋迁左绵永兴镇天皇观，此蜀之有张氏也，自美升公始也。"

这些史料虽不能全面地说明在康雍乾时期广东的客家人迁入四川的情况，但却反映出在该时期的广东，有过大量的客家人迁入四川的事实。

清代以前，广东地区基本上是北方南下移民的接收地，到了清代前期却发生了如此大规模的粤民内迁四川，这使广东人口在迁移的流向上，发生了巨大的转变。

究其原因，除清政府所实施发展经济的垦荒政策外，广东人入川的直接原因可以说是一种"逃荒入川"。就地理位置而言，广东移民迁出地主要分布于粤东的潮州府、惠州府、嘉应州以及粤北的韶州府、南雄州等地。这些迁出地正好位于闽、粤、赣三省交界的山区地带。山岭重叠，耕地较少，土壤贫瘠，加上长期的粮食缺乏，使得山区之客族为了继续生存而不得不迁往号称"天府之国"却又"人稀地广"之四川盆地，以求得更好的生存发展。

在粤北客家人的分布中，纯客县有仁化、翁源、英德、乐昌、乳源、新丰、曲江，而南雄、始兴则为非纯客县，可见客家人在粤北地域的分布是很广泛的。那么，乳源西京古道上"广东填四川"移民中的主要族姓有哪些呢？在清初开始的填四川移民潮中，粤北地域的客族迁往四川者，其中以乳源、乐昌、仁化为多。

零星的资料和族谱显示，康熙年间，从韶州乳源迁往四川仪陇的族姓主要有郑、潘、赵、朱等。他们的家族迁移路线大体相同，即从韶州乳源出发，沿西京古道北上，入湖南，溯长江而至四川。乳源因

西京古道穿境而过，成为粤北客家人入川的一个出发点。

　　另，据乳源文史工作者许化鹏和四川省仪陇县档案馆提供的资料，朱德元帅家族也是在这次移民潮中迁往四川仪陇的。"同治《粤东荣阳谱记》（手抄本，现存仪陇县周河乡郑家）记载：'我太高祖仕美公，其先世发籍福建，移居广东……家于韶州府乳源县，于康熙五十一年始迁蜀，置业于邑南水磨河。'咸丰《潘氏宗谱》（木刻本，现存仪陇县周河乡潘家）载：潘氏于明朝嘉靖十九年由闽上杭'迁粤东乳源县，康熙五十四年迁四川仪陇'。另据朱德故居纪念馆资料：朱德原籍也是广东韶州府乳源县，其先世于乾隆四十五年前后入川，先居广安县华蓥山，后于嘉庆十五年左右才迁到仪陇县马鞍山居住。"[1]

　　在朱德《回忆我的母亲》中，他开篇就说："我家是佃农。祖籍广东韶关，客籍人。"乳源龙溪枫树坪、梯下朱家陇朱姓族人也称，朱德家族是在清朝时从乳源搬迁至四川的。经过多方考证，两地朱姓宗亲于2003年6月在清同治十年（1871年）所修《朱氏宗谱》的基础上，联合编修了《朱氏族谱》。

　　清同治十年《朱氏宗谱》称，朱氏先祖朱聪、朱万父子于明成化年间，自福建上杭迁来广东乳源县龙溪枫树坪、梯下朱家陇定居。

　　2003年《朱氏族谱》也称，乳源朱氏分为两支，一支为岭头朱氏，另一支为桂头朱氏。

　　岭头朱氏于明成化元年（1465年）由福建上杭县紫金山笋竹坝瓦子街迁来乳源，始迁祖文武、文聪，分居在长溪、禾仓栋、大坪、塘面、岭头、岭背等。清初"湖广填四川"时，乳源的客家人闻风而动，大举西迁，朱氏后裔有分支迁往四川省等地，在川北的邻水、大竹、营山、蓬安、仪陇等地都有分布。其中朱仕耀一支，于清康熙四十五年（1706年）从乳源龙溪枫树坪、梯下沿西京古道北上，迁往四川，首迁地为四川省广安县龙台寺，后又迁居仪陇县马鞍，其子孙后代又分迁广安、营山、渠县、蓬安和仪陇县其他乡镇，开国元帅朱德就是朱仕耀的后人。

　　桂头朱氏，清朝时由湖南汝城迁来，分居在桂头地域，人数相对较少。

　　① 转引刘正刚：《清代广东移民在四川分布考——兼补罗香林四川客家人分布说》，《暨南学报（哲学社会科学版）》1996年第1期，第57-58页。

古代交通线路的开辟受交通工具的制约，主要以水路为主、陆路为辅。地域不同，其选择的路线则不相同。历史上，移民对路线的选择又受其本身条件的限制而有所不同。作为韶州府之客家，乳源县是入川粤民的一个迁出地。因为西京古道贯穿乳源，直通湖南，于是，他们沿着西京古道北上至湖南，溯长江而至四川盆地。西京古道所接纳的客家移民则主要是"湖广填四川"移民潮中的广东移民。在这次移民潮中，原居广东山区潮、梅、韶的客家人，因清朝的政治因素、当时的自然灾害因素而举族、举家，自南向北，经西京古道至湖南，逆长江而上，迁入四川各地，表现出其独特的移民特征。

虽然，在唐宋时期多有中原汉人沿珠玑巷移民至岭南地区尤其是珠三角地域，乃至海外。但是，由于明清时期的战乱及自然灾害的影响，导致了四川人口的锐减，清朝立国后所采取的移民入川措施，使得广东人口也开始大规模地迁入四川，从而使得中国的移民潮出现了改向，这也是历史发展的偶然性与必然性的统一。

（三）城口古道及其主要客族

通过城口古道迁入仁化域内的客族，主要有扶溪紫岭谭氏、扶溪邓氏、城口上寨黄氏、古夏李氏及恩村蒙氏等，下对其中主要客族的迁入情况作一简述。

（1）扶溪紫岭谭氏：民国二十二年（1933 年）仁化扶溪紫岭（叙伦堂）《谭氏族谱》载，扶溪紫岭谭氏，出虞伯仓公一支。清康熙《扶溪谭氏族谱·旧谱序》载：仁邑谭姓，在李唐时，以给事起家。世居秣陵者，存而不论，独其鼻祖伯仓君，本虞人也，登北宋庆历间（1041—1048 年）进士，官拜吏部侍郎也。镇湖湘，道经仁化，见其俗厚民淳，辄致仕不去。卜数世后，一传再传，凡三世，居邑之平山里。南宋淳祐（1241—1252 年）间，其裔兰坡君官英州太守，其自平山而迁居紫岭。《扶溪谭氏族谱序》又载：伯仓公登庆历间进士第，官拜吏部侍郎，操使节出镇湖湘，途次韶阳，瞻曲江风度，聆韶乐遗音，且山川奇矫清驰，为五岭冠，低徊留之不能去。遂上表以谢朝廷，使命隐居仁化平山里，即成仁化之始祖。亦不仅为仁化之始祖，百粤之谭氏皆其遗裔。

（2）城口上寨黄氏：上寨黄氏出湘资兴盛奇公支。南宋宝祐三年（1255 年）始祖盛奇公迁入粤仁化城口上寨，构地筑室开基。逾数百

余年，至明天顺年间，七世祖中公名洪通，推两子福缘、邦缘，移居长江镇，后裔繁衍长江镇各地。清康熙年间，又有十四世子懋公、十七世裔鳌分徙城口东坑、长江沙溪等地开基。

（3）古夏李氏：李氏始祖为十七世李大用。《李氏谱载·源流说》记：大用祖娶周氏居秣陵。宋时，登宝祐四年丙辰进士，由广西南宁府推升本省左参政。其子四郎公娶章氏，与本乡中与文天祥同中进士之蒙英昴厚称胶漆，赋性聪慧，大裨人世。因而省亲英昴，邀游巡历扶溪，熟睹古夏之区二泷并峙，三台耸峻，两水腰带，四顾盘回，足兴世业。后因元乱，父子遂择斯土，筑室于兹开基。

（四）韶州府及各县人口变化表

为了更好地说明古代移民与韶州人口的变化，笔者据清康熙十二年（1673年）《韶州府志·赋役志·人口》所记韶州府及各县人口情况整理出如下表格。

表 3-4　韶州府人口变化简表

时间		户数	口数	人口增减情况
汉魏晋隋				
唐		31000		
宋	天禧	28800		
	崇宁	81000		
	绍兴	32584		
元		11975		
明	洪武年	18900	82006	
	永乐年	16531	38145	－
	成化年	13477	33788	－
	弘治年	15443	74777	＋
	正德年	16536	90032	＋
	嘉靖年	17933	90658	＋
	万历年	22355	107063	＋
清	顺治年	22187	78101	－
	康熙年	22574	78101	0

表 3-5   曲江县人口变化简表

时间		户数	口数	人口增减情况
元			4773	–
明	洪武年	9560	37928	
	永乐年	11493	16630	–
	成化年	6024	16630	0
	弘治年	6550	34083	+
	正德年	6796	43208	+
	嘉靖年	7129	42946	–
	万历年	7520	45460	+
清	顺治年	7660	31190	–
	康熙年	7840	31190 + 149	+

表 3-6   仁化县人口变化简表

时间		户数	口数	人口增减情况
元			1634	–
明	洪武年	1174	9645	
	永乐年	700	3255	–
	成化年	661	3443	+
	弘治年	857	5414	+
	正德年	895	5715	+
	嘉靖年	1125	5780	+
	万历年	1429	5990	+
清	顺治年	1611	3984	–
	康熙年	1613	3984 + 85	+

表 3-7   乳源县人口变化简表

时间		户数	口数	人口增减情况
宋	淳熙年	1914	5223	
	宝庆年	2890	8089	+
元	至元年	1922	3829	–

时间		户数	口数	人口增减情况
明	洪武年	1432	5622	+
	永乐年	611	2718	−
	成化年	568	3150	+
	弘治年	1034	4824	+
	正德年	1170	4896	+
	嘉靖年	1473	4956	+
	万历年	1988	6529	+
清	顺治年	1076	5335	−
	康熙年	1089	5325 + 226	+

从以上各表的数据中不难发现，韶州府及各县人口的变化，总体趋势是一致的，增加较快的是宋、明末两个时期。在人口自然递增的基础上，其表现出的快速增长，其中最大的影响因素就是北方移民的涌入；而人口的减少，除战争、灾难外，南迁是主要因素。[①]

四、连州秦汉古道与连阳客家移民

连州秦汉顺头岭古道向南延伸与星子古道相接，是荆楚通往连州、番禺的古代交通要道。

秦汉顺头岭古道、星子古道早在秦汉时期就已经是军事要道。秦汉以降，中原的陶瓷、丝绸、茶叶等商品源源不断地通过古道运往岭南，进而销往海外，产自岭南的鲜果、水产及域外舶来品亦由古道北输中原及江南等地。所以，与其他粤北古道一样，自秦征南越开始，秦汉顺头岭古道、星子古道就具有了用兵、商贸与移民多种性质，既是军事之道也是商贸之道、移民之道。

（一）秦汉古道与连州移民

通过秦汉顺头岭古道、星子古道的移民，一部分卜居大路边、星

---

① 广东省地方史志办公室辑：《广东历代方志集成·韶州府部（一）》，广州：岭南美术出版社 2009 年版，第 178 页。

子地域，另一部分则走向连州、清远、珠三角乃至海外。隋唐之后，古道域内的移民数量大为增加，而且具有典型的族群性。

1. 秦汉古道移民与连州人口的变化

自秦以后，历代移民进入岭南，主要通过大庾岭路、西京古道及连州秦汉古道三条线路得以完成。

（1）浈江—虔州线。通过北江、浈江，越大庾岭连接粤赣，沟通广、扬，贯穿唐朝经济最发达的南方诸道，最为繁忙。

（2）武水—郴州线。通过北江、武水，越骑田岭，沟通粤湘，为广州至长安的捷径。

（3）洭水—连州线。通过北江、洭水，亦越骑田岭，沟通粤湘，为入京里程较短的路线之一。

在这些交通干线上，官府设置关津驿馆负责管理，兼具服务职能。

唐后，受黄巢之乱的影响，中原及湖南、江西、福建等地汉人大量地向岭南迁移，而途经粤北者最多。他们有的于途中停留并卜居下来，有的则继续南下，迁至珠江三角洲及沿海一带。《太平广记·原化记》称，安史之乱后，"有魏生者，少以勋戚……因避乱，将妻入岭南"[1]。《新五代史》则称："天下已乱，中朝士人以岭外最远，可以避地，多游焉。"[2] 清道光南海《孔氏家谱》序言谓，唐散骑常侍孔昌弼"遭唐季河北多难"，"遂避地之粤"，迁居南雄。这次移民高潮延续至两宋。

而从人口的变化来看，隋唐之际，中原动荡，战火不息，人口流失严重。武德六年（623 年）三月，唐高祖发布《简徭役诏》云："江淮之间，爰及岭外，涂路悬阻，土旷人稀，流寓者多，尤宜存恤。"[3] 说明当时进入岭南的北方移民数量庞大，居留粤北者必不在少数。贞观十三年（639 年），韶州"旧领县四，户 6960，口 40416。天宝领县六，户 31000，口 168948"[4]，连州"旧领县三，户 5563，口

① （北宋）李昉等编：《宝四·杂宝上·魏生》，《太平广记》（第 9 册）卷四百三，北京：中华书局 1961 年版，第 3252 页。

② （宋）欧阳修：《南汉世家·刘隐》，《新五代史》（第 3 册）卷六十五，北京：中华书局 1974 年版，第 810 页。

③ （宋）宋敏求编：《政事》，《唐大诏令集》卷一百一十一，北京：商务印书馆 1959 年版，第 578 页。

④ （后晋）刘昫等：《旧唐书》卷四十一，北京：中华书局 1975 年版，第 1714 页。

31094。天宝，户32200，口143532"①。户数、口数都有所增加。据翁俊雄先生提供的唐初各州面积及人口密度来看，韶州为16944平方公里，连州为8273平方公里，贞观十三年，韶、连二州人口密度分别达到每平方公里2.39人和3.76人，略高于全国每平方公里2.15人的平均水平。②

唐至明清，因北方移民的进入而导致连州人口的变化如何？通过表3-8可以明悉。

表3-8　连州人口变化简表

时间		户数	口数	人口增减情况
唐		32210	143533	
宋		36943	—	
明	洪武二十四年	5641	37641	－
	永乐十年	4584	12691	－
	天顺六年	2829	8075	－
	弘治五年	3221	7384	－
	正德七年	3228	7614	＋
	嘉靖元年	3218	8686	＋
	万历十年	3287	15892	＋
清	顺治十四年	13651	（丁2311）	
	康熙元年	13390	（丁2311）	
	乾隆三十六年	21034	70861（丁41445）	＋

注：此表据清同治《连州志》卷三《经政·户口》整理。③

与韶州、曲江、乐昌一样，连、阳地区毗邻湖南、江西，其人口增长较快，尤其是连州，人口在唐、宋、明、清四个时期增长较快，这与北方移民的进入直接相关。

连州，东与韶州相邻，东南通过湟水（今连江）而达番禺，东北

---

①　（后晋）刘昫等：《旧唐书》卷四十，北京：中华书局1975年版，第1619页。
②　翁俊雄：《唐初政区与人口》，北京：北京师范学院出版社1990年版，第287-288页；赵文林、谢淑君：《中国人口史》，北京：人民出版社1988年版，第228页。
③　广东省地方史志办公室辑：《广东历代方志集成·韶州府部（一）》，广州：岭南美术出版社2009年，第79页。

越骑田岭至郴州，与东部联系较为频繁，自古是广东西部的交通枢纽和商埠。自汉代起，连州市（古桂阳县）在历史发展进程中，受社会政治、经济、文化等条件的影响，姓氏人口呈现时增时减但总体不断增多的趋势，姓氏与姓氏之间人口数量相差悬殊。晚唐至五代入宋，连州由于其地理及资源优势成为诸多外地姓氏卜居之地，逐渐形成连州一域的客家人。

2. 连州客家移民

连州地域，杂居着汉、瑶、壮各族，以汉为多。连州汉族，其先祖多数是从中原，经闽、赣（含粤东）和湖湘地区，沿秦汉古道迁入的客族。

《连州市志》载：连州一域，汉代有唐姓、袁姓，南北朝有邓姓、廖姓，隋唐之际有区姓、刘姓、吴姓，其中区姓为连州豪族。五代至两宋时期有黄、陈、张、邵、孟、何、唐、骆、吴、李、石、蔡、郑、胡、易、欧、欧阳、刘、邓、雷、严、文、黎、冯、梁、王、区、伍、彭、沈等姓氏。

延续至今，连州地域曾有 400 多姓氏居住于此。相关资料显示，在这 400 多个姓氏中，后裔延居至今已逾千年且人口较多的姓氏族支有："西岸韶陂邓氏、保安廖氏、龙口邵氏、鹅江黄氏、保安孟氏、沙坊石氏、夏炉吴氏、丰阳吴氏、朱岗吴氏、阁侨骆氏、马带唐氏、冲口陈氏以及黄损、欧阳相、李廷珙等家族。而拥有七八百年居住连州历史的姓氏族支数量更多，如西岸陈氏，夏湟黄氏，星子黄氏、何氏，保安欧阳氏，大路边欧阳氏、唐氏、成氏、易氏，山塘唐氏，清江唐氏，丰阳胡氏、肖氏，龙坪流沙堡陈氏等，均有 700 年以上的历史。"①

下面就《连州市志》所载及对连州地域客家人主要姓族的"族谱"调查所得，对其卜居情况，简介如下：

（1）连州西岸韶陂邓氏：1995 年《邓氏源流》及 1996 年连州《邓氏族谱》载，该族始迁于南朝前期，开基祖邓思露，南朝宋齐间人，原籍河南南阳。邓思露少年时随为官之父卜居今湖南衡阳，长大后投军，统兵出征桂阳（今连州），见下卢水口（今连州西岸韶陂）风景优美，遂举家卜居于此，至今已有 1400 多年的历史。邓思露儿子

---

① 罗耀辉：《清远姓氏概谈》，《广东史志·视窗》2010 年第 4 期，第 5 页。

邓鲁，为南朝宋泰始六年（470年）湘洲宋安郡（今连州）太守，死后赠司徒。邓鲁生有九子，其后裔大多移居外地，留居连州者，遍布各地，今连州市邓姓20000多人，多为其裔。北宋仁宗时期，邓幼学由江西庐陵安福县迁连州韶陂里，其后人邓子华再由韶陂移居星子洋洞坪定居。元末，邓广卿自江西吉安府安福县迁连州定居。元末，邓促文自肇庆府迁连州荣梓巷后，其子孙又分迁西岸东田坪定居。

邓氏后裔繁衍昌盛，遍布连州各地，为连州望族。

（2）连州西岸冲口陈氏：《陈氏族谱》载，陈姓源自周武王分封的陈国，相传为帝舜的后裔。陈国的开国国君叫妫满，谥号胡公，故又称胡公满、陈胡公满，子孙以原国名为氏，因称陈姓。

西岸冲口陈氏开基祖陈伯，北宋开宝年间（968—976年）由广州迁入，又由连州择居西岸冲口，已传40代。族裔散布西岸、东陂、保安与连州镇等地，丁口逾万。其二世祖陈铸、陈铨兄弟俩同登北宋天圣丁卯科（1027年）进士榜，被世人传为美谈。冲口古村因有纪念陈铸、陈铨兄弟中士的双桂坊、进士亭、崇德坊、启明坊、陈氏宗祠等有深厚文化底蕴的建筑设施而被选入省级古村落。东陂陈氏于1995年修有《陈氏族谱》。

（3）连州保安廖氏：开基祖廖冲，于南朝梁中大通三年（531年）由岭北迁入，择居于斯，至今已有1400多年的历史。南北朝梁武帝后，廖冲自建康（今南京）移湖北江陵为湘东王常侍，至梁中大通三年，自江陵挂冠后，经湖南南岳隐迁桂阳（今连州）保安镇静福山修道38年。廖冲后裔留居保安镇及东陂镇等地，繁衍近1500年，已传52代。南宋年间，廖冲后裔廖颙及其子孙散居连州各地，其中一支后裔迁至今连州正河村定居，已传35代。廖氏后裔，散居连州、保安、东陂、九陂、西江、龙坪、瑶安、星子等地，以保安、连州镇居多。在连州历史上出过3名进士（其中1名为赐进士），为连州的著姓望族。

（4）连州丰阳吴氏：连州吴氏以丰阳夏炉历史最为悠久，入迁于唐代中晚期，来自湖南临武。该支吴氏的开基祖吴千二，于唐德宗朝任过潮州刺史。吴千二致仕后应连州刺史赵承嗣之邀游历湟川，见连州风物宜人，遂分枝连州高堆。后裔再移迁西岸，最后在朱岗夏炉开基定居，已传37代。连州吴氏中最大支派是丰阳吴氏，开基祖吴敬

元，生于五代后唐长兴元年（930年），仕南唐，官至巡抚总兵，奉旨南抚连州，平湟川蔡丘之乱。事毕，见丰阳山水秀丽、风景宜人，遂辞官携眷隐居于丰阳，至今已逾千年，传43代，人口繁衍过万，散布连州境内30余村庄及外地市县。吴氏裔孙衍居境内丰阳、朱岗、东陂、连州、西岸、龙坪、三水、保安等地，以丰阳镇居多。在连州历史上出过6名进士（其中3名为赐进士），为连州的著姓望族。

（5）连州丰阳湖江头胡氏：南宋时期从湖南迁入，其开基祖为胡天瑞，原居湖南蓝山，南宋度宗咸淳年间任广西藤县县令，在卸任返乡时途经丰阳湖江头，见该地山清水秀，土地肥沃，遂于该处停留，后将家眷从湖南蓝山迁来定居。至今已历700余年，传承30余代，裔孙遍布连州各地，并有分支徙居连山县境，成为三连地区胡氏中的最大族系。

（6）连州星子带水边何氏：《姓纂》载："何氏出自姬姓，周成王弟唐叔虞裔孙韩王安，为秦所灭，子孙四散，江淮音，以韩为何，遂为何姓。"

星子地域的何氏，计有3个支族。一个支族的开基祖何尚庆（又称昂公），官居司马，奉诏赴南粤为官。其时元兵大举南侵，宋廷危在旦夕。何尚庆途经星子，见此地山水秀丽，遂辞官携眷于星子带水边村定居，历700余年，传30代，后裔2300余人。另一支族的开基祖何万福，在元至元年间，从江西吉安经南雄珠玑巷迁入连州清江，从事木工营生，定居何家冲（今清江东冲头村），传28代。稍后何万福的长子何代富，由何家冲迁至星子太园村定居，传27代。还有一支族的开基祖何昌旺，源于安徽庐江，后经江西吉安迁居湖南郴州鲁塘，再移居乳源（今乐昌县）梅花村。何昌旺入居梅花村后，传至第9代何德贵，于明成化年间迁居山洲村，为山洲何家湾何氏始祖，传17代，其裔孙散布于星子山塘等地。清乾隆二十五年（1760年），后裔何兴业因避祸，自粤东兴宁迁徙至连州保安大湾冲；嘉庆五年（1800年），何兴业之子何成才举家迁连州城郊北湖洞开基定居，传10代。

（7）连州大路边成氏：1994年大路边村《成氏族谱》载，该族开基祖成吉进。成氏先世居湖南蓝山。南宋绍兴元年（1131年），成吉进曾祖父曾出任广东香山（今中山）县令而客居香山。成吉进于元大德二年（1298年）北返湖南蓝山祖居地，途经连州大路边时，见此

地山清水秀，是创居兴业的风水宝地，乃携家定居于此。至今已历700余年，传近30代，后裔散布连州各地。

（8）连州星子黄村黄氏：黄氏是连州的第一大姓，入境较早的还有丰阳夏湟黄氏、星子油田黄氏、星子黄村黄氏等。夏湟黄氏开基祖黄必达，1996年连州丰阳《夏湟史志》称，其为北宋诗人黄庭坚的季曾孙。入迁连州为南宋绍兴三十二年（1162年），至今已传32代，形成了以夏湟为中心，族裔流布丰阳、东陂、西岸、保安诸地的庞大家族。星子油田黄氏，来自梅州河田村，入迁于南宋咸淳五年（1269年），现发展到1800余人。星子黄村黄氏亦为黄庭坚后裔分支，开基祖是黄必达之兄黄必源之后裔黄元登、黄元桂、黄秀实三人，系黄庭坚的第7代裔孙，于南宋末年自江西省泰和县迁入，至今传30代。黄村北接荆楚古道，南向星子河水道，为交通要冲，该村按"太极八卦图"布局形成的古堡群，建筑风格独特。

（二）阳山客家移民情况

阳山县的客家人虽然比连县要少一些，但在连阳地区也是一个较大的客家族群。他们主要分布在黎埠、江英、高峰、秤架、犁头、黄垒、小江等地，迁入时间多在明、清时期。现居阳山地域人口较多的客家姓族有黄、杨、唐、李、邓、叶、张、王、何、刘、林等。

阳山各姓族卜居情况如下：

（1）秤架、黎埠黄氏：阳山黄氏主要分布在黎埠和秤架两地。秤架一支是在明洪武十六年（1383年）从江西迁来秤架乡太平五洞的，其迁徙路线大概是：先从江西迁怀集，再从怀集迁凤岗，最后从凤岗迁到秤架。开基祖为黄能三、黄能四兄弟。而黎埠黄氏则有三支。其中一支在清乾嘉年间从梅县松口迁来黎埠圩；一支在嘉庆年间从梅县松口迁来黎埠均安村，开基祖是黄锦捷、黄俊捷，已传9代；一支在嘉庆年间从清远县迁来黎埠淇潭村，开基祖是黄悦辉。

（2）太平、黎埠杨氏：阳山杨氏主要分布于太平与黎埠。太平杨氏开基祖为杨文德。原居福建漳州，元兵进克漳州，为逃追捕携眷至四会大雾山中隐匿。为防元兵再来追捕，几年后，杨文德转迁到更为偏僻的阳山太平白花涌定居，从而成为阳山杨氏最大支派的始祖。黎埠杨氏，迁入分支较多。一支在清乾隆四十四年（1779年）从惠州迁至黎埠大塘村，开基祖是杨贵联；一支早年从福建入粤，乾隆五十六

年（1791年）迁来黎埠枫化村；一支在乾隆五十七年（1792年）从梅县畲坑迁来黎埠保平村，开基祖是杨秀联；一支在嘉庆元年（1796年）从梅县松口迁来黎埠圩，开基祖是杨书可；一支在道光五年（1825年）从梅县迁到黎埠凤山村，开基祖是杨章保；一支在道光十九年（1839年）从四川省迁来黎埠凤山村，开基祖是杨城基。

（3）阳山唐氏：开基祖唐监。唐监，四会三丫塘人，官至扬州都督。明洪武三年（1370年），唐监奉旨统兵镇抚阳山"瑶乱"，携家室至阳山安家。"瑶乱"平息后，唐监在率兵横渡港九海峡时，死于海难。该族至今已繁衍到第28代，族裔散布阳山各地，清新浸潭、沙河、新洲、龙颈等地亦有分支迁居，成为阳山唐氏中的强宗望族。

（4）黎埠李氏：阳山李氏客家人都是福建省火德公后裔，而且几乎都是从梅县迁来的，但同宗不同房。其中一支于乾隆年间由梅县雁洋迁来黎埠圩，开基祖是李真纯；一支于乾隆五十年（1785年）从梅县畲坑迁来黎埠淇潭村，开基祖是李广玉；一支于嘉庆元年（1796年）从梅县畲坑迁来黎埠保平村，开基祖是李思桥四兄弟；一支于光绪年间从梅县松口迁来黎埠龙颈村，开基祖是李佑兴；一支于光绪十三年（1887年）从梅县迁来黎埠淇潭村，开基祖是李福旺，传5代。

五、英东佛北"纯客区"与客家移民

如前文所述，历史上清远更多的是隶属韶州，清远客家与韶关客家同源同流，风俗习惯差异不大。今把清远客族单列，意为体现清远汉、瑶、壮等民族中客族的主体性，并尽可能地揭示出其与珠玑巷移民的关系。

英东佛北"纯客区"是指现连江口域的客家人集中居住区域，包括英德、佛冈、翁源、曲江南部等地域。他们同语同俗、同源同宗，在粤北古道域内具有一定的代表性和特殊性。

这块纯客区之客族的形成，源于秦人入粤，成型于唐、宋、明、清时期。其成因可归结如下：其一是有大量的中原汉族沿西京古道、北江水路南下，并卜居；其二是该地因战乱、自然灾祸影响而变得地旷人稀；其三是该地域紧邻北江，交通便捷、土地肥沃，宜于生存。所以，诸多因素的综合造就了一个具有"客家基地"之称的特殊

地区。

该地域部分姓族族谱及相关史料显示，英东佛北地区有150多姓族，其中人口超千人的大姓族有陈、刘、李、卢、邓、林、曾、张、范、朱等40多个。他们讲客家话，遵循客家的生产、生活习俗，秉承汉族客家耕读传家的传统，团结互助，开拓出一方新的天地。

下面选取其中几支具有代表性的姓族，作一简介：

（1）英德高沙岗陆氏：开基祖为陆太二郎，明成化六年（1470年）从始兴迁入。其先祖陆千七郎于正统三年（1438年）从福建入粤居潮州。其子太二郎于天顺七年（1463年）从潮州徙始兴，成化六年（1470年）从始兴迁来英德高沙岗定居，为高沙岗陆姓一世。万历四十年（1612年）在高沙岗建陆氏宗祠。高沙岗陆姓分支，散居连江口、黄岗、黎溪以及相邻的清远县。

（2）清城石角田心陈氏：开基祖陈嘉裕，于南宋绍兴年间（1131—1162年）由今东莞桥头迁来，至今已有800多年的历史，传承到第37代。后裔除外迁他地的外，留居本地的主要衍居石角的田心、塘基、马头与横荷的大有、旧屋等地，计有6000多丁口。

（3）英德横石水塔祖岗林氏：开基祖念六郎，从福建逃匿而来。据其族谱记载，元至正二十六年（1366年），原居福建长汀河田的念六郎林氏大家族因犯官祸，合族40余房连夜仓皇出逃四方。念六郎携眷逃至福建上杭胜运里暂居，难消恐惧心情，两年后远逃至广东翁源南浦隐居，还是觉得不安全，最后迁至今英德横石水塔祖岗，始觉僻静安全，乃定下心来开创基业。

（4）英东桥头红梅村赵氏：开基祖赵福贵，北宋赵光义的后裔。南宋灭亡后皇族后裔遭元兵追杀，赵福贵由福建连城逃匿到粤北，藏身于英东桥头梅影（今红梅村）。其后裔衍居今桥头红梅、坭黄塘、英城老地湾、佛冈高岗、清新江口等地。

（5）佛冈烟岭李氏：据传，颛顼高阳氏的裔孙理征为商纣王的理官，以直谏不容于纣，得罪而死。其妻契和氏与子利贞逃难到殷侯之墟。在逃难途中靠采树上的果实充饥，后为感谢"木子"的救命之恩而以之命氏，从而形成李姓。

烟岭《李氏族谱》载，开基祖李福智，李氏火德公七世裔孙。明初由闽入粤。生有茂珊、茂瑛二子，由福智妻曾氏携带徙居英德白沙

岭。李茂珊生育四子。茂珊死后，其四子移至英德白石乡（今佛冈烟岭）课田村定居。后裔再迁柯木岗、前所、高桥等地。李茂瑛生二子，其后裔分别移居新丰遥田和佛冈高岗。这个家族的后裔尔后逐渐向周边拓展，散布佛冈各地，并有分支移居英东、清城等地。今佛冈李姓人多为其裔。

（6）英德西牛高道刘氏：开基祖名刘城洲，系刘开七的曾孙，明初由江西大余迁至。西牛刘氏自他开基后，发展迅速，瓜瓞绵绵，丁口逾3万，仅西牛镇就有1.3万人。

（7）清新龙颈黄氏：开基祖黄永兴，祖籍福建上杭，系黄峭山与吴夫人所生之子黄化的后裔。明成化元年（1465年），黄永兴偕兄弟4人离上杭入境清远谋生，先在龙颈黄沙水筑围暂居，至第二代始，于明正德八年（1513年）移居龙颈城土国建村，开创基业，修祠建屋，永久定居。后裔繁衍迅速，散布龙颈、新洲、禾云、南冲、石马等地，丁口逾万，为清新望族之一。

岭南黄氏多尊黄峭山为始祖。相传唐末某年的正月初二，居福建邵武的黄氏大族祖黄峭山忽然置备酒席，广邀亲友，大宴宾客，将21房子孙召集齐全，然后宣布了一个石破天惊的决定：除他的三位夫人各留长子一房奉养老人外，其余十八房子孙不准恋此一方故土，各自信步天下，择木而栖，相地而居。据《黄氏族谱》载，黄峭山为分派后裔曾作"家训"诗一首，诗曰："信马登程往异方，任寻胜地立纲常。年深外境犹吾境，日久他乡即故乡。朝夕莫忘亲命语，晨昏须荐祖宗香。惟愿苍天垂保佑，三七男儿总炽昌。"临行前，黄峭山口吟上述七言诗与诸儿作别。此后，后裔流布各地。

（8）英德大镇赖氏：据1995年大镇《赖氏族谱》载，赖姓源于古赖子国，形成于春秋时期，系以国名为氏的姓氏。西周初，周武王封其兄叔颖于赖（今河南息县东北包信镇一带），建立赖国。公元前538年，赖国被楚灵王灭掉，赖国的一些贵族逃亡到附近的罗国和傅国，改姓罗和傅；另外一些人则相率北迁，到达鄢（今河南鄢陵），并留居下来，以原来的国名为氏，称赖姓。赖、罗、傅三姓由于有此历史渊源，故直到今天，港澳和海外还有这三个姓氏的联谊会组织。

赖氏得姓以后，逐步形成"颍川""南康""河南"等郡望，演绎成为有影响力的姓氏。在当今中华姓氏人口排序中，赖姓成为名列第98

位的姓氏，约占全国汉族人口的 0.18%，分布广远，尤以广东最为集中，占全国汉族赖姓人口的半数以上。赖姓源远流长，族群中很早就有人在南方做官。《元和姓纂》载："《左传》赖国，为楚所灭，以国为氏。汉有交趾太守赖先，蜀零陵太守赖文，唐光禄少卿赖文雅。"① 这说明，早在汉代就有赖姓人物活动于岭南地区了。至南北朝时期，赖姓人已大量迁居今江西、福建等地。明清时期，又大量移居广东。

清远市域现居赖氏各族支，亦多于明清时期迁入。全市赖姓现有4.45 万人，在市内姓氏人口排序中名列第 27 位，分布以英德最为集中，占全市赖姓人口 45% 以上。

英德赖氏族群中，入迁年代较早的是英东雅堂赖氏。该支赖氏于明洪武年间迁入，开基祖是念八郎。其先世祖原居福建上杭丰田里，至父辈徙居江西赣南安远。念八郎再由赣入粤，徙居今英东大镇烧造砖瓦营生。久之，赖家居地周边因挖泥取土而形成星罗棋布的大大小小的泥塘，周边人家遂称赖家居地为"瓦塘"。后来，赖家人丁兴旺，家业渐丰，觉得瓦塘之名不雅，便以谐音"雅堂"易之，沿用至今。念八郎开基雅堂，至今已历 600 余载，传 23 世，裔孙昌盛，分布甚广，其中发祥地大镇，有其后裔 4000 余众。大约与英东大镇赖姓开基雅堂同时，原居福建上杭的另一支赖氏迁居到英中石灰铺旱田，之后再分枝到今石牯塘鲤鱼村和波罗镇太平坪、板水村等地，发展至今。据传，明万历年间英德进士赖万耀即出自这一支。英西诸镇中，大湾赖姓人口最多，现有 2200 余丁口。该支赖氏开基祖叫赖添富，明宣德五年（1430 年）由福建永定迁来。其裔孙主要衍居大湾的英建、布心等地，并有分支移居邻镇洸洸。

（9）翁源周陂、龙仙陈氏：据翁源《陈氏族谱》记，陈氏迁入翁源的时间为明前期至中叶，迁出地为福建汀州。周陂陈氏为明初迁入，主要卜居于周陂双联、龙田、南浦沙坪、江尾圳头，而龙仙陈氏迁入时间迟至明代中叶，主要卜居于龙仙大塘头、李村、高车下。

其中，龙田陈氏为周陂大族，明代抗倭名将陈璘即出于龙田。

据《明史·陈璘传》载："陈璘，字朝爵，广东翁源人。嘉靖末，为指挥佥事。从讨英德贼有功，进广东守备。与平大盗赖元爵及岭东

---

① （唐）林宝撰，岑仲勉校记：《元和姓纂》（第 3 册）卷八，北京：中华书局 1994 年版，第 1253 页。

残寇。万历初，讨平高要贼邓胜龙，又平揭阳贼及山贼钟月泉，屡进署都指挥佥事，佥书广东都司。"①

又据清康熙《韶州府志》卷十四《艺文志三》喻政所撰《陈大将军传》，传曰："陈公讳璘，字朝爵，号龙崖，翁源县人。"② 同书卷八《人物一》载："陈璘，嘉靖四十年，潮州贼张琏作乱，势连江闽，璘献策军门，张公奇之，随领兵事。平翁源、乳源、英德、河源诸贼。大征罗旁，开建一州二县。剿石牛、宁水贼，征广西岑溪瑶贼。援朝鲜、战锦山，生擒贼首，平秀政倭帅平正成等，斩获倭酋石曼子等。征播州，夺出杨应龙尸，生擒酋子锡朝栋等。累官左都督，特进光禄大夫。卒，赠太子太保。"③

结合相关史料，陈璘一生事迹可归于以下几个方面：第一，明嘉靖、万历年间，参与平定粤东西北的动乱，从而维护了广东本境的社会稳定，官至广东守备、指挥佥事。第二，万历四年（1576 年），从总督凌云翼将大征罗旁（今郁南县及周边域），平定瑶汉民族冲突，终结了自宋至明近 600 年的瑶乱。陈璘升迁为副总兵，署东安参将事。第三，万历二十九年（1601 年），平定了播州（今贵州遵义）持续 15 年的叛乱。陈璘以征播州，特进光禄大夫。第四，万历二十年（1592 年）和二十五年（1597 年），陈璘两次率兵援朝抗倭。二十五年，参与了朝鲜半岛露梁以西海域的"露梁海战"，此役几乎全歼敌人。此后直到明治维新，日本不敢觊觎朝鲜半岛，维护了朝鲜半岛近 300 年的和平局面。万历三十四年（1606 年），陈璘调任广东都督。万历三十五年（1607 年）五月，卒于广东都督府任所。九月，封赠"太子太保"，荫封为百户。

（10）官渡九龙吴氏：据《九龙吴氏族谱》载，本族于南宋末从福建漳州龙岩迁入翁源官渡。考其原因，是为宋室南迁及元人入主中原之故。

（11）江尾蒽茅岭张氏：据《张氏族谱》载，江尾蒽茅岭、松塘

---

① （清）张廷玉等：《明史》（第 21 册）卷二百四十七·列传一百三十五，北京：中华书局 1974 年，第 6404 页。

② 广东省地方史志办公室辑：《广东历代方志集成·韶州府部（一）》，广州：岭南美术出版社 2009 年版，第 372 页。

③ 广东省地方史志办公室辑：《广东历代方志集成·韶州府部（一）》，广州：岭南美术出版社 2009 年版，第 239 页。

岭张氏，均是明初从福建上杭瓦子巷古井头迁入。

六、清远客族与珠玑巷的关系

南宋初年，南雄珠玑巷人因胡妃事件，由罗贵组织了一次三十三姓九十七家参加的大南迁，他们乘竹筏顺江南行，到珠三角地区开辟新居点，至元、明时期，各姓后裔亦有移居今清远市域者，如英德九龙金造罗氏、连山小三江罗氏，都是从广府地区转迁来的。所以说，与珠江三角洲地区的居民一样，清远客家很多是南雄珠玑巷人南迁之后裔，他们也都有难舍的"珠玑情结"。

资料显示，宋时从南雄珠玑巷迁徙至珠江三角洲地区或卜居或转迁清远、英东佛北地域的有上百姓族。

（1）英德黄花梁氏：据《梁氏族谱》载，英德黄花梁氏，原居南雄珠玑巷。在元兵南下，大批中原和岭北居民流离转徙的时代背景下，世居南雄珠玑巷的梁禹能家族，其六世孙兄弟6人为避元兵杀戮，聚在一起乘坐竹筏顺北江漂流南迁，寻求避难居地。当竹筏漂流到英德浈阳峡时，被急风巨浪掀翻，一家人从此生离死别。其长子都能、次子都统后在英德黄花找到落脚之地，成为英西南梁氏的开基始祖。历730多年，传29代，他们的后裔散布今黄花镇38条自然村，上万余人，成为清远梁氏族群中的强宗巨族。

（2）佛冈龙山曹氏：原居南雄珠玑巷的曹三隅家族，也是在元兵南下的背景下举家南迁，他们经北江顺流而下，至清远潖江口时始登岸，落籍于今佛冈龙山，成为龙山曹氏家族。

（3）清城向氏：向氏亦是南宋末年由南雄珠玑巷逃难而来，至今已传30多代，主要聚居于横荷、洲心和老城区。

（4）清远欧氏：入粤始祖始居地点在南雄珠玑巷，后裔于两宋之交南迁珠三角，散布广州、顺德等地。元代中期，欧达卿因经商清远而从顺德陈村移居清城。达卿生4子，长子居泰移居潖江乌石，次子居敬移居滨江，三子居德移居水关口麒麟里，季子居江移居山塘。各自建基立业，开枝发族。今清城、清新有2万多欧姓人，多为其族。

（5）清远黎氏：该家族先世居南雄珠玑巷，南宋末年避居怀集。至黎三保一代，从怀集迁居到阳山太平白竹山另立新支，后裔散布阳、

清、英、连诸县域，发展成为拥有数万人口的大家族。

（6）清远刘氏：清远刘氏开基于江口，开基祖为刘南寿。明景泰年间，刘南寿随父由南雄珠玑巷迁居清远江口企湖塘创业。至正德年间，刘南寿的3个儿子又从江口移至今横荷岗头开基，并尊他们的父亲刘南寿为岗头刘氏始祖。嘉靖末年，刘南寿叔父的后裔亦从江口迁来横荷相聚，因而形成岗头刘氏四大房系。至今已传20多代，族裔散布清城、清新各地，成为原清远县地刘氏族群中的最大支派。

（7）佛冈黄氏：其先祖于南宋末年由南雄珠玑巷迁居南海，元季动乱时期，黄文清携眷及堂侄黄凤廷由南海迁居吉河（今佛冈）。黄凤廷生黄胜。黄胜生育4子。后裔繁衍昌盛，今佛冈黄姓4万余人，多为其后裔。

（8）佛冈邓氏：佛冈邓氏有1万多人，在全县姓氏人口中居第7位，主要聚居于石角和汤塘两地。他们的入粤始祖邓邦仁，宋太宗时因官南雄县尹而落籍南雄珠玑巷。至北宋元丰年间，后裔邓仲奇携8子2女由南雄珠玑巷迁居广州增城大埔田，后裔散布广州增城、从化及东莞等地。佛冈石角邓氏来自增城大埔田，佛冈汤塘邓氏来自从化流溪，均为从南雄迁居广州增城大埔田始祖邓仲奇的后裔。

（9）佛冈曾氏：先祖曾瑜于明洪武初由南雄珠玑巷南迁南海九江村，其子曾孟哀由南海迁居广州增城，其孙曾理祯再由广州增城迁居佛冈。后裔主要集居于石角镇，今已发展到9000多人，在全县姓氏人口中居第11位。

（10）佛冈冯氏：入粤始祖冯玄雄始居南雄珠玑巷，其孙冯锦等人因胡妃事件避居南海、新会等地。后有分支迁入从化。明天顺年间，冯荣衍再由从化徙居今佛冈汤塘，成为佛冈冯氏开基祖。如今后裔发展到6900余人，在全县姓氏人口中居第15位。

（11）佛冈徐氏：入粤始祖徐东露，南宋中期由江西移居南雄珠玑巷。东露生光顺，光顺生泽江、泽润二子。至南宋末年，为避元兵杀戮，泽江、泽润兄弟俩决定分散逃难。泽润一家迁居番禺，后裔再迁广州增城、从化等地。明初，徐以刚由从化迁居潖江车步村。后裔主要分布在龙山乐格村及水头西田村两地，共5100余人，在全县姓氏人口中居第19位。

此外，从珠江三角洲各地转迁到清远、英德、佛冈等地的南雄珠玑

巷的后裔还有很多，如佛冈水头的邹氏、黎氏，龙山的谢氏、招氏等。

从现存的族谱资料获悉，清远市域珠玑巷人的后裔，更多的是经广府和肇庆市域转迁而来。他们拥有在广府或肇庆地区居住的家族历史，但都以南雄珠玑巷人后裔自居，有解不开的"珠玑情结"。

七、粤北古道客家移民的特点

粤北古道域内的客家移民，既与中国其他地方的移民有共性，又在一定程度上表现出其自身的独特性。

1. 主体的多样性

古道移民，除了以汉族为主体的客家移民外，还包括了乳源瑶族以及连阳地区的瑶、壮、畲等民族，因而，就移民的主体性而言，具有多样性。

2. 家族背景的复杂性

据客家移民之各姓族谱及走访调查资料，各姓族谱的修编均能把本姓之源流上溯，有的还上溯得很久远；同时，也均能记载本姓迁入的大致时间与历史上的官宦、书香、经商之显赫家世，而且，迁入后子孙繁衍不息、枝繁叶茂，乃至形成一方大族、望族。究其原因，或是为官受累而迁，或是逃难而迁，或是经商而迁。就此而言，它与整个客家的移民背景是相同的。

3. 迁徙线路的多向性

由于粤北地域包括了古代的韶、雄、英、连等地的广大范围，其迁入的民族形成了以汉族客家为主体的，汉、瑶、壮、畲等族共处的聚居格局，其中既有沿秦汉古道、西京古道、梅关古道、乌迳古道、城口古道等南来的各姓族，也有从梅关古道南下至珠江三角洲再转迁而至的各姓族，他们沿着水路、陆路或从北到南、或从南到北，甚至在某些历史条件下远迁他乡（如湖广填四川），表现出迁徙线路的多向性。

4. 文化的多样性

主体多样性决定了主体自身所形成文化的多样性。在粤北古道域内各姓族移民的文化中，既有以汉族为主体的客家文化，又有以少数民族为主体的少数民族文化，如瑶族文化、壮族文化和畲族文化，其风俗习惯迥然不同。

第四章　粤北古道与少数民族的迁徙

　　粤北一域，既是粤、桂、湘、赣四省的接合部，也是四省政治势力相对薄弱的区域，南岭山脉横亘东西，北江水系纵贯南北。其特殊的地理位置，使粤北地域成为古代民众避难、避乱、避役的区域及四向发展的通道，同时，又由于其得北方中原文明之先气，故成为岭南开发的起点。自秦以降，不但有大量的中原汉人迁徙于此，也有大量的少数民族分批卜居于此，因此形成了一个以汉民族为主，瑶、壮、畲等多民族聚居的区域。在广东省内，3 个民族自治县（下属 4 个瑶族乡）均在粤北域内，而且，其中的连山壮族瑶族自治县还是我国唯一一个以壮族为主体的县级民族区域自治行政区。

　　这里，我们主要考察粤北较具代表性的瑶族、壮族、畲族的源流、发展状况以及与粤北古道的关系，以进一步了解粤北古道在民族迁徙与发展中的作用。

一、粤北瑶族的迁徙

　　粤北瑶族主要居住于乳源（乐昌）、连南、连山和散居于其他市县域内。

　　在古时，对"瑶"有"猺""徭""蛮"等称谓，尽管这是一种歧称，但是"瑶"作为一个民族的称谓客观存在，属于历史事实，因而史籍多有记载。这些记载指向的范围是始兴郡，因为始兴郡是粤北地域设置最早的郡一级行政机构。

　　其中，《乳源瑶族志》就载："南朝梁大同中（538—541 年），徐度从始兴太守肖介赴郡，'时诸峒徭、僚屡出剽掠，境内大扰，介令度帅师讨之'。"① 姚思廉所撰《梁书·萧介传》云："萧介，字茂镜，兰陵人。祖思话，宋开府仪同三司、尚书仆射。父惠蒨，齐左民尚书。介少颖悟，有器识，博涉经史，兼善属文。……大同二年，武陵王为扬州刺史，以介为府长史，在职清白，为朝廷所称。高祖谓何敬容曰：'萧介甚贫，可处以一郡。'敬容未对。高祖曰：'始兴郡顷无良守，岭上民颇不安，可以介为之。'由是出为始兴太守。介至任，宣布威德，境内肃清。"② 而同为姚思廉所撰的《陈书·徐度传》云："徐度，字孝节，安陆人也。世居京师。少倜傥，不拘小节。及长，姿貌瑰伟，嗜酒好博。恒使僮仆屠酤为事。梁始兴内史萧介之郡，度从之，将领士卒，征诸山洞，以骁勇闻。"③《梁书·张缵传》也记："零陵、衡阳等郡，有莫徭蛮者，依山险为居，历政不宾服，因此向化。"④ 从《乳源瑶族志》和唐初姚思廉的以上三记来看，南朝时，徐度随萧介至始兴郡（郡治在曲江，今粤北）平徭，这说明了该时始兴郡已有瑶民居住和活动（当时乳源属曲江或乐昌，为始兴郡属地），乳源有徭也是无疑的，这也是对始兴郡有徭的较早的记载。

　　《隋书·地理志》亦记："长沙郡又杂有夷蜑，名曰莫徭，自云其先祖有功，常免徭役，故以为名。其男子但着白布裈衫，更无巾袴；其女子青布衫、斑布裙，通无鞋履。婚嫁以铁钴鏵为聘财。武陵、巴陵、零陵、桂阳、澧阳、衡山、熙平皆同焉。"⑤《宋史·蛮夷列传》称："蛮徭者，居山谷间，其山自衡州长宁县，属于桂阳之郴、连、贺、韶四州，纡行千余里，蛮夷居其中，不事赋役，谓之徭人。"⑥ 南宋周去非《岭外代答》则说："徭人者，言其执徭役于中国也。"⑦ 清人谢启昆《广西通志》称："猺者，徭也。粤有土著，先时受抚，籍

① 《乳源瑶族志》编纂小组编：《乳源瑶族志》，广州：广东人民出版社 2000 年版，第 49 页。
② （唐）姚思廉：《梁书》（第 3 册）卷第四十一·传第三十五，北京：中华书局 1973 年版，第 587 页。
③ （唐）姚思廉：《陈书》（第 1 册）卷第十二·列传第六，北京：中华书局 1972 年版，第 189 页。
④ （唐）姚思廉：《梁书》（第 2 册）卷第三十四·列传第二十八，北京：中华书局 1973 年版，第 502 页。
⑤ （唐）魏徵：《隋书》（第 3 册）卷第三十一·志第二十六《地理志下》，北京：中华书局 1973 年版，第 898 页。
⑥ （元）脱脱：《宋史》（第 40 册）卷第四百九十三·列传第二百五十二《蛮夷（一）》，北京：中华书局 1977 年版，第 14171 页。
⑦ （南宋）周去非著，杨武泉校注：《岭外代答校注》，北京：中华书局 1999 年版，第 118 页。

其户口，以充徭役，故曰猺。”可见，瑶族作为民族实体，其形成及其在粤北地域的发展已有千余年历史。

对于粤北瑶族之源流，观点较多。有观点认为他们源自“长沙、武陵蛮”，或认为他们与“荆瑶”“莫瑶”“蛮瑶”同源，也有观点认为他们的祖先并非同出一源。

对乳源瑶族的来源，学界的观点有四：第一，源于会稽山和十宝殿的“山越”族；第二，源于“长沙、武陵蛮”；第三，源于“五溪蛮”；第四，瑶族之源是诸蛮的混合。但以持源于“长沙、武陵蛮”或“五溪蛮”观点者为多。

广西民族出版社 1983 年版的《瑶族简史》认为：“秦汉时期（公元前三世纪初——二世纪），瑶族先民主要集中在湖南的湘江、资江、沅江流域的中、下游和洞庭湖一带地区。”而“隋唐时期（六世纪至十世纪初），瑶族主要居住地在长沙、武陵、零陵、巴陵、桂阳、衡山、澧阳、熙平等郡，即湖南大部分和广西东北部、广东北部等地区。”“到了宋代（十一至十三世纪）……广东北部的韶州、连州、贺州、桂阳、郴州等地，都是瑶族的主要分布地区。”“元明时期（十三至十七世纪），瑶族被迫继续大量南迁，不断深入两广腹地。特别是明代，两广已成为瑶族主要分布地区。”“进入明末清初（十七世纪），部分瑶族又由广东、广西分别迁入贵州和云南的南部山区。”[1] 从《瑶族简史》关于自秦汉至明清时期粤北地域的瑶族迁徙及分布情况的记载来看，隋唐时，原居武陵、长沙一带的“五溪蛮”等，经过湖南道州、辰州（今湖南怀化北部）、江华等地，陆续迁徙至粤北及广西等地。其中一部分到达连阳一带，并形成了其“大分散”“小集中”的分布局面。

现今，粤北瑶族主要分布在乳源、连南、连山 3 个自治县，依其生活习性及习俗，学界把他们分为“排瑶”和“过山瑶”两大类。

“排瑶”，是对连阳地区瑶民的称谓，主要分布于连山、连州和阳山一带。他们依山地而定居，以农耕为主。历史上，因其居住特点而形成了独具特色的“八排二十四冲”格局。“八排”，主要是指连山五大排和连州三大排。连山五大排又称内五排，包括军寮排、马箭排、里八峒排、火烧坪排、大掌岭排；连州三大排又称外三排，包括油岭

---

① 《瑶族简史》编写组编：《瑶族简史》，南宁：广西民族出版社 1983 年版，第 12 - 15 页。

排、南岗排、横坑排。"二十四冲"，主要是指猫儿坪、上帝源、黄径坪、香炉山、大莺、老寨、锅盖山、上坪、望佳岭、马头冲、鸡公背、牛路水、八百粟、天塘、冷水冲、龙水尾、猪豹岭、瓦寨、新寨、大坪、鱼赛冲、水瓮尾、六对冲、茅田冲二十四个瑶民居住地。因他们多居住于高山峻岭，以至他们依山势构建住房，上下层叠、错落，由多排而构成村落，风格独特，与汉族居住地的村落有很大的不同，所以，当地汉人、壮人把瑶民的住房称为"排"，居于"排"上的瑶民则为"排瑶"。学界多称之为"广东八排瑶"或"连阳八排瑶"，简称为"八排瑶""排瑶"。连阳地区的"八排二十四冲"，反映了这部分瑶民以血缘为纽带的聚居特点及相同的历史渊源。

"过山瑶"，主要是指韶州乳源的瑶民，他们分布于粤北乳源天井山、秤架山等深山中。这些瑶民以游耕为主，通常每三年或五年迁居一次，过着"今岁在此山，明岁又别岭""吃尽一山又一山"的生活。基于他们在生产、生活上的这个特点，学界将这种瑶民泛称为"过山瑶"。

（一）乳源"过山瑶"

1. 称谓与分布

乳源原属曲江、乐昌县地，南宋乾道三年（1167年）划曲江县西境乳源乡、崇信乡及乐昌县南境之新兴乡设置乳源县。其行政隶属几经变化，1963年10月1日，成立乳源瑶族自治县。乳源瑶族，实际上也是合曲江、乐昌两地之瑶族而成。现今也有学者对乐昌瑶进行专门研究，其实，乐昌瑶绝大部分已归属乳源之瑶，本书不作乐昌瑶之述。为不引起误解，特此说明。

乳源瑶族自称"勉"（或"绵""门"），即他称的"盘瑶"。乳源瑶族的称谓，按其居住地域、服饰、对外交往及户籍管理的不同，还冠以种种不同的名称，现多称为"过山瑶"。

关于乳源瑶族的情况，文献记载较多。

清同治《韶州府志》称："曲江猺人，居县属之西山（今属乳源县游溪、柳坑等乡）……因妇人髻贯竹箭，故概名曰'箭猺'。"

清阮元《广东通志》称："乐昌县猺人，居县属之大岭及龙岭脚二处（今属乳源县必背镇）……其服饰与曲江箭猺仿佛……"

对于乳源之瑶，当地汉人据其所居地不同而分称为"东边瑶"或"西边瑶"。"西边瑶"多居深山，少与汉人交往；在"东边瑶"中，

又有"深山瑶"和"浅山瑶"之别。居住在远离汉族地区深山邃谷的瑶族称为"深山瑶",居住在靠近汉族地区的称为"浅山瑶"。

一些古籍还把乳源瑶族分为"生瑶""熟瑶"两种。清同治二年（1863 年）《韶州府志》载："乳源县猺人居深山中……有生、熟二种,生猺不与华通,熟猺常出贸易……"

民国二十三年（1934 年）《乐昌县志》载："邑有猺……居九峰西坑者曰熟猺,与汉族无异……居西南各乡山岭中者曰生猺。"对于这些称谓,乳源瑶族人民概不承受,只存在于汉人的史料记载中。

《英德县志》将以"采集为生"、"食尽一山则移一山"、每隔三五年整个瑶寨就要搬迁一次、世世代代过着不定居"游耕"生活的西边瑶（"过山瑶"）称为"流猺"。

目前,乳源少数民族大部分仍主要分布于崇山峻岭间。县境内居住有瑶、畲、满、壮、回、土家、苗等 21 个少数民族,瑶族和畲族是世居民族。瑶族人口主要分布在必背、游溪、东坪等 3 个镇,畲族人口主要聚居在洛阳镇深洞村委。

由于乳源瑶族居住地域集中,连成一片,故有"瑶山"一说。新中国成立前,瑶山有赵、盘、邓、王、李、邵、邝、冯 8 姓。

2. 源流与迁徙

关于瑶族源流与迁徙的情况,文字记载较少,现根据部分史料记载与传说,对乳源瑶族之历史情况作一初步梳理,以窥其一斑。

《宋史·蛮夷一》载："西南溪峒诸蛮皆盘瓠种,唐虞为要服。周世,其众弥盛,宣王命方叔伐之。楚庄既霸,遂服于楚。秦昭使白起伐楚,略取蛮夷,置黔中郡,汉改为武陵。后汉建武中,大为寇钞,遣伏波将军马援等至临沅击破之,渠帅饥困乞降。历晋、宋、齐、梁、陈,或叛或服。隋置辰州,唐置锦州、溪州、巫州、叙州,皆其地也。唐季之乱,蛮酋分据其地,自署为刺史。晋天福中,马希范承袭父业,据有湖南,时蛮猺保聚,依山阻江,殆十余万众。至周行逢时,数出寇边,逼辰、永二州,杀掠民畜无宁岁。"① 该书又载："庆历三年,桂阳监蛮猺内寇,诏发兵捕击之。蛮猺者,居山谷间,其山自衡州常宁县属于桂阳、郴连贺韶四州,环纡千余里,蛮居其中,不事赋役,

---

① （元）脱脱:《宋史》（第 40 册）卷四百九十三,北京:中华书局 1977 年版,第 14171、14183 页。

谓之猺人。"① 由此可知，"蛮猺"历史悠久，啸聚边远山林，依山阻江，时杀掠民畜，所以为历代所轻。

关于乳源瑶族的记载有：

明嘉靖《广东通志初稿》卷三十五《猺獞》载："猺本盘瓠之种，产于湖广溪峒间，即古长沙、黔中五溪之蛮是也。"②

明周夔《乳源县重修庙学记》云："乳源广韶属邑也，咽喉交广，唇齿江湘。宋乾道三年，始分曲江、乐昌四都鄙封之。然地多长山邃谷，伏窜蛮猺，版图之民，仅千余户，勇于知方者，十常七八。"③

明万历十九年（1591 年）韶州府推官黄华秀在《旧刻乳源县志序》中，有"韶乳僻在山谷，民稀瑶多，于诸邑最为简小"④。

这些记载说明，自明代开始，南岭地带就"无山不有瑶"，乳源当时也是瑶民多于汉人，且瑶民也不断地与汉人交流。明万历二十七年（1599 年），乳源县令吴邦俊作诗，叙述瑶民下山到县城接受县令绥抚、领取瑶盐和观春的情况："三岁亲民三岁饥，免令无食亦无衣。板瑶亦有观春兴，桑雉时向下陌飞。"

清康熙二年（1663 年）修《乳源县志》载："瑶人一种，惟盘姓八十余户为真瑶，皆盘瓠之裔；别姓亦八十余户。今其种类繁矣，居县岭背高山上，不巾履；婚配以歌声唱和为定，性耐寒暑，善走险，俗悍鸟语，今渐习华语。总计有黄茶山瑶、内外西山瑶、大小水瑶、大东山瑶、乌石瑶、月坪瑶、赤溪水瑶、牛婆峒瑶。其为黄茶、大东、赤瑶，命曰板瑶。戴板于首，以黄腊胶发粘于板，月整一次，夜以高物搁其首，采山为生者。［无］板命曰民瑶，或耕山、或耕亩，耕山者花麻不赋，耕亩者田粮户口与齐民同。女有耳环，妇则屏之，男妇或衣彩绣裙，善弩箭以戈虎狼之类，以易盐米。惕之有瑶总，岁时一谒县官。正德中，曲江油溪山瑶诱引为盗，谷庸（本府）通判莫相令

① （元）脱脱：《宋史》（第 40 册）卷四百九十三，北京：中华书局 1977 年版，第 14171、14183 页。

② （明）戴璟修，张岳纂：《广东通志初稿》卷三十五，广东省人民政府地方志办公室 2007 年影印版，第 591 页。

③ （清）张洗易纂修，谭佐贤点注：（清康熙二十六年）《乳源县志》（点注本），乳源瑶族自治县志编委会 2001 年版，第 105 页。

④ （清）张洗易纂修，谭佐贤点注：（清康熙二十六年）《乳源县志》（点注本），乳源瑶族自治县志编委会 2001 年版，第 145 页。

其瑶总自擒斩之，后获宁息。至今原设瑶总甲，编入册籍。"①

康熙二年乳源知县裘秉钫所写之《乳源县志·序》载："余观其境内疆域，东连曲江，近迫水源宫猺（瑶）致数十里无人烟；西去县城十五里，为风门关，东西二猺（瑶），交连作祟，为地方患无宁时；北望梅辽，声教隔远三百里，人迹罕至县城，素号顽梗；南抚黄落深岗，危岩峻岭，流寇出没啸聚，历数年不解。"②

关于乳源瑶族源流之历史传说：

现今，乳源计有赵、邓、盘、冯、王、邵、邝、黄、李、庞、吴、傅、赖、郑、钟 15 个大姓。有关他们的来源，有以下几种传说：

一是来自湖南。《韶边瑶族自治县成立纪念特刊》（1957 年）称："乳源瑶族源于湖南。传说其祖居为湖南七宝山，因年景不好、疾病流行而迁徙韶州曲江一带。"

乐昌县竹林坪盘法俊子孙收藏的《祖先根牒》手抄件称：境内瑶族的祖先"先居湖广上村七宝山头……。后来因为疾病流行，人丁不平安，众子孙商量，移居高州山居住。其后人丁不兴旺……又商量移居，十二姓中赵法章、盘林二郎、邓养一郎乘船过海，经往广东察看……在戊寅七月初八三更……乘船过海……经过十三天来到广东六笛沙坝上岸。过州入县，随坑进岭……到苟子山头，……又搬至福建煤田上街，因疾病流行，又带子孙到广东韶州府曲江，入公坑、茅坪居住。"公坑、茅坪二地今为乳源必背镇和东坪镇辖地，现在必背镇南坑村的瑶民也自称其先祖来自湖南。

二是来自福建。据南宋景定元年（1260 年）十月十二日《评王券牒》（手抄件，侯公渡镇坳头村瑶民邝石养收藏）、《皇恩敕封盘王子孙姓氏谱卷》（手抄件，乐昌县西坑瑶民收藏）、《千年如者千年歌堂书》（师爷书，手抄件，必背镇公坑村赵才银收藏）和东坪镇茶坪村赵德全等瑶族老人的口述，乳源瑶族先祖，原住南京七宝洞、会稽山（一说十宝山）、番背洞，后徙居福建上坑等县繁衍接代。由于地区窄小，加之连年年成不景，战乱不安，众人商议进行迁徙。戊辰年七月初三，12 姓瑶民分乘两艘船漂洋过海，航程中遇上大风大浪，沉没了

① （清）张洗易纂修，谭佐贤点注：（清康熙二十六年）《乳源县志》（点注本），乳源瑶族自治县县志编委会 2001 年版，第 97 页。

② 乳源瑶族自治县地方志编纂委员会编：《乳源瑶族自治县志》，广州：广东人民出版社 1997 年版，第 814 页。

一艘，6姓瑶民被淹，只剩下盘、赵、邓、冯、李、王6姓，漂入海湾角，困了七日七夜，最后在广东六笛沙坝上岸，住了三年再行搬徙，到了韶州曲江，6姓瑶民分伙。其中，赵姓进入今乳源瑶山定居于幽溪（今乳源游溪中心洞）。邓、冯、邵、王、邝等姓瑶民，也称其祖籍在福建。

三是来自广东省内各地。龙南乡海岱村黄姓来自广东省阳山县秤架镇太平洞瑶族乡南木村，海岱村庞姓来自广东省怀集县，海岱村邵姓来自广东省英德县龙潭村。

四是汉人入赘瑶家，繁衍而形成乳源瑶族的新支系。

五是土著说。清光绪《曲江县志》载："猺人盘姓，古盘瓠之裔也。别种有赵、冯、唐、邓等姓，系以土著而隶于猺者，俱居县西北境（按，今属乳源县地）。"[1]

以上乃来自岭北的瑶民南迁分布之情况，瑶族迁入乳源，不仅时间早且族群较多，因此乳源成为历史上瑶族的故居和集散地。而瑶民自乳源外迁的情况又如何呢？

其一，回迁湖南。江华县两岔河的盘姓、赵姓，汝城县延寿等地的李姓、邓姓瑶民称，他们的祖先是瑶人，明代从乳源迁来。

其二，迁入广西。明代，韶州府乐昌西山的部分瑶族，有迁入广西金秀、兴安的，也有迁入临桂、防城等地的，他们自己也说祖先是从韶州府的乐昌、乳源等地迁去的。广西田林县凡昌乡邓贵兴家珍藏的《邓氏源流》载：其始祖邓腾财从乐昌几善司应两冲大村坪迁至广西田林。其迁徙路线：从广东乐昌出发，经广西平乐府贺县，桂林府荔浦，梧州府昭平，柳州府怀远（今三江）融县、罗城，泗城府凌云，而后落户广西田林县。

其三，迁入云南。云南省富宁县洞波盘瑶，有邓、李、赵3姓，是从广东乐昌迁到田林，而后迁到富宁的。

其四，远迁境外的东南亚等地，有的甚至远迁至北美洲的美国、加拿大等地。

另有相关资料记载，在20世纪80年代初，泰国瑶族邓有升等来华观光，他带来的家族族谱显示，其祖先于明代从中国广东韶州府（乳源瑶山）迁去。而美国瑶族协会会长赵富升等，1984年来乳源必

---

① （清）张希京修，欧樾华等纂：《曲江县志》卷三，台北：成文出版社1967年版，第57页。

背寻根问祖。其族谱也记载了 400 多年前他们的祖先外迁的历史。至今，他们保留与必背瑶族相同的语言和生活习惯以及传统的民族服装。

此外，瑶族 12 姓子孙，历史上也有远迁法国和加拿大者。

相关资料记载，定居乳源县境时间较长的瑶民有赵、邓、盘、冯、李、王、邝、黄、邵、庞、吴、郑、傅、赖、钟 15 姓，其中，赵、邓、盘姓已有 20 多代。他们分别居住在必背镇、东坪镇、柳坑镇、游溪镇、方洞林场以及侯公渡和龙南镇的 22 个管理区 96 个村寨。下面是部分瑶民部族的迁徙情况，简述如下：

（1）赵姓。

赵姓是乳源瑶族第一大姓，是境内瑶族人口中人数最多、分布最广的一个宗支。它有两个主要源流，即湖南和福建。

源自湖南的赵姓情况，如下：

其一，据东坪镇茶坪村赵敬聪、赵德金，红星村赵志明，必背镇南坑村赵敬生等瑶族老人说，他们的进山祖迁徙路线是：湖南—千家峒（一说七宝山）—福建—广东连州—韶州曲江—游溪坑分道瑶山。

其二，东坪镇乌坑村赵姓的瑶民，则自言其祖来自湖南的江华地区。

（2）邓姓。

邓姓在境内瑶族人口中排名第二，有三个宗支：

游溪、必背邓姓是一宗支。进山祖邓龙，又名邓龙车，法名邓养一郎。初到东坪林家排，其子邓朝学，法名邓向一郎，生四子，长子去湖南，二子到游溪杨枚浪，三子到必背大村，四子到必背王茶。后裔分布于游溪、必背 2 个镇 15 个自然村。

据游溪镇大村邓红抄存的家先单所记，迄今传 20 代：

邓养一郎—邓向一郎—作四郎—德四郎—杉二郎—少一郎—周一郎—法钱—法才—法水—法用—法信—良五郎—金四郎—仙一郎—明二郎—生二郎—妹乃—邓氏者—丁三郎。

子背村邓姓是瑶民另一宗支，其进山祖从仁化县董塘镇河富乡大井村迁入，迄今 11 代。

柳坑邓姓是瑶民又一宗支，其进山祖邓敬明是从桂头黄甫岗搬进瑶山的，至今已有 4 代。

（3）盘姓。

盘姓是乳源瑶族的第三大姓，只有 1 个宗支。

盘姓瑶民进山祖盘安衫，携子盘文迁到必背桂坑老屋场。盘文生五子：长子盘如德，迁方洞桃岭；次子盘如青，迁方洞枫树坪；三子盘如生，迁游溪竹枚（杨枚浪）；四子盘如亮，迁回湖南；五子盘如明，迁居草田坪（今方洞）繁衍至今。现散居于县境必背、游溪、东坪、柳坑及方洞林场 5 个乡镇（场）45 个自然村。

据方洞村盘财月抄存的家先单记载，迄今传 19 代：安衫—文—如德—富周—承朱—赞选—友清—永信—贵武—龙科—法钱—生来—云福—千万—德朱—敬寿—财月—兴晴—良显。

（4）冯姓。

冯姓瑶民进山祖冯贵，从一六锅村迁入。现居柳坑镇薯良坑，已传至 17 代。

据柳坑镇冯敬千家收藏的家先单记载，迄今传 17 代：冯先三郎（冯贵）—冯双三郎—法高—法位—法响—法圳—法武—法九—法礼—法福—法财—法金—法通—法福—法印—法官—法贵。

（5）王姓。

王姓瑶民有两宗支。

其一，现居住在东坪镇中心坑、半岭、柑子坪。

其二，现居海岱的王姓瑶民是 1910—1919 年从英德龙潭村迁入的。

（6）邵姓。

邵姓瑶民有两宗支：

其一，现居住在龙南、侯公渡等地的邵姓，祖籍广东始兴。1958年定居于此。

其二，现居海岱的邵姓，来自英德龙潭村。

（7）邝姓。

邝姓来自曲江罗坑。

龙南兰厂邝来富收藏的家先单记载，迄今已传 10 代：法学一郎—法安—法永—法春—法仙三—法水—法良—法堂—法县—法贺（族谱记有 13 代）。

现属龙南乡海岱、兰厂的李、吴、庞、傅、赖、钟、郑姓，各为

一个宗支。海岱村黄姓来自广东省阳山县秤架乡太平洞管理区南木村。

总之，《粤北少数民族发展简史》记："乳源现在的各姓瑶民，据他们自己口耳相传，迁来迄今只有 20 代左右"，"传说多是明洪武二十七年（1394 年）大规模对瑶军事镇压之后，从湖南、福建等地迁来"。① 由此可知，乳源瑶族迁入时间较早，12 姓繁衍较快，有较为悠久的历史，而且，由于灾荒、战乱等原因，也有诸多后裔远迁他乡乃至海外。

3. 民俗

就语言而言，《瑶族简史》指出："瑶族有自己的语言，但没有本民族文字。瑶语属汉藏语系、苗瑶语族、苗语支或瑶语支，也有极少部分属于壮侗语族。瑶族一般以自己的语言作为日常活动的主要交际工具。"② 《乳源瑶族志》也指出："瑶族没有文字，由于在文化上受到别种语言的影响和混化，因此，其语言是一种单音语言，文法组织与汉语很相近，抽象名词少于实质名词。"③ 而对于乳源之瑶族，该志明确指出："乳源瑶族语言，是属汉藏族语系苗瑶语族的瑶语支，说'勉'（mian）语。东边瑶与西边瑶语言相通，只是声调高低、轻重有些差异。瑶民同汉人交谈用当地客家话，现在有文化的瑶民，都会说普通话或广州话。"④ 可见，瑶语也是一种发展中的语言。

生活中，瑶民"深居溪洞，刀耕火耨，腰刀弩博虎狼以为业，巧者制器易盐米。男子穿耳、戴银环，衣服通体，着绣花，边白里花。不着履，跣足而行。女子无袴，穿双裙，俱修花边，头戴板发，……也跣足而行。婚姻不辨同姓，食多野兽。以粟米酿酒。……平时多出桂头市贸易。与土人相呼，男曰'同年哥'，女曰'同年嫂'。喜饮酒。负货来市。……良瑶，耕田输赋如编户；悍瑶夜游盗窃，甚则劫掠，来去飘忽"⑤。宋周去非的《岭外代答》亦言："蛮夷人物强悍，风俗荒怪，中国姑羁縻之而已。其人往往劲捷，能辛苦，穿皮履上下

---

① 王东甫、黄志辉编著：《粤北少数民族发展简史》，广州：广东高等教育出版社 1998 年版，第 9 页。

② 《瑶族简史》编写组编：《瑶族简史》，南宁：广西民族出版社 1983 年版，第 6 页。

③ 《乳源瑶族志》编纂小组编：《乳源瑶族志》，广州：广东人民出版社 2000 年版，第 133 页。

④ 《乳源瑶族志》编纂小组编：《乳源瑶族志》，广州：广东人民出版社 2000 年版，第 133 页。

⑤ （清）张希京修，欧樾华等纂：《曲江县志》卷三，台北：成文出版社 1967 年版，第 57 页。

山如飞。"① 此《曲江县志》和《岭外代答》所记，较为具体地描述了乳源瑶民的生活情境，为进一步了解和研究乳源瑶民提供了史料的支撑。

乳源瑶族生活中的节日，主要是"农历年节（春节）、二月节、七月半节（鬼节）、十月朝节。西边瑶和游溪、柳坑的一些村寨亦过元宵节、端午节和中秋节"②。

年节：农历正月初一年节，是瑶族人民最隆重的节日。主要活动从农历十二月二十四（俗称"小年夜"）起至正月初六。从二十四开始，筹办年货、打扫卫生。"小年夜"送灶神"上天"，请祖宗"回家"过年。正月初一，各家饮酒，互相串门拜年，这天不打骂小孩，不说不吉利的话。有公房的村寨，也会相聚公房聊天，相见时互道吉利的话。年初二，未婚青年约会谈情，已婚女子则携儿带女探亲，男子邀请至亲好友饮酒，轮流相请。其中，农历正月初五为"送懒"日，初六为"送神"日。"送神"需举行送神仪式，仪式时在祖先神位前摆放供品，请师爷送"回家"过年的祖先回天堂地府。

二月节：农历二月初一为二月节，又称禾必（麻雀）节、"封鸟嘴"节。其意为新一年的耕作要开始了，为使种下去的种子及庄稼不受鸟类的糟蹋，故要把鸟嘴封住。这天，家家户户杀鸡、磨豆腐、做糍粑。首先祭祀祖先，然后把白纸剪成的约 3 厘米宽、30～40 厘米长的纸条用糍粑粘在小棍上，遍插于田基以驱赶飞鸟，使作物免受其害。新中国成立后，黏白纸条、插棍子等习俗逐渐消失。

七月半节：农历七月十五是七月半节，又称鬼节。是日，家家户户包粽糍、磨豆腐、宰鸭、买猪肉，供奉祖先。黄昏时，将鸭血洒在用白纸剪好的纸衣、纸钱上，然后放在三岔路口焚烧，以祭"无主孤魂"。但东坪及必背的瑶民无此祭法，只做竹叶糍粑，在家里或众厅内祭祀祖先。

十月朝节：农历十月初一为十月朝节。此节含义，一是为庆祝丰收，感谢牛的功劳；二是为鸟儿开嘴，让其自由觅食，又称"开雕嘴"节。是日，家家做糯米糍粑、磨豆腐。早上放牛时用中草药、鸡

---

① （南宋）周去非著，杨武泉校注：《岭外代答校注》卷十，北京：中华书局 1999 年版，第 413 页。

② 《乳源瑶族志》编纂小组编：《乳源瑶族志》，广州：广东人民出版社 2000 年版，第 146 页。

蛋、黄豆煎成汤加点苦爽酒，用竹筒灌给牛饮，用青菜包糍粑喂牛，并将糍粑黏在牛身上，从牛头、牛身至牛尾。该日可以自由放牧。

盘王节：盘王节是瑶族祭祀祖先盘瓠的重大节日（以盘王的生日为节日）。盘王节的歌舞活动，以唱"盘王歌"和跳长鼓舞为主，其舞蹈可分为"盘王舞""兵将舞""刀舞""三元舞"等。1984年，国家民委在广西南宁召开民族工作会议，决定以每年十月十六为瑶族"盘王节"。2006年5月20日，广西壮族自治区贺州市、广东省韶关市申报的瑶族盘王节经国务院批准列入第一批国家级非物质文化遗产名录（类别：民俗）。

而有关瑶族地区过盘王节的古老风俗，今人多以晋代干宝的《搜神记》、唐代刘禹锡的《蛮子歌》、宋代周去非的《岭外代答》等典籍所载为据。《搜神记》载："今即梁、汉、巴、蜀、武陵、长沙、庐江郡夷是也。用糁杂鱼肉，叩槽而号，以祭盘瓠，其俗至今。故世称'赤髀横裙，盘瓠子孙'。"① 《蛮子歌》云："熏狸掘沙鼠，时节祠盘瓠。"② 《岭外代答》之《踏摇》中记："瑶人每岁十月旦，举峒祭都贝大王。于其庙前，会男女之无室家者。男女各群，连袂而舞，谓之踏摇。"③ 可以说，这些史料记载了"踏摇"是瑶族的一种祭祀活动。

但是"踏摇"能否等同盘王节呢？杨武泉在《岭外代答校注》之《踏摇》校注二中指出："范《志》④ 亦作'都贝大王'。《赤雅》瑶人祀典条作'都贝大王'。明清记瑶俗之书，虽亦提及，但都沿袭范、周二书，旧说重述，别无解释，不详其为何神及祭祀缘由。一九五六年广西少数民族社会历史调查组所作《广西瑶族社会历史调查》第一册，详载各地瑶族生活习俗及宗教文化，列举许多神祇、庙宇，并载其祭典，但无都贝大王，可知祭此神之俗，久已消亡矣。"⑤ 所以，文中所述的"都贝大王"是否是盘瓠呢？时间上的"旦"，也非农历的"十六"，两者关系如何，待考！

---

① （东晋）干宝撰，汪绍楹校注：《搜神记》卷十四，北京：中华书局1979年版，第169页。
② （唐）刘禹锡撰，卞孝萱校订：《刘禹锡集》卷二十六，北京：中华书局1990年版，第343页。
③ （南宋）周去非著，杨武泉校注：《岭外代答校注》卷十，北京：中华书局1999年版，第423页。
④ 《志》指宋范成大撰《桂海虞衡志》。
⑤ （南宋）周去非著，杨武泉校注：《岭外代答校注》卷十，北京：中华书局1999年版，第423页。

乳源瑶族少与汉族联姻，甚至东边瑶、西边瑶也不通婚。瑶族的婚姻基本上是族内婚，若与同姓中的异性结婚，必须是不共一个香炉的或超五代以外的，婚礼仪式隆重、烦琐。

瑶民日常以大米、玉米、薯类为主食，以三角麦、狗尾粟、芋头等为辅食。外出劳动时有的用竹壳包饭在工地就餐，有的带上玉米或薯类在工地生火烤、煮而吃。瑶民也普遍有酿酒、饮酒、抽烟的习惯。

在岁月的长河里，瑶民多居住在深山老林，而且为躲避、逃避自然灾害、战乱及民族歧视，他们又不得不经常迁徙，都有"常在青山千万山，吃尽一山过一山"的经历。乳源的"西边瑶"——"过山瑶"迁徙尤为频繁，后来，居住相对稳定，乃至形成了颇具特色的"瑶寨"。

（二）连南瑶族

连南是一个瑶族自治县，与连州、阳山相接，其境多山，连南瑶族聚居区被誉为"锦绣瑶山"。除瑶族外，县内也散居着少量的满、土家等少数民族，全县总面积1305.9平方公里，下辖三江等7镇。

1. 分布

连南瑶族主要分布于山区，形成排瑶，占全县人口一半以上；连南汉族多为客家人，分布于三江流域及丘陵地带。

2. 源流与迁徙

与乳源及其他地区少数民族一样，连南瑶族也具有悠久的历史。唐代刘禹锡任连州刺史时，写有《连州腊日观莫瑶猎西山》一诗，诗云："海天杀气薄，蛮军部伍嚣。林红叶尽变，原黑草初烧。围合繁钲息，禽兴大旆摇。张罗依道口，嗾犬上山腰。猜鹰屡奋迅，惊麏时踯跳。瘴云四面起，腊雪半空销。箭头余鹄血，鞍傍见雉翘。日莫还城邑，金筇发丽谯。"① 此诗真实地反映了连州地区（连南当时属连州辖）瑶族人民生产、生活的一些情况，也说明了至迟在隋唐时期，三连地区已经成为以瑶、壮为主的少数民族聚居区域。

连南的瑶族虽分为"排瑶""过山瑶"两个支系，但他们所讲的语言同属汉藏语系苗瑶语族的瑶语支，即瑶语，尽管如此，由于两者生活习性、社会交往范围的不同，他们的语音仍存在较大的差别。连

① （唐）刘禹锡撰，卞孝萱校订：《刘禹锡集》卷二十五，北京：中华书局1990年版，第321页。

南瑶族和乳源瑶族一样，虽有自己的语言，却没有自己的文字。"历代以文字形式流传下来的《瑶经》《族谱》《歌书》等，是借用汉字或变通了的汉字以瑶音记录的。"现今连南地域通用普通话、客家话及粤语，使用汉字。

"排瑶"，也称八排瑶。"排瑶"的称呼最早见于明崇祯十四年（1641年）张若麒的题奏"连阳排瑶"。排瑶自称"要敏"，"排瑶"是他称。排瑶因习惯聚族而居，依山建房，其房屋排排相叠，形成山寨而被汉人称为"瑶排"，居住在瑶排之人也就被称为"排瑶"。因排瑶过去主要聚居在南岗、油岭、横坑、军寮、里八峒、马箭、火烧坪、大掌岭八个大排上，所以又被称为"八排瑶"。同时，以排瑶称之也是为了区别迁徙不定的"过山瑶"。

关于排瑶之源，有两种观点：其一，源自湖南。源自湖南一说，主要有清同治年间袁泳锡的《连州志》、李调元的《南越笔记》和顾炎武的《天下郡国利病书》，此皆主张排瑶来自湖南。袁泳锡的《连州志》有"瑶本盘瓠遗种，产湖广溪峒间，即古长沙黔中五溪蛮也。其后生息繁衍，南接二广，右引巴蜀，绵亘千里，在连者为八排瑶峒，崇山峻岭，错处其间"的记载。流传于排瑶中的《八排瑶的来源》也说他们来自湖南长沙、道州、辰州等地。相传很久以前，八排瑶的祖先居住在坝里。有一年，天下大乱，官兵到处杀人，八排瑶祖先被迫逃命，走州过府，在海上漂流七天七夜，历经千辛万险到达陆岸，他们在辰州住了一段时间，又被官兵驱逐，到道州时只剩下四兄弟。在道州住了一段时间后，遇到天大旱，瑶、汉两家因争水打官司，被官府逼得把田地卖光了，四兄弟便分三路出去谋生，老大去了湖广大山区，老二经江西去了广州，老三和老四经阳山，到连州的堵马坪（有的排称芒草坪）住了一段时间，又经三江到达黄埂（今涡水镇）建寨定居，以后逐渐繁衍成八排瑶。此外，瑶经和族谱也称他们来自湖南。其二，源自广西。如清姚柬之的《连山绥猺厅志》、李来章的《连阳八排风土记》有如此记载。《连山绥猺厅志》记："广东初无瑶，宋绍兴中，有连州人廖姓者，仕广西提刑，归，携瑶仆十余人，散居油岭、横坑间。"此记说明，广东瑶族是宋以后由于外省瑶族不断迁入而成大分散、小聚居的民族。

"过山瑶"自称"优勉"，"过山瑶"是他称。因其祖先长期砍山

耕种，而且是"吃尽一山过一山"，迁徙无常，故得名"过山瑶"，因而也有"东方吉普赛人"之称。过山瑶的语言和生活习惯与排瑶有着较大的差异。过山瑶的迁徙比较频繁。民国《连山县志》卷五载：连南除有排瑶，"还有一种过山瑶者，居无定冲，视山坡有腴地可垦，即率妻孥伙计结茅住之。虽勤耕作，亦滥费用。男女衣服饮食较洁净，耕作余闲则结队游历，寻得佳胜处，又徙宅从之矣，故曰过山瑶"。据《过山榜》载，过山瑶主要有赵、李、盘、祝、莫、冯等姓，据他们的族谱记载，是清道光年间先后从广西和湖南迁来的。

据了解，过山瑶中的赵姓的先祖，从江苏南京十宝殿迁至河南开封，又经洞庭湖迁至湖南桃源千家峒居住。以后由赵子安的父辈率领七户赵姓人，先后迁至湖南郴州万林乡龙榨洞，于清朝道光年间迁至现今连南山联凤岗山的大岭坑、深坑等地居住。李、盘、祝姓也是在清朝道光年间从湖南郴州松山下，经乐昌、乳源大瑶山、连州，迁来山联大岭坑居住。同时期，郑姓的祖先，从湖南桂里冲迁来菜坑居住；莫姓的祖先，从广西迁到连山福堂，后迁到菜坑；冯姓的祖先从广西迁至黄莲。

由此可知，过山瑶晚于排瑶进入连南居住。

居住在连南的排瑶和过山瑶，同源于莫瑶，而"过山瑶晚于排瑶进入连南居住"①。从上文的叙述中可知，过山瑶是清道光年间从湖南、广西等地迁来的。据瑶民保存的过山榜和民间世代流传，过山瑶始祖是盘瓠（或作盘护、盘古），先祖的居住地在"南京十宝殿"，即今江苏、浙江一带，上古之会稽。约在南北朝时期，其先祖迁至河南开封，后又越过长江和洞庭湖，进入湖南西部地区，在广阔的大山区里"斫山为业"，他们在湖南桃源千家峒居住了一段时间后，又向广东、广西地区迁徙，于清道光年间进入连南山区居住。

《连南瑶族自治县志（1979—2004）》载："连南居民的姓氏，据2004年统计，共有279个，154643人。其中瑶族人数较多的姓氏是房、唐、李，每个姓氏有1万人以上，合计5.9万，占全县总人口的39.3%。"②

---

① 连南县志办公室编：《连南瑶族自治县县志》，广州：广东人民出版社1996年版，第164页。
② 连南瑶族自治县地方志编纂委员会编：《连南瑶族自治县志（1979—2004）》，广州：广东人民出版社2012年版，第117页。

下面据该志所载，对排瑶与过山瑶的其他部分姓氏迁徙与分布作一简介（略有改动）：

（1）排瑶主要姓氏的迁徙与分布。

唐姓：南岗排的始祖唐十二公，油岭排的始祖唐郎白公，相传从湖南道州迁来连南定居，在连南已居住了 38 代，其后裔现多分布在三排、大坪、香坪、大麦山、涡水等镇。

房姓：火烧坪排的始祖为房成海公，从湖南迁来连南定居，至今已传 58 代。南岗、军寮的房姓约在宋元期间从道州迁来，其后裔现多分布在三排、大坪、香坪、大麦山、涡水、三江（金坑）等镇。

盘姓：南岗排的始祖为盘先师八郎，相传在元明时期从湖南迁来连南，最早迁到油岭排的盘姓，至今有 40 多代。其后裔现多分布在三排镇（连水、东芒）、涡水镇（马头冲）、大麦山镇（白浪、坪地）等地。

邓姓：南岗排的始祖为邓惠许守大王，相传其先祖在唐代中期从湖南道州迁至广西，后从广西迁至连州九陂，宋初迁来连南定居。金坑内田的邓姓约在元明期间从湖南江华迁来。邓姓多分布在三排、大坪、香坪、涡水、三江（金坑）等镇。

沈姓：开山始祖为沈平皇公，相传在唐代从湖南道州迁来连南，其后裔现多分布在三排、涡水、香坪、大麦山、三江（金坑）等镇。

李姓：始祖为李君护法三郎，相传先从陇西郡迁至湖南道州，后于宋代迁来连南定居，至今已传 38 代，其后裔现多分布在大坪、香坪（盘石）、三江（金坑）等镇。

龙姓：始祖为龙十九公，从湖南道州迁英德，后迁到连南油岭、三排，至今 21 代。

许姓：始祖为许君法院一郎，在清代初期从英德迁到里八峒，居住了二代后移居马箭、中坑、九龙寨，于清康熙年间移居到大麦山镇九寨马岭墩、庙应岗，现有 1000 多人。

（2）过山瑶主要姓氏的迁徙与分布。

郑姓：过山瑶中最早迁入连南的姓氏。据考是明万历中期（1580年前后）从湖南桂里冲迁入大麦山镇菜坑村，后有部分迁山联村定居，至今已历 15 世。

赵姓：山联村赵氏，其先祖从南京十宝殿迁至河南开封，又经洞

庭湖迁至湖南桃源千家峒，居住了很长一段时间后，赵子安的父辈率
7 户赵姓人，先后迁至湖南郴州万林乡龙榨洞，广东乐昌、阳山等地，
于清朝道光年间，迁至连南山联凤岗山的大岭坑、深坑等地居住。白
水坑村赵氏，开基祖赵有华，于明万历四十三年（1615 年）从广西梧
州徙居怀集县十三坑。其后裔于民国十年（1921 年）移居白水坑。

李姓：山联村李氏，于清道光年间从湖南郴州桂里冲徙居白芒菜
坑，部分后裔分迁山联村。白水坑李氏，上祖居军寮，有李更七、李
更八等四兄弟。民国元年（1912 年），李更七后裔迁居大麦山塘函龙，
李更八后裔迁居白水坑、桐油顶。

黄姓：其上祖在清康熙五十一年（1712 年）前居嘉应州（梅
县），共有三子，第三子于清乾隆二十八年（1763 年）迁居广东广宁；
清道光十年（1830 年）有 3 户后裔迁居大麦山黄莲；清道光十一年
（1831 年）有 6 户后裔迁居大麦山菜坑；清光绪二十九年（1903 年）
有 7 户后裔迁居白水坑。民国后，其后裔先后移居山联等地。

祝姓：其先祖于清道光年间从湖南彬松下经乐昌、乳源徙连州，
再经连州迁入山联。祝姓主要居白庙、板坳。白水坑祝姓是从山联
迁入。

莫姓：其祖先从广西迁到连山福堂，在清代迁到大麦山菜坑，至
今已传 8 代。其后裔现在板洞、茶坑等地亦有居住。

冯姓：其祖先在清代从广西迁至大麦山黄坑，至今已传 8 代。

3. 民俗

过山瑶之民俗与排瑶既同又异。就过山瑶而言，其服饰五彩斑斓，
在瑶族中可谓独树一帜。由刘禹锡《蛮子歌》所记"蛮衣斑斓布"，
可见一斑。过山瑶服饰多采用蓝黑色或吉色作底色，妇女一般穿圆领
花边对襟或无领无扣对襟右衽长衫，扎黑、白、红等颜色的绣花腰带，
围绣花围裙，下着绣花宽裤或百褶裙，喜爱戴耳环、项链、戒指等饰
物。男子穿对襟或右衽上衣，铜排扣，亦可穿无领无扣短衫，扎裕带，
下身常穿宽长裤。过山瑶以粟、米等为主食，兼具猎物肉类，喜饮酒，
其自制米酒历史悠久，醇香绵长。于居住，由于长期、经常的迁徙，
过山瑶对构建房屋兴趣不大，而是以栖身的草寮土屋为主，体现出
"大分散""小集中"，依山建寨的特点。过山瑶的宗教信仰是多神，
其中受道教影响较大，这在男子的"度戒"活动中有体现。"度戒"

也称打幡、度身、度师。过山瑶相信只有接受度戒才能具有超凡的能力，才能得到神灵的保护，才能借神兵救人。否则，生前不能得到神兵保护，死后不能立神主、上神龛，会变成孤魂野鬼。故此，度戒仪式庄重、程序繁杂。度戒过程中，亲友为之庆贺，唱歌跳舞，拜盘王，颂祖先，唱过州过府的艰苦历程，大吃大喝，热闹非常。这种"度戒"活动，实际上是过山瑶的道德教育活动，影响瑶族男子一生。过山瑶的节日也很多，一年之中大小节日达数十个，节庆的形式和内容多姿多彩，地方特色浓郁，民族特色鲜明，主要有盘王节、赶鸟节、尝新节等。而就排瑶而言，其头饰与过山瑶有明显的区别；建筑以固定的"排屋"为主，有"大聚居""小分散"的特点；生产方式以农耕为主，主食稻米等。

（三）粤北瑶族的信仰

粤北之瑶，均居住于深山古林中，与汉族接触较少，社会发展缓慢，从而保留了其自为"族"之"以盘王为核心的多神信仰"。"在其发展的过程中，受道教的影响比较深，直接移植、吸收了道教的一些榜、牒与咒语，同时也融入了佛教的一些东西，形成了瑶族独特的民间信仰。"[①] 其宗教信仰之特点可归纳如下：

其一，以盘王为核心的祖先崇拜。由于他们认定盘王是他们的祖先，是民族的保护神、救世主，他们尊崇盘王为"祖"，对其进行祭拜，如晋干宝《搜神记》所载："用糁杂鱼肉，叩槽而号，以祭盘瓠，其俗至今。"[②]

其二，对自然的畏惧形成自然崇拜。由于瑶族多生活于高山密林中，受自然力的影响超过了域外文化的影响，"万物有灵"观念根深蒂固，他们深信：天上有风神、雨神、雷神，地下有山神、水神、土地神，山上、路边的石头、大树乃至井、河、桥头等皆有神。

其三，道、佛诸神并尊的多神信仰。瑶人信仰道教的三清、玉皇、真武等神，也信仰佛教的观音菩萨。

在瑶族的日常生活中，主持宗教仪式、传递神旨者是为"师爷"。

---

① 李默：《韶州瑶人——粤北瑶族社会发展跟踪调查》，广州：中山大学出版社 2004 年版，第 205 页。

② （东晋）干宝撰，汪绍楹校注：《搜神记》卷十四，北京：中华书局 1979 年版，第 169 页。

二、粤北壮族的迁徙

（一）分布与历史

连山壮族瑶族自治县是粤北以壮族为主的多民族聚居的自治县，地处广东省清远市西北部，东邻连南，西毗广西贺县，南接怀集，北与湖南省江华瑶族自治县交界，处于广东、广西、湖南的接合部。境内群山起伏，纵横交错，山地占十分之九，故有"九山半水半分田"之谓。在其 1265 平方公里的土地上，杂居着汉、壮、瑶、苗、满、蒙古、侗、土家、回、黎等 10 多个民族，其中，壮、瑶、汉是当地之世居民族。据 2021 年统计，全县共 12 万余人，少数民族 77728 人，占总人口 63.88%，其中壮族 58071 人，瑶族 19330 人，壮族主要分布在县境南部山区。

就历史发展而言，连山一城，南朝梁天监五年（506 年）设县，始称广德，隋开皇十年（590 年）改称广泽县，居连州；隋仁寿元年（601 年）因避杨广名讳改称连山县；唐天宝元年（742 年）升为连山郡，居岭南道；乾元元年（758 年）复为连山县，居湖南道，北宋开宝三年（970 年）改属江南西道，至道三年（997 年）改属广南东路；南宋绍兴十八年（1148 年）因移县治程山脚下而改称程山县，元至元十五年（1278 年）县治迁钟山脚下古县坪，县名复改为连山县，地名沿用至今。连山地处南粤边陲，自古为兵家必争之地。民国《广东连山县志·地理卷》载："连山为岭南边陲地，屏蔽湘桂，控驭壮瑶，固百越要害地。"在连山的边境，东建鹿鸣关，西设鹰扬关，西北立白石关。明万历十一年（1583 年）曾在壮区腹地（今永丰镇）设立宜善巡检司，清嘉庆二十一年（1816 年）升连山县为绥瑶直隶厅，从而加强了对连山地域及南北交通的控制。1962 年 9 月 26 日，成立连山壮族瑶族自治县。

壮族历史悠久，1983 年的文物普查，在连山壮区的福堂、永丰、加田等地发现具有越文化特质的古遗址及印纹陶器，1988 年在福堂镇的班瓦大塘果园发掘出一批战国、秦汉早期的窖藏印纹陶器，由此可以证明该地古时已有先民活动。现居连山的壮族，主要有韦、谭、覃、陆、莫、梁、黄、李、谢等 30 多姓。

历史上的连山壮族曾有"主壮"与"客壮"之别。"主壮"即土著，是岭南土著民族，古称"旧越人"。而"客壮"是瓦舍，即迟来客。"主壮富、客壮贫"也说明了壮族在连山落籍时间上的先后问题。

所谓"主壮"指的是自古定居连山的土著"旧越人"先民。这可以从连山境内考古所发现的许多汉墓，出土的五铢钱，以及以后的两晋、南北朝墓群等得到证明。连山地域早有先民（旧越人）的存在。

"所谓'客壮'指的是南宋以后特别是在明代分别以'流徙'和'俍兵'的形式，从广西的桂西北庆远、融江、南丹、柳州，桂东的富川、平乐、贺县等地迁来的壮族移民。"① 这些客壮族姓主要由两条线路迁入：

其一，是从广西迁入。广西迁入者，最早可追溯至北宋时期的侬智高事件。清康熙年间刘允元的《连山县志》收载南宋绍兴十三年（1143 年）黄昶所立《重建集灵庙碑》，该碑记："昔在皇祐中，侬僚犯邑，属瘟淫蛊食，寝及于连。时太平日久，民不识金革，窜伏山谷，城郭萧然。"② 此次侬智高叛宋，原因较为复杂，但其影响不小。宋皇祐四年（1052 年）五月初一，侬智高率军攻陷邕州，然后沿西江而下，进而围攻广州达三个月之久，后经清远，溯连江而至连州，从连州攻入连山，再返回广西。在此次征战中，有少量壮民落籍连山。至元至正年间，壮族中的陆姓一部先民，从广西富川迁至连山永丰、福堂等地定居。而到明初，壮民迁入连山者较多。如永丰覃姓，谱载为"洪武初来程山古县落籍"（连山，宋代称程山），也有于万历年间从广西贺县迁入者；韦姓族谱则载，其先祖自桂北迁入；贤姓于天顺年间从广西崇化（平乐）迁来；梁姓于成化年间从广西藤县迁来。据此，壮族由广西迁来连山，大抵已有四五百年的历史，与汉、瑶民交错杂居，并形成了小聚居的局面。

其二，是从本省迁入。迁入时间为明洪武、万历时期。对此，清代顾炎武在其所著的《天下郡国利病书》中有记："正德中，流贼劫掠，调俍人征剿，乡民流徙，庐田荒芜，遂使俍耕其地，一籍输纳，一籍戍守。"③ 而连山旧县志也载："有谓壮人者，或疑为三前之遗裔，

---

① 清远市政协文史资料委员会、连山县壮族瑶族自治县政协文史资料委员会编：《清远文史资料·连山壮族史料专辑》（七），1994 年版，第 13 页。

② 民国十七年版《连山县志》卷六《艺文》。

③ （清）顾炎武：《天下郡国利病书》卷一百五十。

或谓广西之俍种。向居邑西徼诸山峒。"清道光三年（1823 年）修纂的《阳山县志》载："壮居自芒、背坑等山，本广西俍兵，明天顺间奉调征剿，遂于此生聚。"可见，自元末明初，有壮族由桂北山区分支而入连山者，有屯垦俍兵的后裔在此生息繁衍，也有因避乱而移居者，他们先后来到"宜善九村"区域定居。九村即明万历十一年（1583 年）所设宜善巡检司下辖的九村，总称"宜善九村"，至今已有四五百年的历史。今连山壮区仍流传"宜善九村外七峒，九村开辟自明朝，一半俍民一半瑶"的民谣，至清朝中叶，在连山地域基本上形成了一个具有共同族源、共同心理及地域的聚居布局。

（二）连山壮族、瑶族移民

1. 连山壮族移民

现居连山县域的壮族，主要有韦、谭、覃、陆、莫、梁、黄、李、谢等 30 多姓，他们大部分是客壮，多在明清时期迁入连山，最早的当在明洪武、万历年间。其迁入线路有二：其一是从广西迁入，其二是从本省（广东省）迁入。

具体姓族的迁徙情况，简列如下：

韦姓：连山韦姓有三支。一支是从广西苍梧至怀集，经阳山或贺县，再迁入连山福堂贤洞、小山江大获、舱茂；另一支是从广西贺县迁入永丰花罗村；再有一支是从广西南滩（今南丹）到庆远（今怀远）、柳州、平乐、富川、钟山，再到连山吉田太阳村。

覃姓：连山覃姓有二支。一支是从广西融州（今融水、融安一带）到柳州、信都、贺县，再迁入连山；另一支由柳州直接迁入。

陆姓：连山陆姓有二支。一支是从广西平乐到富川、贺县，再迁入连山福堂和永丰；另一支由广东三水到广宁、怀集，再迁入连山上帅。

黄姓：连山黄姓有二支。一支由广西贺县迁入福堂下黄屋、小三江江济、华封，至今有 16 代；另一支由广东怀集迁入连山班北。

莫姓：连山莫姓皆由广东封开到怀集，再迁入连山。

2. 连山瑶族移民

连山境内瑶族共有赵、冯、盘、黄、邓、李、周、庞、韦、房、蓝、唐等 12 个姓氏。各姓氏迁入时间与连南瑶族的迁入时间大体一致，散居于三水、小三江、茶联等地，以致形成了连山瑶族聚居的小

区域。

总之，如上文所述，粤北少数民族多来自岭北的湖南、湖北及岭西的广西，历经岁月，他们其中的部分又多有回迁。可以说，他们的这种迁徙与发展都必须依托古道才能完成，与粤北古道均有着割不断的内在联系。

（三）民俗

连山的壮族，虽有自己的语言，但没有自己的文字，通用汉文，壮区也流行客家话和广州话。

壮族服饰，男装有右襟与对襟，女装为无领右襟；男女裤子式样基本相同，裤脚有绲边，俗称"牛头裤"。男子喜欢包白色头帕，清康熙年间连山知县李来章有诗云："白布蒙头真怪事，为更皂帽意如何。"后来逐步改戴黑色绒线圈顶帽。

连山壮族居住房屋称为"栏"，有高栏、平栏和麻栏三种类型，这可能是沿袭了古越人的生活习性与特点的缘故。由于地理气候条件不同，房屋建筑当然有所区别。西晋张华的《博物志》就说："南越巢居，北朔穴居，避寒暑也。"① 对于这种"栏"，《魏书》记："僚……散居山谷……依树积木，以居其上，名曰栏。"屈大均之《广东新语》也云："大抵崖居者民，栏居者壮。栏架木为之，名曰栏房，曰高栏，曰麻栏子。"南朝刘宋沈怀远的《南越志》称"栏"为"栅居"，这种"栅居"是用竹木、茅草等材料搭建而成，他们将房子搭成两层，上面住人，下养牲畜，也号为"干栏"。这种干栏式房屋，既适应了南方潮湿多雨的气候，也有避瘴病蛇虫的作用。随着文明的进步，这种结构现已基本淘汰，改为砖木结构。壮族的村庄，多数为同姓人，保持血缘聚居的古俗。人口繁盛之后，始以房份建"门楼"，即同姓之分支，以近缘聚居，谓之"共门楼"，也叫"共公孟"（即"同太公"）。"门楼"为公共场所，其门楣上有牌匾，上刻姓氏堂名，有的则是先人的功名金字匾额。有的门楼内壁上嵌上石刻，记录本族祖先之来历。各姓氏都建有宗祠（壮语为"公孟然"），结构与民居房屋大体相同。

壮族之节日多与农事相关，如二月二、四月八（牛王诞）、六月

---

① （西晋）张华著，祝鸿杰译注：《博物志》，贵阳：贵州人民出版社 1990 年版，第 30 页。

六、八月二、九月九、十月十六或十月二十等。二月二，壮族称为"开耕节"，有"过了二月二，犁头要下地"的农谚。四月八，也叫牛王诞，据传这天是耕牛的始祖的生日，连山壮族的韦姓人宴请客人，其他不宴请的各姓人，均在牛栏门口插青并拜牛神，而且这一天，耕夫、耕牛均休息一天，此俗沿袭至今。六月六为"尝新节"，原意为拜"田头神"，即割下一些将熟未熟之稻穗，脱粒炒干煮成米饭到田头跪拜，祈求田头神保佑五谷丰登，此习俗也沿袭至今。八月二，为秋社，祭土地神。九月九，为"黑火节"，意为送火神。十月十六（或十月二十）演化为丰收节。这些节日与各族民众之节日既同又异，凸显出壮族的传统。

（四）宗教

粤北壮族主要集中居住于连山地域，地处偏僻，与汉族社会交往较少，社会发展较为缓慢，文化相对落后。壮民没有统一的宗教，但以自然崇拜为主的多神信仰则是其主流意识。

壮民们普遍认为，世间万物皆有神，天上有天神、雷神、雨神，地上有山神、河神、树神、土地神，家宅之中床位、磨房皆有神，所以，日常生活中的行为须时刻保持对神灵的敬畏，不得亵渎，不然便会遭到报应，甚至危及生命。如进山砍柴须先拜山神，到河边取水须先拜河神。凡此，不一而足。由于信奉多神，壮族先民就在水口、分水岭等地方建立庙宇，雕塑想象中的神像，设立相应神位，以供祭拜。一般来说，一座庙供奉一种神，也有数神同供的情况，而"先天盘古""三天雷神""莫一太王"等，则是壮族先民普遍信奉的神灵。

有资料载，壮族没有形成统一的宗教，没有本民族专门信奉的教派，但是，多数人信奉道教。"据在壮村——加田乡松树村收到的、谢先森收存的，传自广西壮区'广盛号'的道教书籍来看，连山壮族信奉的是梅山教。该教认为，人死之后只是形体上的消灭，其灵魂继续存在，可以超度。"[①]

由于受到外来文化的影响，除此之外，壮民也信仰佛教，敬奉观音菩萨。

---

① 清远市政协文史资料委员会、连山县壮族瑶族自治县政协文史资料委员会编：《清远文史资料·连山壮族史料专辑》（七），1994年版，第83页。

三、粤北畲族的迁徙

畲族是中国也是岭南众多民族中的一个重要成员，是一个具有悠久历史的民族。长期以来，畲族和汉族人民杂居共处，其社会发展阶段、经济发展水平同周围的汉族基本一致。现在，全国畲族主要分布在福建、浙江、江西、广东、安徽五省六十多个县（市）的山区，其中以福建人口最多。广东韶关的畲族主要聚居于南雄、始兴等地，其他市县也有散居。

1. 畲族的称谓与源流

对于畲族的民族来源说法不一，有人主张畲瑶同源于汉晋时代长沙的"武陵蛮"（又称"五溪蛮"），与瑶族同源，持此说者比较普遍。

经查史料，畲族称谓不一。其一，自称"山哈"。"哈"，畲语意为"客人"，"山哈"即指山里人，也称为居住在山里的客人。其二，文献称为"蛮""僚"或"峒蛮""峒僚"，如《资治通鉴》之《唐纪》、清光绪《漳州府志》、嘉庆《云霄厅志》及《宋史》。其三，有史料记为"畬"。《广东通志》曰："畲与畬同，或作畬。"胡曦《兴宁图志考》曰："畬，本粤中俗字，或又书作畲字，土音并读斜。"顾炎武指出："粤人以山林中结竹木障复居息为畬。"屈大均《广东新语》也记："澄海山中有畬户，男女皆椎跣，持挟枪弩。……其人耕无犁锄，率以刀治土种五谷，曰'刀耕'。燔林木使灰入土，土暖而蛇虫死，以为肥，曰'火褥'。是为畲蛮之类。"[①] 畲民也有"刀耕火种"之民一说，而"畲田"则是"峡中刀耕火种之地也"。"畲"与"畬"之称谓，并非指两个民族或同一民族的两个发展阶段，皆因当时汉族文人对闽、粤两地畲族经济生活观察、记载的着眼点不同而已。以"畲"字作为民族名称，虽然不是本民族自称，而是他称，但这个称呼无论其来源或含义都体现了畲族人民勤劳、勇敢的劳动本色。因此，中央人民政府于1956年根据史书的记载，正式把"畲族"确定为这一民族的名称。

所谓"蛮""僚"是唐宋时期对生活于南方的少数民族的泛称，

---

① （清）屈大均：《人语》，《广东新语》卷七，北京：中华书局1985年版，第243页。

这从一个角度证明，"至迟在公元七世纪初，也就是隋唐之际，畲族人民已经聚居在闽、粤、赣三省交界地区"①。而且，《畲族简史》在考证"畲民""輋民"称谓的由来后指出："十三世纪中期以来史书所记载的'畲民'或'輋民'，也就是今天的畲族。"② 由此观之，畲族的历史是悠久的。

由于畲族多居近荒山野林、野兽出没之地，其狩猎经济比较发达；至于农业，当时畲民种植的农作物品种主要有中黍、稷等，随着时间的推移，耕作面积的扩大，其农业生产水平有较大的提高。至明清时期，各地畲族种植的农作物种类大大增加，如赣南畲族地区种植的稻谷品种有面稻、光稻、早晚稻、六月黄、八月白、早晚糯、重阳糯等。此外，各地畲民还根据山区的地理特点经营一些经济作物以及经济林木，其生产活动与汉族的区别不大。

畲族有自己的语言，但没有本族文字，通用汉文，而且与客家方言接近。南雄、始兴畲民皆通晓当地的汉语方言。

畲族的居处房屋一般有草房和砖瓦房两种，房屋结构与当地汉族大致相同，他们大都在深山穷谷之中，聚族而居，自成村落。畲族聚居的村寨一般都有"祠堂"和"房"的组织，按血缘关系聚居。

畲族妇女在家庭生活中的地位要比汉族妇女高。在畲族的家族生活与管理中，男女虽然有别，但地位比较平等，一般而言，妇女不仅操持家务，而且从事田间劳动，她们与男子一样享有财产继承权。值得注意的是，畲族男子入赘后，须改女方姓。

畲民的服饰，因地区不同而式样不一，种类很多，但基本上是"男女椎髻跣足"，衣尚青蓝色，着自织的麻布。男子短衫，"不巾不帽"。妇女高髻垂缨，头戴竹冠蒙布，饰璎珞状。

畲族在与汉族长期交往、融合的过程中，生活习俗彼此相互影响，趋于接近。其节日与汉族大致相同，如春节、元宵节、清明节、端午节、中元节、中秋节、重阳节等。

2. 韶关畲族的发展

传说中，韶关畲族都以广东潮州凤凰山为其发祥地。

韶关的畲族，主要是蓝、雷两姓，他们大多聚居于南雄、始兴两

① 《畲族简史》编写组编：《畲族简史》，福州：福建人民出版社1980年版，第15页。
② 《畲族简史》编写组编：《畲族简史》，福州：福建人民出版社1980年版，第10页。

市县的部分地区。他们的家族，至今仍保留盘瓠的图腾、祖图和祖堂名称，保持畲族名字辈数的排列，日常饮食中保持不吃狗肉的习俗。

蓝姓一支，于明洪武元年（1368年）从福建上杭迁至江西赣南，明代中后期再从信丰县迁至南雄县定居，至今有400多年的历史。这从《南雄蓝氏族谱》中也可以得到证明。《南雄蓝氏族谱》（1997年）称："南雄蓝氏畲族均为蓝传泰、传崇、传恒之后，于明代清代由江西信丰迁来，分别居于13个镇33个自然村。主要聚居在界址天心坝、乌泥坑、黄坑许村、下坝，油山毛狗弯，乌迳鹁鸪洞、大口塘、大园里、水口正山、泷下，邓坊洋西新杨梅坑，全安西岸，珠玑聪背等地。"①

雷姓一支，元至正年间居潮州，明洪武年间（1368—1398年）迁至福建漳州，数传之后再徙居江西龙南，入迁南雄亦有400多年历史。1999年修《雷氏肇春公房六修谱》称："南雄雷氏为江西龙南大龙堡雷肇春之后，明代宣德九年（1434年）迁居始兴顿岗乌泥塘，后裔于明代中分迁南雄，主要聚居地有主田青峰山、观音排，全安三枫、黄塘坑、黄岭、暖水塘，邓坊前坊、赤石，油山锦陂井湾、廖塘，黄坑杨梅坑、小陂头，古市坪坑，百顺杨梅洞，雄州里坑，帽子峰富竹、西石，珠玑凿岭、里东等地。"② 此外，还有部分雷姓畲民，大约与南雄雷姓畲民一起，同时入居始兴县。

随着历史的发展与文明的进步，韶关畲族的婚丧、服饰和生活习惯渐渐改变，早已与当地汉族人民无异。

1987年8月和1988年2月，根据蓝、雷二姓群众的要求，经反复调查核实，韶关市民族事务委员会分别批准他们恢复畲族成分。

3. 畲族的宗教信仰

由于畲族历史上与汉族交往较多，宗教信仰受汉族影响较大，故宗教信仰呈现如下两个特点：

其一，盘瓠崇拜与祖先崇拜合一。盘瓠被畲族认为是自己的始祖，因此对盘瓠的崇拜与祭祀也就格外庄重。逢年过节，家家祀盘瓠。唐代刘禹锡的《蛮子歌》有"时节祠盘瓠"之载，明顾炎武《天下郡国

---

① 南雄市人民政府地方志编纂委员会编：《南雄市志》，北京：方志出版社2011年版，第796页。

② 南雄市人民政府地方志编纂委员会编：《南雄市志》，北京：方志出版社2011年版，第796页。

利病书》也云，畲族本是盘瓠之种，畲民之家，家家有盘瓠画像，"岁时祠祭"。"祭盘瓠"成为畲民最隆重的宗教生活与仪式。由祭祀盘瓠而演变、流传下来的祖先崇拜也是畲民宗教生活的重要内容。清人周应枚的《畲民诗》云："九族推尊缘祭祖。"① 畲民对祖先神的崇拜是放在各种俗神崇拜之首的。他们认为祖先虽死，但灵魂不灭，祖先在"阴宅"中仍会时刻保佑自己的子孙。因此，祖先去世后，他们往往都要立其牌位于厅堂或祠堂，定期进行祭祀和叩拜，一则表示对祖宗的敬仰和怀念，二则祈求祖宗的庇佑。就此而言，畲族的祖先崇拜与汉族的祖先崇拜无异。

其二，多神崇拜与迷信鬼神并存。因对自然神的崇拜而泛化出来的多神崇拜与迷信鬼神是畲族宗教信仰中的又一特点。《礼记·祭法》云："山林、川谷、丘陵，能出云，为风雨，见怪物，皆曰神。"② 畲族认为山有山神、树有树神、石有石神、谷有谷神、猎有猎神，万物有神，从而崇拜各种自然神灵。这种崇拜与畲族先民的生活紧密相关。民俗学家乌丙安曾说："崇拜大山是一种原始信仰的形式。山的雄伟高大在古代有两种认识，一种认为它是通往上天的路，因而有神秘性；另一种认为山是幻想中神灵的住所，因而值得崇拜。"③ 同时，由于畲族多受汉族文化的影响，其对道教、佛教之教义也有所吸收，从而形成迷信鬼神的宗教生活。对于畲族的宗教信仰问题，正如施联朱、雷文先在《畲族历史与文化》中所说："对民间俗神的信仰，畲、汉两族共同性多于差异性，这应视为两族人民宗教文化互动不可避免的发展趋势。"④ 历史的发展过程也就是民族交往与融合的过程。

总之，如上文所述，粤北少数民族多来自岭北的湖南、湖北及岭西的广西，历经岁月，他们其中的部分又多有回迁。他们的播迁与粤北古道均有割不断的内在联系。

四、粤北古道域内少数民族迁徙的特点

首先，迁入时间不一。瑶、壮、畲各族迁入粤北各地，时间上虽

---

① 褚允成：《遂昌县志》卷十一《风俗志·畲民附》。
② 王文锦译解：《祭法二十三》，《礼记译解》（下），北京：中华书局2001年版，第670页。
③ 乌丙安：《中国民俗学》，沈阳：辽宁出版社1985年版，第254页。
④ 施联朱、雷文先：《畲族历史与文化》，北京：中央民族大学出版社1995年版，第346页。

无确切的记载，但总体上为隋唐之后，又以明、清时期为最。

其次，以族姓为主体。粤北之瑶、壮、畲各族的迁入，多以族姓为主，多姓群迁者少。乳源的赵、盘及连南之房姓是其中的大姓族，他们迁入后，子孙繁衍，代有人才。

最后，生活特色明显。连阳瑶族迁入后，依山建房，成排而居，乃至形成排瑶，今有"连阳八排瑶"之称。排瑶居所较为稳定，虽事农事，却也多游猎。而过山瑶则过着"今岁在此山，明岁又别岭"的游耕生活，通常每三五年要迁居一次。这些少数民族的居住体现出"大聚居"和"小聚居"的特点。

第五章　粤北古道与商贸

粤北的韶州，因古道的连接而成为南北的交通枢纽，粤北古道也成为岭南岭北商贸往来的主要通道。

春秋时，左丘明在相关著作中就有楚国"抚征南海，训及诸夏"①"抚有蛮夷，奄征南海"② 的记载，但我们不能将此理解为单纯的军事行动。在伴随着南北军事、政治活动推进的同时，古道上的商贸活动也日趋频繁。粤盐赣粮、粤盐湘粮、岑水场铜业及湘粤赣等地农贸产品交流，均与粤北古道有着密切的关系。

一、粤北古道是海陆丝路对接的孔道

我国是文明古国，早在神农、黄帝之时，就已经具备了一定的商业规模，伴随着军事、政治活动的展开，各地之间的商品贸易、文化交流不断增加，商品贸易、文化交流离不开道路的开通。自汉代始，中原对外的商品贸易、文化交流范围进一步扩大，不仅扩大至岭南、西南，也扩大至海外。就此而言，粤北古道在沟通、促进这种交流，对接海陆丝路中起着重要的作用。

《史记·货殖列传》曰："汉兴，海内为一，开关梁，弛山泽之禁，是以富商大贾周流天下，交易之物莫不通，得其所欲，而徙豪杰诸侯强族于京师。"③《汉书·地理志》也载：海上丝绸之路"自日南障塞、徐闻、合浦"，船行可达东南诸国。又，《史记·货殖列传》中

---

① 徐元诰撰，王树民、沈长云点校：《国语集解》，北京：中华书局 2002 年版，第 487 页。

② 杨伯峻编著：《春秋左传注》（第 3 册），北京：中华书局 1990 年版，第 1002 页。

③ （西汉）司马迁：《史记》（第 10 册）卷一百二十九，北京：中华书局 1959 年版，第 3261 页。

指出："夫山西饶材、竹、谷、纑、旄、玉石；山东多鱼、盐、漆、丝、声色；江南出楠、梓、姜、桂、金、锡、连、丹砂、犀、玳瑁、珠玑、齿革；龙门、碣石北多马、牛、羊、旃裘、筋角；铜、铁则千里往往山出釭置：此其大较也。皆中国人民所喜好，谣俗被服饮食奉生送死之具也。故待农而食之，虞而出之，工而成之，商而通之。此宁有政教发征期会哉？人各任其能，竭其力，以得所欲。"① 以上三记，说明了自汉初始，四方通商的商品，不仅种类繁多，既有材、竹、谷、姜、桂等植物产品，也有铜、铁、金、锡、连、丹砂等矿物产品及鱼、盐等生活用品，而且其流通范围也远至南越、西蜀和海外。

汉与南越、西蜀的通商，《史记》有载。其中，《南越列传》载："高后时，有司请禁南越关市铁器。佗曰：'高帝立我，通使物，今高后听谗臣，别异蛮夷，隔绝器物，此必长沙王计也。欲倚中国，击灭南越而并王之，自为功也。'于是佗乃自尊号为南越武帝，发兵攻长沙边邑，败数县而去焉。……佗因此以兵威边，财物赂遗闽越、西瓯、骆，役属焉，东西万余里。"② 汉代，铁器是商品流通中的重要货物，此记既反映了南越王赵佗的军事政治活动，也反映出汉初与南越之间的生产工具及生活器物流通情况。而《西南夷列传》载："及汉兴……巴蜀民或窃出商贾，取其筰马、僰僮、髦牛，以此巴蜀殷富。"③ 此记则说明了是时汉初与西蜀的通商概况。西蜀地处偏僻，铁器的使用及农业文明的发育较迟，其商品贸易多以自然物产为主。

汉与南亚及东南亚各国的往来，《后汉书》有载，其中的《南蛮西南夷列传》记载：东汉安帝永宁元年（120 年），"掸国王雍由调复遣使者诣阙朝贺，献乐及幻人，能变化吐火，自支解，易牛马头，又善跳丸，数乃至千。自言我海西人，海西即大秦也，掸国西南通大秦"④。这说明在安帝时大秦与中国已有一定的往来。东汉桓帝延熹九年（166 年），意大利人以大秦王安敦使者名义，从海路往日南来献象牙、犀角、玳瑁等，大秦使者的到来，说明了大秦与中国直接通商航

① （西汉）司马迁：《史记》（第 10 册）卷一百二十九，北京：中华书局 1959 年版，第 3253－3254 页。

② （西汉）司马迁：《史记》（第 9 册）卷一百一十三，北京：中华书局 1959 年版，第 2969 页。

③ （西汉）司马迁：《史记》（第 9 册）卷一百一十六，北京：中华书局 1959 年版，第 2993 页。

④ （南朝宋）范晔：《后汉书》（第 10 册）卷八十六，北京：中华书局 1965 年版，第 2851 页。

线的开辟。

沿着这一航线，从广东沿海出发，环绕亚洲大陆南部，穿马六甲海峡入印度洋，向西进入红海，再辗转进入地中海，可到达古罗马的亚历山大港。诚如清雍正《广东通志》指出的："桓帝（147—167年在位）时，扶南之西，天竺、大秦等国，皆由南海重泽贡献，而番贾自此充斥于扬粤矣。"① 故此，司马迁曰："天下熙熙皆为利来，天下攘攘皆为利往。夫千乘之王，万家之侯，百室之君，尚犹患贫，而况匹夫编户之氓乎？"②

西晋统一中国后，由于通往西域的陆路交通一度中断，西晋王朝对通过海路发展对外交往更加倚重。西晋永嘉五年（311年），匈奴攻陷洛阳、掳走怀帝所引发的"永嘉之乱"，直接导致了晋室衣冠南渡，加速了中国政治、经济、文化重心向南转移，从而促进了岭南对外贸易和海上丝路的发展。

至唐，政治的统一带来了经济的繁荣，劳动人口的增多、曲辕犁等先进生产工具的广泛应用，促进了耕作效率的极大提高，使耕地面积不断扩大，粮食产量大为增加，"马牛布野，外户不闭，又频至丰稔，米计三、四钱"。生产的发展、经济的繁荣，不仅使南北的政治经济往来胜于以往，中原货物经粤北古道到广州而销往海外者亦多。究其原因，大致有二：其一，开元四年（716年），唐玄宗朝左拾遗内供奉张九龄奉诏开凿大庾岭新道，使大庾岭通道取代湘桂走廊而成为中原入粤的首要通衢。这一新道把珠江水系与长江水系连接，直通隋朝大运河，成了当时贯通南北的大动脉。从番禺出发，溯北江而上，越大庾岭，顺赣江入长江，转大运河，南可到余杭，北可达今北京通州（辖属当时的涿郡）；从大运河转黄河水系，则可直达洛阳、长安。这一交通动脉对广东经济和对外贸易发展起到了重要作用，正是"兹路既开，然后五岭以南之人才出矣，财货通矣，中原之声教日近矣，遐陬之风俗日变矣"③。其二，广州港地处东江、西江、北江交汇点，

① （清）郝玉麟编纂：（雍正）《广东通志》（三）卷五十八，广东省人民政府地方志办公室2007年影印版，第1779页。

② （西汉）司马迁：《史记》（第10册）卷一百二十九，北京：中华书局1959年版，第3256页。

③ 广东省地方史志办公室辑：《广东历代方志集成·南雄府部（一）》，广州：岭南美术出版社2007年版，第265页。

具有内河港和海港的双重特征，是水陆交通的连接点，对外贸易的发展使广州港成为中国南方对外贸易的重要港口。

唐代的广州，客商如云，货物如山。日本奈良时代的文学家真人元开在《唐大和上东征传》中记述鉴真第五次东渡日本，遭遇风暴，自海南经广州所见情景时说："江中有婆罗门、波斯、昆仑等舶，不知其数；并载有香药、珍宝，积载如山。其舶深六七丈。师子国、大石国、骨唐国、白蛮、赤蛮等往来居住，种类极多。"① 中国学者沈光耀在其所著的《中国古代对外贸易史》中也说："大历五年（770 年）到广州贸易的大小蕃舶，竟达四千余艘。如以每艘装载量为五十吨，则此年广州外贸货物的吞吐量即达二十余万吨。在公元八世纪的世界上，也是相当可观的了。"② 随着政治经济交往的发展，"唐代出现了七条国际海陆通道：五条陆道，二条海道。……海道则由登州（山东蓬莱）渡海至高丽（朝鲜半岛）和日本道；最著称的是广州通海夷道……唐代对外贸易的海港有广州、交州、泉州、扬州、明州（今浙江宁波）、潮州和楚州（治所在山阳，即今江苏淮安）等，几乎全在南方"③。唐朝对外贸易的迅速发展，催生了市舶管理制度的创始，开元二年（714 年）唐朝在广州设立市舶使，负责对外贸易的管理，这是终唐一代全国唯一设立市舶使的地方，其地位与作用，非同小可。

宋代社会的对外贸易，较唐时期，繁荣不少。据《宋史·食货志》的统计，不仅国内商品交易繁荣、种类繁多；其进出口货物的种类也比前代增加不少，进口货物中有"香药、犀象、珊瑚、琥珀、珠玭、镔铁、鼍皮、玳瑁、玛瑙、砗磲、水精、蕃布、乌樠、苏木等物"达 300 余种；出口货物主要是富有中国特色的丝及丝织品、瓷器和漆器之类的手工业品，"南海一号"的发现是一个非常重要的史证。

随着社会的发展，明朝的对外贸易进一步扩大。永乐、宣德年间，郑和率领的远洋船队，七次出航西洋（印度洋）和亚非各国通商结好，"郑和下西洋"闪耀着中国历史上开放政策的巨束火花。

清代社会由于受满族游牧生活方式及"我天朝无所不有，焉用外求"的自大思想影响，曾在顺治、康熙年间实施了禁海迁界之策，从

---

① ［日］真人元开著，汪向荣校注：《唐大和上东征传》，北京：中华书局1979 年版，第74 页。
② 沈光耀：《中国古代对外贸易史》，广州：广东人民出版社1985 年版，第18 页。
③ 沈光耀：《中国古代对外贸易史》，广州：广东人民出版社1985 年版，第17 页。

而在一定程度上限制了对外贸易的发展，但国内商品经济的发展表现得非常活跃，近代兴起的商品经济与传统的自然经济在"相互挤压"中并存，经济发展格局复杂、形式多样。

总之，在悠久的对外贸易历史上，贸易范围的扩大、贸易种类的增多、繁荣的延续，无论是从中原经粤北而至沿海，抑或是从沿海经粤北越岭而进入中原、下江南的贸易活动，粤北古道是其中不可避开的通道，可以说，粤北古道是海陆丝路对接的重要商贸孔道。

二、西京古道与波斯银币

西京古道，是东汉建武二年（26 年）桂阳太守卫飒主持修筑的一条古驿道。它南起英德浛洸镇（时为汉代含洭县治），中经韶州曲江、乳源，北至湖南宜章，长 500 里。历史上，西京古道不仅是东汉的政权统治之道，也是对接海陆丝绸之路，促进中国与海外诸国进行商贸往来、文化交流的重要孔道。在历史的发展中，沿西京古道而衍生出一些岔道，这些岔道可视为西京古道的分支。西京古道域内不仅遗存有相关的古建筑物遗址及古墓葬，也遗存有古代商贸往来的一些外来古钱币等遗物，这些遗迹及遗物的发现是考证西京古道上商贸活动的重要证据。

据《考古》杂志资料，1960 年 7 月，广东省考古发掘队在英德县浛洸镇郊区发现南齐墓 2 座，共出土青釉陶罐、银质环饰等文物 22 件。其中有波斯银币 3 枚，"两枚已残，一枚较完好。……完好的一枚与西安张家坡 401 号墓中所出 B.03 式和青海西宁所出 A 式 1 号相类似。根据夏鼐先生的考证，上述银币皆属波斯萨珊朝卑路斯（Prouz，457—483 年）时所铸"[①]。英德县浛洸镇 3 枚波斯银币的发现，证明了早在南齐时，便有外国商旅或货物沿北江水路、西京古道北上的事实。

历史上，处于奴隶制时期的萨珊朝波斯，其封建制社会生产关系发展较快。至 6 世纪初，封建制已经代替奴隶制。无论其农业、商业、手工业都得到了较大的发展，豪华绚丽的毛织品、丝织品、锦缎制品，不仅能满足自身的需要，还大量出口。古代的萨珊朝波斯与邻近的印

---

① 广东省文物管理委员会、华南师范学院历史系（执笔者：杨豪）：《广东英德、连阳南齐和隋唐古墓的发掘》，《考古》1961 年第 3 期，第 140 页。

度、东方的中国、西北部的欧洲尤其是罗马都有频繁交往。萨珊朝波斯的银币不仅在新疆、青海、陕西等地有发现，在岭南的广东英德也有不少，这说明萨珊朝波斯与中国的通商，不仅早而且频繁，在南北朝时期，波斯就多次派使团来到中国。

唐朝时期，社会经济繁荣、对外交流频繁，很多外国商人及商船来到中国。其中，波斯商人不仅从陆上丝绸之路来到唐都长安，与唐朝进行商品贸易，而且，波斯商船还频繁来到中国东南沿海进行商贸活动与文化交流。唐咸亨二年（671年），高僧义净前往印度取经，就是在广州搭乘波斯商船而成行的。《大唐西域求法高僧传校注》载："于时咸亨二年，坐夏杨府。初秋，忽遇龚州使君冯孝诠，随至广府，与波斯舶主期会南行。"[1] 此时的广州是对外贸易的主要港口，设有专门管理波斯人及其他国家商人的机构，与此相适应，从广州到波斯等地的海上交通线路，也进一步得到拓展。

而且，波斯商人也有可能从沿海深入内地。正如有学者所指出的那样："1984年广东省遂溪县边湾村发现的一批南朝窖藏金银器中带有粟特文的萨珊银器和20枚萨珊银币，被看作是五世纪波斯商舶来到南中国海沿岸的证据。"[2] 遂溪靠海，浛洸则为西京古道起点，商贸繁荣。遂溪发现的波斯银币与英德浛洸发现的波斯银币，在一定程度上说明，从沿海到内地都曾留有波斯商人或与波斯商人进行商品交换的痕迹。

为什么5世纪时期的波斯银币会在浛洸这个地方被发现呢？

浛洸，位于英德市西部，洭水下游，《英德县志》载：浛洸"圩镇地处连江东岸，上通连县、阳山，下达清远、广州。浙、赣、闽以及广东省肇庆、四邑、兴梅、南番顺等地商民素于此云集经商"[3]。

浛洸一地，西汉时为桂阳郡含洭县治，三国吴主甘露元年（265年）隶属始兴郡。梁天监六年（507年）在含洭县设立衡州州治，陈时（557年）改衡州为西衡州兼阳山郡，州治在含洭县县城。隋时开皇初年，含洭县改称为洭州，开皇十八年（598年）废州为县，隶属

---

① （唐）义净著，王邦维校注：《大唐西域求法高僧传校注》，北京：中华书局1988年版，第152页。

② 遂溪县博物馆（执笔：陈学爱）：《广东遂溪县发现南朝窖藏金银器》，《考古》1986年第3期，第246页。

③ 英德县地方志编纂委员会编：《英德县志》，广州：广东人民出版社2006年版，第371页。

南海郡。宋时，含洭县隶属广南东路，为避宋太祖"匡"字之讳，开宝四年（971年），改洽洭为浛洸。"浛洸"之名自此沿用至今。明天启初年设有浛洸税厂，后设浛洸巡检司、洸口司、浛洸巡检署、司前署等。清顺治年间，浛洸称"市"。所以，《广东通志》载："浛洸故城本汉含洭县也。"浛洸建县于西汉，与古浈阳齐名，后历县、郡、州建制，明初入英德县，至今不变，有近2000年的历史。

在古代的交通中，路多依水而成。但为了避开"浈阳三峡"的险峻，取道浛洸可以下连北江而通中宿（今清远），至番禺，上接连江而通连州，入湘；也可以直通北江上游，连通浈、武二水而至赣湘，所以，浛洸成为区域性的政治、经济、文化中心，成为西京古道的南部起点。

《英德县志》载：浛洸有"街市十一条"，"均为砂石铺就路面"，店铺数百家。历史上，浛洸不仅有陆上集市，而且因内河航运发达又有"水上集市"（又名"船头交易"），江面上不时出现"百船拦江"的"短暂浮场"。又由于各地商人的聚集，浛洸街头还建有一些商业行会及会馆，广州会馆就是其中的代表。值得一提的是，北宋著名的书法家和画家米芾，也曾于神宗熙宁八年（1075年）初，由校书郎而补任浛洸县尉。

从浛洸的历史不难发现，浛洸很早就是英德西部的一个区域经济、政治中心。这也就回答了为什么在浛洸能发现波斯银币的问题了。

三、粤北古代的矿业与古道上的铜运

粤北位于我国南岭多金属成矿带上，矿产资源分布广，品种多，储量丰富，尤其是有色金属。在古代，人们对于深藏地下或自然暴露的矿产资源只有凭经验进行判断才能找到矿点，开采规模较小，至宋，岑水场矿的发现及大规模的开采进一步推动了粤北矿业的发展，而且其所冶炼的铜及其他金属产品，大部分经粤北古道输往北方，从而也推动了粤北古道运输业的发展。

1. 韶州矿业与岑水场

韶州地处岭南，属山区地带，大山中隐藏着丰富的矿产资源。历史上，丰富的矿产资源的开采催生了古代韶州矿业的发展。

为了说明这个问题，下面就相关史料的零星记载作一梳理。

东汉班固的《汉书·地理志》载：桂阳郡，高帝置，莽曰南平，属荆州，"有金官"①，汉代"金官"，即兼管多种矿产采铸的"官"，而当时的桂阳郡辖湘南粤北广阔的区域，这说明当时的粤北域内就已经有矿业的开采，需要设"金官"加以管理。

刘宋王韶之的《始兴记》载："冷君西北有小首山，元嘉元年（424 年）夏，霖雨山崩，自颠及麓。崩处有光耀，有若星辰焉。居人聚观皆是银砾，铸得银也。"② 冷君山即灵君山，在乐昌县东北 45 里，属韶州，宋王象之《舆地纪胜》于"韶州"之下有记。

梁沈约所撰的《宋书》载，元嘉初，徐豁为始兴太守时，曾巡察到始兴郡有不愿事农而掘银者三百余户、千有余口的情况，反映出当时始兴之地确有掘银的事实。《宋书·良吏传》载，徐豁，"元嘉初，为始兴太守，三年，遣大使巡行四方，并使郡县各言损益，豁因此表陈三事……其二曰：'郡领银民三百余户，凿坑采砂，皆二三丈，功役既苦，不顾崩压，一岁之中，每有死者。官司检切，犹致捕违，老少相随，永绝农业，千有余口，皆资他食，岂唯一夫不耕，或受其饥而已。'"③

北宋欧阳修、宋祁、范镇等的《新唐书·地理志》载：广州浈阳（今英东）"有铁"。连州连山郡土贡有"银、丹砂、白蜡"，桂阳（今连县）"有银，有铁"，阳山"有铁"，连山"有金，有铜，有铁"。④

唐刘恂《岭表录异》载："广州浛洭县（今英西）有金池。彼中居人，忽有养鹅鸭，常于屎中见麩金片。遂多养，收屎淘之。日得一两或半两，因而致富矣。"⑤

清屈大均《广东新语》卷十五《货语》载："考唐建中（780—783 年）初，赵赞判度支，采连州白铜，铸大钱一以当十。而韶州城

① （东汉）班固：《汉书》（第 6 册）卷二十八（上）·《地理志》第八，北京：中华书局 1964 年版，第 1594 页。
② （清）梁廷枏、（汉）杨孚著，杨伟群点校：《南越五主传及其它七种·始兴记》，广州：广东人民出版社 1982 年版，第 53 页。
③ （梁）沈约：《宋书》（第 8 册）卷九十二·列传第五十二，北京：中华书局 1974 年版，第 2266 页。
④ （宋）欧阳修、（宋）宋祁、（宋）范镇等《新唐书》（第 4 册）卷四十三（上）·志第三十三（上）·地理七（上），北京：中华书局 1975 年版，第 1107 页。
⑤ （唐）刘恂著，鲁迅校勘：《岭表录异》，广州：广东人民出版社 1983 年版，第 5 页。

南七十里，宋初置场采铜，曰岑水铜场，谓场水能浸生铁成铜。"①

这些史料说明，矿业的发展尤其是在铁铜器占主导地位的古代金属业的发展中，粤北地域不仅蕴藏着丰富的金属资源，而且其开采的历史也很悠久，并曾有过十分兴旺的繁荣时期，其中宋代粤北的铜业不仅开采量大，而且冶炼技术先进。韶州岑水场矿冶业的发展就是一个很好的证明。

韶州岑水场，位于韶州曲江、翁源二县之交界处，始设于北宋庆历七年（1047 年），出产铜、银、锡等有色金属，尤以铜产量最大。至和二年（1055 年），岑水场铜矿的进一步开发，更是将韶州铜矿业带入历史性的新高。它的发展与宋代以铜铸钱有很大的关系，这一情况可以从《宋史》及相关史料的记载中寻到答案。

《宋史》载："韶州，始兴郡，元丰户五万七千四百三十八。贡绢、钟乳。县五：曲江，有永通钱监、灵源等三银场，中子铜场；翁源，有大湖银场、大富铅场；乐昌，有黄坑等二银场、太平铅场；仁化，有大众、多田二铁场，多宝铅场；建福，宣和三年，以岑水场析曲江、翁源地置县。南渡后，无建福，增县一：乳源。……连州，连山郡，元丰户三万六千九百四十三。桂阳，有同官银场。阳山，有铜坑铜场。英德府，英州，元丰户三千一十九。真阳，有钟峒银场、礼平铜场。浛光（洸），有贤德等三银场。"②

《宋史》又载：宋真宗景德至天禧年间，"时铜钱有四监：饶州曰永平，池州曰永丰，江州曰广宁，建州曰丰国。……铁钱有三监：邛州曰惠民，嘉州曰丰远，兴州曰济众……诸路钱岁输京师"。庆历末，"韶州天兴铜大发，岁采二十五万斤，诏即其州置永通监"。"皇祐中，饶、池、江、建、韶五州铸钱百四十六万缗，嘉、邛、兴州铸大铁钱二十七万缗。至治平中，饶、池、江、建、韶、仪六州铸钱百七十万缗。"③

至宋徽宗崇宁四年（1105 年），"岑水一场去年收铜，比祖额增三

① （清）屈大均：《广东新语》（上）卷十五，北京：中华书局1985 年版，第 407 页。

② （元）脱脱：《宋史》（第 7 册）卷九十·志第四十三《地理》（六），北京：中华书局1977 年版，第 2236 – 2237 页。

③ （元）脱脱：《宋史》（第 13 册）卷一百八十·志第一百三十三《食货》（下二），北京：中华书局1977 年版，第 4382 页。

万九千一百斤，较之常年亦增六十六万一千斤”①。

从现代学者的研究成果中，我们也能看到宋代韶州岑水场的生产规模。如蔡美彪等人所著的《中国通史》就载：“韶州岑水场，宋仁宗时开发铸钱，有工匠十多万人，规模很大。”并载：“仁宗皇祐（1049—1053 年）年间全宋年产铜 510 多万斤。”② 而张子高所著的《中国化学史稿》也载：“宋政和六年（1116 年）韶州岑水铜场年产铜达百万斤。”③

韶州岑水场是宋代“三大铜场”④ 之一，起初为银矿场，直到至和二年（1055 年）铜矿兴发，成为永通监铜矿的主要供应基地，才把永通监带到了高速发展阶段。当然，韶州岑水场受各种因素的影响，其产铜量是不稳定的。如皇祐年间韶州铜产量达全国总产的 80%，银产量接近全国总产的 50%；但至南宋绍庆三十二年（1162 年），岑水场的胆铜产量占全国总产的 42%，黄铜产量达全国总产的 61%。

对于韶州岑水铜场与永通监的关系，北宋名臣余靖写于皇祐二年（1050 年）的《韶州新置永通监记》中有较为详细的记载。该记载：“郡国产铜和市之数，惟韶为多。而夐处岭阨，由江、淮资本钱以酬其直，实为迥远。谓宜即韶置监，分遣金工。以往模之，岁用铜百万斤，可得成币三百万，三分其一以上供，余复市铜，几得二百万。如是则其息无穷矣。……初郡之铜山五岁共市七万，前太守潘君一岁市百万，及栾公继之，乃市三百万，明年又差倍之。岁运羡铜三百万，以赡岭北诸冶。……且韶被山带海，杂产五金。四方之人弃农亩，持兵器，慕利而至者，不下十万。穷则公剽，怒则私斗，轻生抵禁，亡所忌惮。缓其羁绁则鹰挚而陆梁，急其衔勒则兽骇而踶啮。故境壤虽狭，而狱犴寇抄常倍他境。……初以远方置监，议者不一，故朝廷有以待之。明年四月乃下敕，赐名‘永通’。”

在《韶州新置永通监记》中，余靖首先回顾了历史，并指出了宋之前粤北地域出产铜矿的情况，进而指出了宋时韶州的铜产量比其他

---

① （元）脱脱：《宋史》（第 13 册）卷一百八十五·志第一百三十八《食货》（下七），北京：中华书局 1977 年版，第 4527 页。

② 蔡美彪等：《中国通史》（第 5 册），北京：人民出版社 1978 年版，第 73 页。

③ 张子高：《中国化学史稿》（古代之部），北京：科学出版社 1964 年版，第 106 页。

④ 宋代“三大铜场”：韶州岑水场（广东韶关）、潭州永兴场（湖南浏阳）、信州铅山场（江西铅山）。

地方的产量要多的情况，即"郡国产铜和市之数，惟韶为多"，而且其产量在不断增加，"初郡之铜山五岁共市七万，前太守潘君一岁市百万，及栾公继之，乃市三百万，明年又差倍之"。当然，余靖也很客观地指出了韶州岑水场因管理不严而引发的社会问题。

在这样的情况下，仁宗朝对韶州设"监"一事进行了一年多时间的商议，并于皇祐二年（1050 年）做出了在韶州设置"永通监"的决定。该钱监初设于皇祐元年（1049 年），次年二月赐名"永通"，铸钱名曰"皇祐元宝"。隶属于景祐二年（1035 年）设立的江、浙、荆湖、福建、广南等路提点银铜坑冶铸钱司，由于韶州铜业的发展，永通监成为北宋五大钱监之一，而且是北宋中后期规模最大、产量最高的钱监。

为了加强对韶州岑水铜场的管理，宋王朝采用了一些措施。据《曲江县志》转引《宋史》的记载时指出："咸平二年徙治岑水场善政坊。又崇宁间乞升岑水场作县，拨廉平、福建两乡及翁源太平乡隶焉"，"宣和三年以岑水场析曲江及翁源地置建福县"。这段史实说明：北宋真宗朝采取的措施是把曲江县署从韶州郡城中迁移到岑水铜场的善政坊，徽宗朝崇宁年间酝酿另立新县，到宣和三年正式从曲江划出廉平、福建两个乡，从翁源分出太平乡建立了一个新的建福县。为了管理一个岑水矿场而以三个乡合并设一个县〔建福县于南宋高宗建炎三年（1129 年）撤销〕，可见其在北宋经济发展中的重要性。

尽管如此，由于当时对采矿、冶炼、运输的协调发展难以有科学的管理，岑水场也难免出现盛极而衰的现象。

2. 古道与铜运

铸造铜钱，需要原料。而铸钱所需的铜、铁、铅、锡、炭等原料的运输就是直接关系到生产的大事，大量的材料运输是在执行严格组织调度的基础上经古道而完成的，即"主计者通其神，提纲者扬其职，守土者宣其力"。余靖在《韶州新置永通监记》中虽然把这几句话用来赞扬"永通监"建造的神速，其实，用在铜业的发展、运输上也不为过。可以说，粤北古道对于宋代铜业的发展有着重要的作用。

铸造铜钱需要的原材料，韶州本地几乎全都具备。正如余靖于《韶州新置永通监记》所说，"韶被山带海，杂产五金"，"市材于山，市甓于陶，雇工于巧。凡手指之勤，筋力之用，率平价而与之。……

取材竹、铁、石、陶、瓶之用，一百四十万。惟材木六千资于连山，钉口十万出自真阳，余悉办于韶之境"。但是，随着岑水场生产规模的扩大，所需材料的增多，材料也得从外地输入。对此，《宋会要辑稿·食货》也有较为详细的记载，为了更好地说明这个问题，下面以南宋乾道二年（1166 年）为例，说明韶州永通监原料运输情况，见表 5-1①：

表 5-1　南宋乾道二年（1166 年）永通监原料运输简表

矿种	产地	总运量	运往地区
铜	韶州岑水场（黄铜：10440 斤，胆铜：88948 斤）	99388 斤	韶州永通监、饶州永平监、赣州铸钱院
	连州元鱼场（黄铜：2880 斤）	2880 斤	韶州永通监
铁	吉州安福县连岭场（222862 斤 8 两）、万安县（172230 斤）、庐陵县黄岗场（27950 斤）、吉水县（23200 斤），韶州翁源县（12088 斤），南雄州始兴县（440 斤）、惠州博罗县（12740 斤）、广州增城县（5000 斤）、番禺县（580 斤）、清远县（700 斤）、肇庆怀集县（700 斤）、宾州迁江县（14640 斤），林州南流县（27500 斤）	520630 斤 8 两	赴韶州岑水场浸铜
铅	韶州岑水场（5300 斤）、铜岗场（3300 斤），南恩州阳春县（220 斤），连州桂阳县（5000 斤）	13820 斤	韶州永通监
	浔州马平场（22290 斤）、邕州大观场（5000 斤）	27290 斤	韶州永通监、饶州永平监、赣州铸钱院
	宾州迁江场（5544 斤）	5544 斤	韶州永通监、赣州铸钱院

---

①　本表据《宋会要辑稿》所载数据整理。参见（清）徐松：《宋会要辑稿》（第 137 册）《食货三三之二六》，北京：中华书局 1957 年版，第 5383 页。

（续上表）

矿种	产地	总运量	运往地区
锡	贺州太平场（12600 斤）、郴州宜章县（3442 斤 12 两）	16042 斤 12 两	韶州永通监、饶州永平监、赣州铸钱院

由上表可知，南宋乾道二年（1166 年）各地运往韶州永通监铸铜钱的铜、铁、铅等矿原料主要有：韶州岑水场的黄铜、胆铜，连州元鱼场的黄铜，直接运至永通监；而来自韶州翁源县，南雄州始兴县，广州清远、增城、番禺，惠州博罗县，肇庆怀集县，江西吉州安福县、吉水县、万安县，及广西宾州迁江县、林州南流县的铁矿，由于当时不能直接冶炼，只好先运至岑水场浸铜，然后再运至永通监；铅矿，除来自韶州本地岑水场、铜岗场外，还有来自南恩州阳春县、连州桂阳县及广西浔州马平场、邑州大观场等地的铅矿原料。来自各地的不同原料少者几百斤，多者上万斤，本地岑水场的铜矿有时达十万斤以上。当然，这些原料也供应岭北的江西饶州永平监、赣州铸钱院等使用。而材料运输与粤北古道的关系则是：来自江西吉州等地的原料，沿大庾岭路、下浈水而至韶州；来自连州的原料，下连江转北江而至韶州；来自广州清远、增城、番禺，惠州博罗县等地的原料主要是逆北江运至韶州的。所以说，岑水场所需原材料的输入主要是通过粤北古道来完成的。

这些材料的运输主要是依靠雇佣民工来完成的，有时厢兵也参与其中，后来成为运输的主力。南宋高宗时期，韶州岑水场"承南安军差到铺兵六十人，前来岑水场铜铁军搬运"[①]。提点坑冶司还在南雄州"政平门内之西"设有"铜铁库"，存放铜铁等矿产品，并在迎晖门外设有由一百二十名兵士组成的"搬运铜铁营"[②]，负责铜、铁原料的运输。绍兴二年（1132 年），信州铅山县、建州崇安县此前是江南东路至福建路的纲运通道，信州生产的铜经此路运至建州铸钱，为此专门

---

① （清）徐松：《宋会要辑稿·职官》四三之一五六，北京：中华书局 1957 年版，第 3333 页。
② （明）解缙等：《永乐大典》卷六六五《雄·南雄府二》，北京：中华书局 1986 年版，第 8536 页。

设置了搬运铜料的摆铺，拥有"兵级十营共一千人"①。

永通监建制后，在相当长一段时间内其铸币额数最多，占全国岁铸铜钱总额数的六分之一以上。马端临《文献通考》载，神宗时毕仲衍所进中书备对云："诸路铸钱总 26 监……内铜钱 17 监，铸钱 560 万贯。……铁钱 9 监。铜钱逐监钱数：阜阳监（西京）20 万贯……永平监（饶州）61.5 万贯，丰国监（建州）20 万贯，永通监（韶州）80 万贯，阜民监（惠州）70 万贯。"② 韶州永通监铸造的铜钱并不能仅为本州所用，除小部分用以生产资金周转、"循环充本"外，其余的还必须输往其他钱监，或通过纲运来运往京师等地。所以，章如愚在《群书考索》中言"韶州岑水场在熙宁、元丰间，岁收铜六百万斤，除留充本州永通监鼓铸应副岑水场买铜外，其余尽输岭北诸监"③。

那么，它所铸造的铜钱又是如何外运的呢？我们可以通过以下史料加以说明。

李焘在《续资治通鉴长编》中记，熙宁七年（1074 年）七月，广东转运司言："韶、惠州永通、阜民二监，岁铸钱八十万，比又增铸钱三十万，近有旨改铸折二钱，一岁比小钱可增二十万。欲乞以所募舟运至发运司，改兑小钱入京，以为军国之计。"④ 这就是说，韶州永通监所铸造的铜钱必须运至京师，"为军国之计"。对此，徐松的《宋会要辑稿》也有几则记载，绍兴二年（1132 年）提举广南路茶盐李承迈言："韶州永通监自国朝以来年额铸钱四十五万贯，于岑水场买铜六分，起付江、池等州钱监外，四分仍旧铸钱四十万贯，循环充本。"⑤ 这就是说，买到的铜除了本监消费外，还要输往其他钱监。《宋会要辑稿》又载："永通监韶州，八十万贯；阜民监惠州，七十万贯，已上二州并应副买铜。内惠州买铜剩钱充小钱二十万贯，并更有剩钱，并起发上京，内藏库纳。"⑥ 以上所记说明，韶州永通监所铸造的铜钱除经允许留下用于"循环充本"外，其余的都必须"为军国之计"而运至京师、充实国库，即只准许少部分的铜钱留下来以维持

① （清）徐松：《宋会要辑稿·方域》一十之五十，北京：中华书局 1957 年版，第 7474 页。
② （元）马端临：《文献通考》，上海：上海古籍出版社 1987 年版，第 218 页。
③ （宋）章如愚：《群书考索·后集》卷六十，北京：北京书目文献出版社 1992 年版，第 841 页。
④ （宋）李焘：《续资治通鉴长编》卷二百五十四，北京：中华书局 2004 年版，第 6223 页。
⑤ （清）徐松：《宋会要辑稿·食货》，北京：中华书局 1957 年版，第 3346 页。
⑥ （清）徐松：《宋会要辑稿·食货》，北京：中华书局 1957 年版，第 4996 页。

岭南文化书系

粤北古道与文化

生产。

韶州永通监所铸造铜钱运至京师主要是以纲运的形式进行，也多由厢兵来承担。《宋史》载："厢兵者，诸州之镇兵也。内总于侍卫司。……建隆初，选诸州募兵之壮勇者部送京师，以备禁卫，余留本城，虽无戍更，然罕教阅，类多给役而已。"① 厢兵的主要任务是"以供百役"。

就此而言，这些原料和成品的运输，自唐以后均是通过韶州的古道尤其是梅关古道来完成的，如果绕开梅关古道，这将是不可能实现的。

四、粤北古道与盐粮运输

历史上的赣、闽、粤边区，因受地理及交通条件的限制，各地互需的生活资料较多，粤盐的北运，赣粮、湘米的南输成为多地商贸交流之大宗，盐粮的运输和贸易与粤北古道有着非常紧密的关系。

（一）粤盐北运

盐既是人们的生产资料也是人们的生活资料，历史上的盐，既有作为专卖的"官盐"，也有通过商人而进行交易的所谓"私盐"。无论是专卖的"官盐"还是经"走私"而自由流通的"私盐"，粤赣、粤湘之间的交易往来主要是通过韶州的古道来完成的。它既满足了人们的生产和生活需要，同时也展示了古道繁忙的商贸图景。

粤盐行销赣南、湘南和闽西，以及赣粮、湘米南输广东等地的运输路线，主要有五条：由南雄经大庾岭路，靠肩挑过大庾岭下赣州；由南雄与江西信丰交界的乌迳新田村，经乌迳路溯浈江东运信丰；由韶州乳源经西京路而至湖南宜章；由连州经秦汉古道至湘南衡、永、宝三府；由粤东潮桥运销赣东南和闽西。沿着上述五条主要商道，粤盐源源不断地运销至粤、湘、赣三边地区。当然，通往粤、湘、赣三边地区还有其他通道，如乐宜古道、城口古道等也在粤盐北运中起到较大作用。

① （元）脱脱：《宋史》（第 14 册）卷一百八十九·志第一百四十二《兵三》，北京：中华书局 1977 年版，第 4639 页。

1. 粤盐是古道上运输的大宗商品

远在四千多年前，广东沿海已有"煮海为盐"的传说，而且在长期的生产中演变成了一种传统的产业。

西汉时期的岭南地区，食盐生产、运销已初具规模，并实行食盐专卖。汉元封元年（前110年），西汉在岭南地区就设有南海之番禺和苍梧之高要两个盐政管理机构，这也是有文字记载广东盐政管理的开始。唐开元四年（716年），张九龄奉诏开凿梅关古道后，"坦坦而方五轨，阗阗而走四通。转输以之化劳，高深为之失险。于是乎镂耳贯胸之类，殊琛绝赆之人，有宿有息，如京如坻"①，南北交通得到极大改善。自唐以降，历宋、元、明、清诸朝，梅关古道在南北的商贸交流中均起着重要的作用。

以宋代为例，宋代在中国历史上是一个商品贸易繁荣的时代，而食盐是其中的一个大宗物品，在全国范围内实行专卖，但由于其"利厚"，由此也引发出较多的社会矛盾，尤其是岭南的广东与岭北的江西之间矛盾更甚。

《宋史》载，宋代"盐之类有二：引池而成者，曰颗盐，《周官》所谓鹽盐也；鬻海、鬻井、鬻鹼而成者，曰末盐，《周官》所谓散盐也。宋自削平诸国，天下盐利皆归县官。官鬻、通商，随州郡所宜，然亦变革不常，而尤重私贩之禁。引池为盐，曰解州解县、安邑两池。垦地为畦，引池水沃之，谓之种盐，水耗则盐成"②。"鬻海为盐，曰京东、河北、两浙、淮南、福建、广南，凡六路。"③ 这是宋代盐之种类及其南北分布情况。

就江南而言，宋之前，江西、湖南、福建原食淮盐（苏、皖产的盐），北宋熙宁年间始改食广盐（广东沿海产的盐）。但是，就此而引发的社会问题颇多，江西尤甚。对此，《宋史》就载："江、湖运盐既杂恶，官估复高，故百姓利食私盐，而并海民以鱼盐为业，用工省而得利厚。繇是不逞无赖盗贩者众，捕之急则起为盗贼。江、淮间虽衣冠士人，狃于厚利，或以贩盐为事。江西则虔州地连广南，而福建之

① （唐）张九龄：《曲江集》卷十七，上海：商务印书馆1937年版，第181页。
② （元）脱脱：《宋史》（第13册）卷一百八十一·志第一百三十四《食货》（下三），北京：中华书局1977年版，第4413页。
③ （元）脱脱：《宋史》（第13册）卷一百八十一·志第一百三十四《食货》（下三），北京：中华书局1977年版，第4426页。

汀州亦与虔接，虔盐弗善，汀故不产盐，二州民多盗贩广南盐以射利。每岁秋冬，田事才毕，恒数十百为群，持甲兵旗鼓，往来虔、汀、漳、潮、循、梅、惠、广八州之地。所至劫人谷帛，掠人妇女，与巡捕吏卒斗格，至杀伤吏卒，则起为盗，依阻险要，捕不能得，或赦其罪招之。岁月浸淫滋多，而虔州官粜盐，岁才及百万斤。庆历中，广东转运使李敷、王繇请运广州盐于南雄州，以给虔、吉，未报，即运四百余万斤于南雄，而江西转运司不以为便，不往取。后三司户部判官周湛等八人复请运广盐入虔州，江西亦请自具本钱取之。诏尚书屯田员外郎施元长等会议，皆请如湛等议。而发运使许元以为不可，遂止。嘉祐以来，或请商贩广南盐入虔、汀，所过州县收算；或请放虔、汀、漳、循、梅、潮、惠七州盐通商；或谓第岁运淮南盐七百万斤至虔，二百万斤至汀，民间足盐，寇盗自息；或请官自置铺役兵卒，运广南、福建盐至虔、汀州。"① 该志又载："熙宁初，江西盐课不登，三年，提点刑狱张颉言：'虔州官盐卤湿杂恶，轻不及斤，而价至四十七钱。岭南盗贩（广盐）入虔，以斤半当一斤，纯白不杂，卖钱二十，以故虔人尽食岭南盐。乃议稍减虔盐价，更择壮舟，团为十纲，以使臣部押。后蔡挺以赣江道险，议令盐船三岁一易，仍以盐纯杂增亏为纲官、舟人殿最，盐课遂敷，盗贩衰止。自挺去，法十废五六，请复之便。'诏从之。仍定岁运淮盐十二纲至虔州。及章惇察访湖南，符本路提点刑狱朱初平措置般运广盐，添额出卖，然未及行。元丰三年，惇既参政，有郏亶者，邪险锐进，素为惇所喜，迎合惇意，推仿湖南之法，乞运广盐于江西。即遣塞周辅往江西相度。周辅承望惇意，奏言：'虔州运路险远，淮盐至者不能多，人苦淡食，广东盐不得辄通，盗贩公行。淮盐官以九钱致一斤，若运广盐，尽会其费，减淮盐一钱，而其盐更善，运路无阻。请罢运淮盐，通般广盐一千万斤于江西虔州、南安军，复均淮盐六百一十六万斤于洪、吉、筠、袁、抚、临江、建昌、兴国军，以补旧额。'诏周辅立法以闻。周辅具盐法并总目条上，大率峻剥于民，民被其害。"②

　　以上《宋史》所记，指出了北宋自嘉祐至元丰年间江西等地人们

　　① （元）脱脱：《宋史》（第13册）卷一百八十二·志第一百三十五《食货》（下四），北京：中华书局1977年版，第4441页。
　　② （元）脱脱：《宋史》（第13册）卷一百八十二·志第一百三十五《食货》（下四），北京：中华书局1977年版，第4443页。

对食盐的需求及所引发的社会问题。因此，如何把粤盐运进江西以解决这个社会问题，就成了当时之应然。

粤盐北运，主要是销往赣、湘等地。

其一，销往江西，主要是溯浈水至南雄，然后一路肩挑过大庾岭，到南安府城，下章水至赣江，后销往各地；另一路则至南雄后，继续溯昌水到乌迳新田，然后沿乌迳路肩挑至江西信丰九渡水码头，下桃江而至赣江，销往赣南虔州等地。

由此可见，大批的广盐北运，都要通过梅关古道和乌迳古道，南雄城及乌迳便成了食盐转运站。清代前期，赣闽商人均在此买盐东归，此处也建有较多的福建会馆、江西会馆及广州会馆等。

虽然那时食盐官卖，禁运私盐，但为了获利，由广南贩卖私盐到虔州的人，仍成群结队，武装护送，官府也没法制止，因此南雄出现了大规模的食盐私运，以至于形成了"盐寇"。他们在每年的冬春之间往来于闽、粤、赣三地。他们的存在对粤赣经济、商贸的发展有一定促进作用，但也是影响社会稳定的一大因素。对此，宋文同的《丹渊集》曾记："虔州民私贸盐以自业，世世习抵冒，虽毒惩痛断，然不肯少悔者。"① 可谓一言中的。

其二，销往湖南，主要是溯武水，经乐昌、坪石而达宜章、郴州乃至衡、永、宝三府。

销往湖南的粤盐，主要集中于衡、永、宝三府的十一州县。同治《桂东县志》载：

郴州、宜章、永兴、兴宁地近粤东乐昌县，旧例即以四州县买食该县西河埠头商人盐，其桂阳、桂东、酃县地近粤东仁化县，旧例遂以三县食该县城口埠头商人盐，桂阳州、临武、蓝山、嘉禾地近粤东之连州，旧例遂以四州县食该州之星子埠头商人盐。……②

郴属之民历食粤东之盐，皆在乐昌县西河埠挑运，楚民食盐，粤商销引，此盐政不易之定例，亦商民世守之成规也。……③

---

① （宋）文同：《丹渊集·屯田郎中石君墓志铭》，上海：商务印书馆1936年版，第267页。
② （清）刘华邦、（清）郭岐勋：《桂东县志》卷四《盐政附》，清同治刻本，第8页。
③ （清）刘华邦、（清）郭岐勋：《桂东县志》卷四《盐政附》，清同治刻本，第9页。

两桂僻处万山，路极险巇，民极穷困。初无盐埠，尤无商贾。旧志：在粤东仁化埠买食，掂斤估两，零星贩易，惟在粤商通融销售，自为办饷。①

从《桂东县志》所载不难看出，湘南等地的食盐主要是经粤北古道运输及供应的。湘南的郴州、宜章、永兴、兴宁四州县地近乐昌，便买乐昌商埠的食盐；桂阳、桂东、酃县地近仁化，便买仁化商埠的食盐；桂阳州、临武、蓝山、嘉禾地近连州，便买连州星子埠头食盐。乐昌、仁化、连州星子就近西京古道、乐宜古道、城口古道、连州秦汉古道，可以说，湘南食盐的供应主要是通过粤北古道得以运输的。

虽然，从粤盐的行销看，其"北渡大庾，东达楚闽，西溯滩流而上，由梧桂以及黔滇，水浮陆挽，亘数千里"②，至清，粤盐行销七省，范围日益扩大。而利之所至，产生矛盾也就成为必然，江西南安与广东南雄之间关于盐税征收的矛盾就是其中的典型。

2. 梅关古道盐运与地方矛盾

南北货物流通所引发的粤赣两地地方政府之间、政府与民众之间的矛盾，我们可以从北宋太平兴国年间广州市舶使杨允恭奏请设立南安军、明成化年间南安知府张弼所作的《梅岭路均利记》及嘉靖年间南雄知府胡永成所著《开路六难议》等资料中得到一定的认识。

第一，南安军的设立，使盐运带动了香药的运输。

北宋太平兴国年间广州市舶使杨允恭奏请设立南安军，其直接动因就是要解决南雄州与虔州之间广盐运销岭北、百姓私贩食盐的问题。

前文提到，江西原食淮盐，宋熙宁年间始改食广盐。《宋史》对这种现象及改变的原因进行了记载，曰："熙宁初，江西盐课不登，三年，提点刑狱张颉言：'虔州官盐卤湿杂恶，轻不及斤，而价至四十七钱。岭南盗贩（广盐）入虔，以斤半当一斤，纯白不杂，卖钱二十，以故虔人尽食岭南盐。'"③"江、湖运盐既杂恶，官估复高，故百姓利食私盐，而并海民以鱼盐为业，用工省而得利厚。繇是不逞无赖盗贩者众，捕之急则起为盗贼。江、淮间虽衣冠士人，狃于厚利，或

---

① （清）刘华邦、（清）郭岐勋：《桂东县志》卷四《盐政附》，清同治刻本，第9页。
② 《两广盐法志》卷首，清光绪十年刻本。
③ （元）脱脱：《宋史》（第13册）卷一百八十二·志第一百三十五《食货》（下四），北京：中华书局1977年版，第4443页。

以贩盐为事。江西则虔州地连广南，而福建之汀州亦与虔接，虔盐弗善，汀故不产盐，二州民多盗贩广南盐以射利。"① 由于食盐的质量及供应问题，也就引发了江西与广东之间的社会矛盾。

为了解决这个矛盾，广州市舶使杨允恭便奏请设立南安军。

《宋史》载："太平兴国中，以殿直掌广州市舶。自南汉之后，海贼子孙相袭，大者及数百人，州县苦之。允恭因部运入奏其事，太宗即命为广、连都巡检使。又以海盐盗入岭北，民犯者众，请建大余县为军，官榷盐市之。诏建为南安军，自是冒禁者少。"②

大庾远离虔州，南连广东南雄，是北宋统治者控制稍微松弛的地方，而"请建大余县为军"，把毗连大庾的上犹、南康二县从虔州割隶过来，集中管制赣江与大庾岭水陆联运交接地区，使北宋统治的效果更加明显，而且，北宋当朝划出虔州三县为广盐销售区，而虔州仍为淮盐区，从而解决了广盐与淮盐销售区域的矛盾。将岭南与岭北通道的咽喉地区置于南安军的控制之下，官府的货物运输也随之推行。

南安军设立不久，宋太宗便命供奉官刘蒙正（户部尚书刘熙古之子）前往岭南，规划香药运输进汴京事宜。刘蒙正经实地考察之后，奏"请自广、韶江溯流至南雄，由大庾岭步运至南安军，凡三铺，铺给卒三十人，复由水路输送"③。

于是乎，自海外诸国进口的香药，从广州上岸，沿北江溯流至韶州，折入浈水而至南雄，经三铺陆运，翻越大庾岭而达大余县，再由水路，自章水而入赣江，经鄱阳湖，东下长江，至扬州转入运河而达汴京。此水陆联运方案的实施，使广南货物得以大量运至汴京等地，成为中原与岭南的交通大动脉，影响深远。

第二，张弼与《梅岭路均利记》。

张弼，成化十四年（1478 年）任南安知府。他对粤盐北运及与南安的关系进行了较深入的分析，著有《梅岭路均利记》，顾炎武的《天下郡国利病书·江西》有转引。

---

① （元）脱脱：《宋史》（第 13 册）卷一百八十二·志第一百三十五《食货》（下四），北京：中华书局 1977 年版，第 4441 页。

② （元）脱脱：《宋史》（第 29 册）卷三百九·列传第六十八《杨允恭传》，北京：中华书局 1977 年版，第 10160 页。

③ （元）脱脱：《宋史》（第 26 册）卷二六三·列传第二十二《刘熙古传之刘蒙正》，北京：中华书局 1977 年版，第 9101 页。

张弼《梅岭路均利记》曰："梅岭道路，乃南雄、南安两府共借其段，共享其利者。故驴骡驮载，少壮担负，皆于中途转换。盖民情土俗，以为定例，自前代已然。而洪武初，亦因之而设小岭、中站，递送官务，公私皆习而安之，无所争也。自景泰初，因军饷而以南赣皆为广东行盐地方，则南雄之货过岭者益多，驮担者可得厚利。南雄之民始创：南货过北者直至南安城下、北货过南者直至南雄城下之议。其议似公，未悉委曲，故官无确断。民起私争，杀伤狼藉，文移旁午，商旅不通。两府交病之，凡二十年间，屡断屡争，卒无宁岁。盖由未尽委曲，不知中途转换之故，断断不可易也。其故何哉？盖北货过南者，悉皆金、帛轻细之物，南货过北者，悉皆盐、铁粗重之类；过南者月无百驮，过北者日有数千。过北之货偏多，则南雄独擅其利矣，南雄擅其利，而应夫役之常固宜。南安既失其利，而夫役之常则不可辞，无利有害，将何以堪？此民之所以必争，虽严刑重罚而不能禁也。伊欲禁之，夫役之害伊谁代之？必共享其利，斯可共给其役。自古中途转换而不可暂易者，其中委曲乃如此不明乎？此所以久而未定。弼自成化戊戌之夏到任，军、民、男、妇哭诉者日数百。余阅成案，既争而断，既断复争。由当时文移鲜得，其肯綮致是纷纷也。遂据父老之辞，明利害之要者，达诸江西、广东藩臬与巡历镇守诸处，檄弼至中站，会南雄知府贵溪江公璞，合两府军民父老访议，定中途转换法，分争始息。"①

由《梅岭路均利记》可知，南雄、南安因南北货物所收取税额问题，引发了政府、民众之间多年的矛盾。后南安知府张弼与南雄知府江璞迫于朝廷压力及当地民众的要求，通过协商解决了这个问题，"分争始息"，从而恢复了梅关古道商贸的秩序，促进了南北经济的发展。《梅岭路均利记》所反映的问题是粤赣边域商贸往来的一个典型例子，一方面反映了两地食盐的交易情况，另一方面反映了两地由食盐交易而引发的税收争议。这两个问题由来已久，在粤赣、粤湘之间具有普遍性。

第三，另辟"小明里之路"的问题。

在大庾岭路与乌迳路承担着大量粤盐北运的时候，由于南雄与南安两地对税收及民利问题的分歧，遂引发了南安府既想避开梅关古道

① （清）顾炎武：《天下郡国利病书》（下），上海：上海古籍出版社 2002 年版，第 133 页。

又想避开乌迳路而另辟"小明里之路"以利南安商民的问题。

明嘉靖《南雄府志》记："明嘉靖壬寅，吉安商民郭嘉万等告，从本府严唐河下，装载盐引，新开山路至南安小明里河，非雄民便。"郭嘉万等之告，就是要从凌江北上横水（今帽子峰镇），开凿山路到南安，沿小明里河下章水，直通赣江。对于"避开乌迳路，另辟粤赣通道"之议，时南雄知府胡永成著有《开路六难议》。他分析说："其一，事不可以两利本府。既是南安之人，以开路必强乌迳之民以塞路，而平昔以载驮为业者须尽数逐遣，而后利可尽归于南安。不然小明里之路虽开无益也。然则，乌迳之民奚罪焉？其二，必将本府原设太平桥改建下流一二里间，方可济事。盖桥不改，则关防无所，私盐盛行，军饷日耗，国计转虚。且百年陈规，一旦改作，数千金之费，无从而出也。其三，必须别处保昌料价。盖乌迳牙盐及沿河盐店不下一二百户，因此盐利，岁纳牙税银千两，抵补前料。设使桥既下移，盐往西行，此辈俱不获利，又岂肯虚赔前税，势必派于保昌之民。昌民方困于虚粮，又复以此加之，是安人受利、雄人受害，本府所不忍也。其四，必须奏设巡检衙门于佛岭尖峰，以司盘诘。盖乌迳、庾岭有路，则平田、红梅巡司并设，建置之意微矣。今查此路，西通湖广、北通江西、南通广东，若巡司不设，则奸细交通得以自由，万一生变，咎将谁归？其五，山川丘陵，国险所系。其佛岭、南泷、李婆凹等处，既系悬崖绝壁，则路径擅难轻开。闻知正德间，四川夔州地方新开盐路，后闻于朝，将守土官吏抵罪。夫此路一开，不过南安盐牙、店家倍专其利而已，至于军饷全无干系。万一事体非宜，本府先任其责，是又有所畏而不敢也。其六，行盐之地，河必深广，路必平旷。本府东河固小，较之西河，深广颇过之；梅关一带固非旷野，较之佛岭、南泷，平旷颇过之。千百年来，水陆通航，公私俱便。今乃率尔告开新路，恐求利未得而先有开路之费，商人本心殆不然矣。况沿途俱系纳粮田地，而以为人马通衢，居民甚不心愿。某忝守土，若弃地殃人，以成其登陇之私，亦恐得罪于民也。议允，事遂寝。（按：六议明白剀切，曲尽事情，其长虑却顾者乎。后之君子，执此以往，庶几不夺于浮言，不怵于豪势矣）"①

———————————

① 广东省地方史志办公室辑：《广东历代方志集成·南雄府部（一）·（嘉靖）南雄府志》，广州：岭南美术出版社 2007 年版，第 17 页。

知府胡永成的《开路六难议》起码说明了以下几个问题：

其一，乌迳路路途平旷、昌水河道深广，是"千百年来，水陆通航，公私俱便"之路。

其二，乌迳路是国家税收及军费的重要来源。乌迳路上的新田圩、乌迳市，商贸繁荣。"乌迳牙盐及沿河盐店不下一二百户，因此盐利，岁纳牙税银千两，抵补钱粮。"若改道小明里一路，"盖桥不改，则关防无所，私盐盛行，军饷日耗，国计转虚。且百年陈规，一旦改作，数千金之费，无从而出也"。改道不仅耗费巨资，且影响太平关正常运作。

其三，开小明里新路，虽然"利可尽归于南安"，但严重影响到长期以来乌迳路上的"载驮为业者"，致使失去收入，"乌迳之民奚罪焉"？

其四，若开新路，"必须奏设巡检衙门于佛岭尖峰，以司盘诘。盖乌迳、庾岭有路，则平田、红梅巡司并设，建置之意微矣"。

从"新开小明里之路"问题的争议中看到，新开小明里之路可为南安商贾谋取到一定的利益，但于国家税收、南雄商民是不利的。所以他说："夫此路一开，不过南安盐牙、店家倍专其利而已，至于军饷全无干系。万一事体非宜，本府先任其责，是又有所畏而不敢也。"知府胡永成的分析是既尊重历史又符合当时的实际的，其所为是"不夺于浮言，不怵于豪势"也。历史上的地方官，真正能做到为官一方就造福一方者，值得称赞。

（二）赣湘粮米南输

历史上，江西、湖南两省盛产粮食，其所产之粮食（米谷）除纳粮纳税和自身消费外，有一部分是流入市场，销往广东与福建等地。清代前期，广东境内人口的增加和商品性农业的迅速发展，使广东成为一个严重缺粮省份，主要从省外大量输入粮食。珠江三角洲是最大缺粮区，当时满足这个巨大的粮食市场的来源地有四个，即江西的赣米、湖南的湘米、广西的西米和东南亚的洋米。下面简要分析赣粮和湘米经粤北古道销往岭南的情况。

1. 赣粮南销

江西省由于处于亚热带向温带的过渡地带，其气候属亚热带季风气候，又得长江、赣江和鄱阳湖丰富的水资源灌溉，历史上的"赣鄱大地"有江南"鱼米之乡"之称。

　　清代江西南部的赣州、建昌、宁都以及南安一带，人口较为稀少，"田地山场坐荡开旷，禾稻竹木生殖颇蕃"。"田腴民勤，最称富饶""衣食取给，不忧冻馁"。① 因此有大量的剩余粮食可供外运。江西的粮食运销福建和广东，则主要是经南部的南安、赣州、宁都、建昌等府与福建、广东二省交界之处贩运。赣南与闽、粤二省千里省界，出于武夷山区，山峦起伏，道路崎岖，贩运相对困难。《赣县志》记载，江西南部赖以与福建、广东往来的是赣州府以南赣江上游的章水和贡水两条河流，所谓"赣为两粤门户，章、贡二水商贾往来，舳舻日未尝绝"②。但是章、贡二水并不与广东、福建的水路相连，因此江西之米用船逆章、贡二水而达其端，就不得不改为陆运。章水自赣江逆流而上，势必改陆运翻越大庾岭过梅岭关才能到达广东的南雄州，即"江西至粤必由梅岭"，在满足南雄州的需要后，剩余者再从南雄州沿浈江水道至韶州，又从韶州沿北江水道销往南方各地。

　　其实，赣南地区越岭而运销粮食，其目的有二：一是解决了粮食的销路问题，二是能从南雄等地往赣南地域运销食盐，这才是其中的关键。

　　2. 湘米南运

　　历史上湖南进入广东的道路，主要是西京路、大庾岭路和秦汉古道，两地的商品贸易也是通过这些古道来完成的。

　　与江西省一样，由于处于亚热带向温带的过渡地带，其气候属亚热带季风气候，又得长江、湘江和洞庭湖丰富的水资源灌溉，自古以来洞庭湖域就是著名的稻米产区，有"九州粮仓"之谓。其所产之粮除满足自身需要外，大部分外销，其中销往岭南地域的粮食数量也是很大的。这些粮食越岭而转武水道南下，于韶州、番禺、佛山等地销售，贩运者并把产自岭南的广盐、佛山的铁器运回湖南等地销售。

　　赣湘粮米的南输，一方面，通过商品的交换，解决了两地人民的基本生活品的需求，另一方面，加强了两地的商贸往来，使古道所蕴含的"商道"色彩更加浓厚。

---

　　① （清）魏瀛、（清）钟音鸿：（同治）《赣州府志》卷二十《风俗》。

　　② （清）沈均安、（清）黄世成、（清）冯渠：《赣县志》卷一九《关榷》，台北：成文出版社1989年版。

五、大庾岭新路与太平桥关

欲说古道与关税，当涉及韶州的古水道及粤北之"关"的由来。由于古道上的商品交换及社会经济的发展，政府必须以商品交换为基础并从中抽取税额以济国家之用，虽然唐之前北方社会发展迅速，生活富饶，但是，梅关古道开通后，岭南经济也呈现迅猛发展之势。由此，设关收税便成了国家经济收入的主要来源。韶州古道与南北商品贸易之间的关系如何呢？我们以明清时期古韶州所设立的"三关"情况加以说明。

（一）大庾岭新路的开凿与南北商贸的发展

岭南靠岭近海，内陆河道纵横，海道与河道运输较为发达。汉代的徐闻、合浦成为海上丝绸之路的起点，广州、泉州、杭州、明州是宋代四大海港。而与陆路相接、沟通岭南岭北的灵渠、西江、连江、北江等的内河水运也有较大的发展，成为对接海陆丝路的重要通道。

唐之前，因大庾岭新路未开，除军事行动外，入粤多取骑田岭山道，从桂阳下湟水入北江顺水而下，也可由郴县下武水进北江南来。湟水、武水二路中，尤以湟水一路为最重要。秦时，该路设有"湟溪、阳山、湟口三关"，当年赵佗于此"分兵绝道"。武水道，虽有六泷之险，但它是桂阳郡治所（今湖南郴州）至曲江县之间的捷径。所以，自东汉起，便屡加疏凿。东汉建武二年（26 年）桂阳太守卫飒为方便官府的公差来往、岭南及海外贡物的北送首开此道，他率领民众，凿山开路，列亭传、置邮驿，开通了自英德浛洭至湖南宜章 500 里的西京路；100 多年后的汉桓帝时代，桂阳太守周憬又开凿、整治武水六泷，使商旅往返更加便利。

唐王朝建立之后，岭南内河水运得到空前的发展，主要的古水道有：一是由湖南的湘江经灵渠入桂江，接西江到广州，时称"越城岭桂州路"；二是由安徽经鄱阳湖溯赣江而上，越大庾岭，入浈水、北江而至广州，时称"大庾岭虔州路"。大庾岭路虽于秦征南越时已开，但在唐代之前，它只是一条崎岖蜿蜒的小路，沿途峭壁林立，极为艰险。唐开元四年（716 年），左拾遗张九龄奏开庾岭新道。新道修成后，"坦坦而方五轨，阗阗而走四通，转输以之化劳，高深为之失险"。而且，"海外诸国日以通商，齿革羽毛之殷，鱼盐蜃蛤之利，上足以备府库之用，下足以赡江淮之求"①。原来险峻的山路，被整治成荡荡坦途，极大地方便了商旅转输。大庾岭新道的开凿，成为广州经清远、浈昌，北向大余的主要通道，也是下贡水（今江西章水）而进入长江水系，连接珠江水系的浈水与长江水系的赣水，通过长江水系接连大运河，从而贯通南北的水运通道。

所以，唐之后，自番禺经韶州逾岭连接内陆的重要水道就是北江古水道，虽然其滩险重重，但路程较短，北上者多取道北江、浈江、大庾岭新路一线。

（二）浈江古水道与太平桥关

浈江古水道于南雄境内，北接大庾岭新路，逾岭便进入江西大余，通赣江、长江；南于韶州与武水合而汇成北江、珠江的主要航道。太平桥关是明天顺年间设于南雄浈江河上的榷关，清代移至韶州浈江河边，后称东关。

自唐后，大庾岭新路的开通，使南北交通变得更为便捷，以至南北商贸交流日趋频繁，商品流通量大，自明以后，政府设关征税也就成为必然。

明代广东商货逾岭北运者必由北江、浈水，经此而后越大庾岭入赣江北运。明天顺年间，每年经由北江水路运输至南雄过大庾岭路行销到江西一带的广盐近千万斤之多。于是，天顺二年（1458年）两广巡抚叶盛上奏朝廷，获准于保昌县（南雄府附郭）城南太平桥设厂征税，称太平桥关，亦称盐关。《读史方舆纪要》"梅关"条下也载："盐关，在府城南。明天顺二年抚臣叶盛奏置，以榷盐税。成化以后，屡经修葺。《志》云：府南有太平桥，跨浈江上，桥之南即盐关也。"②由于经由北江水路运输至南雄过大庾岭路的商品尤其是粤盐北运的增多，至明正德年间，时任江西右布政使、右副都御使的周南，曾巡抚汀、漳、南雄、惠、潮、州等地，正德二年（1507年），据都御使周南奏请，在南雄设立太平桥厂专征商税，规定"胡椒一百斤抽银五钱，苏木一百斤抽银二钱五分，杂货每担重一百斤抽银三厘，土木百

---

① （唐）张九龄：《曲江集》卷十七，上海：商务印书馆1937年版，第181页。

② （清）顾祖禹撰，贺次君、施和金点校：《读史方舆纪要》（第9册）卷一百二《广东三》，北京：中华书局2005年版，第4691页。

斤抽银五分"。该厂万历年间征税岁逾 3 万两，可见经南雄的商货之多。当然，政府对征税的管理也是很严格的，《明会要》载：明"嘉靖元年八月，令广东、江西商货纳税，自北而南者于南安，自南而北者于南雄，不许违例重征"①。

至清初，清政府为了加强商税的征收，于韶州浈、武河边设太平桥关、遇仙桥关、旱关，于英德连江口的浛洸设浛洸税厂。

1. 太平桥关

太平桥关（或称太平关、太平东关，也简称东关），明天顺二年（1458 年），两广巡抚叶盛上奏朝廷获准设于南雄，康熙八年（1669 年），南迁至韶州浈江河边。

随着商贸经济的发展，经由大庾岭路来往的商品种类和数量大增，以榷盐为主的太平桥关也开始征收商税、铁课等，明万历六年（1578 年），太平桥关收商税、铁课等共银 4.3 万两。

《清史稿》载，康熙五年（1666 年），清廷曾一度"命各税均交地方官管理"，于是"太平关归南雄知府，遇仙桥、浛洸厂归韶州知府，各稽征税课"；到康熙八年（1669 年）清廷又"复定税额较多"，太平关"仍差部员督征"；同年，太平关从南雄迁到韶州，设在韶州城东浈江边，仍称太平桥关。由于地处冲要，太平桥关所收税银居广东各内河常关之首。

又据《清史稿·食货》所载而进行的不完全统计，乾隆年间，每年征收关税正耗银 13 万余两。其中转解内务府的盈余税银，每年约 6.8 万两。道光年间，太平关征收税银更多，正税等十六款"约共银二十一万三千五百三十九两有奇"，其中"转解户部十四万三千四百五十两"。② 清同治《韶州府志》载："康熙八年以部司榷南雄太平桥税。九年移于湘江门外，并理遇仙、含洭二厂。"该志又载："太平桥（东关）每年货税二万二千七百八十两正，每年验收盐引三千六百九十八道五分，应征盐税盐包银三千八百四十六两四钱四分。"③

由于受清初的禁海及"一口通商"政策的影响，海内外的商贸往

① （清）龙文彬：《明会要》卷五十七《食货五》，北京：中华书局 1956 年版，第 1088 页。
② （清）赵尔巽等：《清史稿》（第 13 册）卷一百二十五·志第一百《食货六》，北京：中华书局 1976 年版，第 3674 页。
③ 广东省地方史志办公室辑：《广东历代方志集成·韶州府部（三）·（同治）韶州府志》卷二十二《政经略二·关榷》，广州：岭南美术出版社 2009 年版，第 449 页。

来只能经广州海关通行，由此而形成了来自岭北的茶叶、生丝、绸缎等商品多取道新大庾岭这条比较便捷的"商道"运输至广州出口；而来自广东珠江三角洲的蔗糖、果品、铁器，以及进口的洋货如哆罗、哔叽、苏木、檀香等，这些商货一部分由骑田岭入湖南，一部分过大庾岭入江西，然后再转销各地。意大利传教士利玛窦对此有这样的描述：越过大庾岭路，"要花一整天的时间，翻山的道路也许是全国最有名的山路"，"许多省份的大量商货抵达这里，越山南运；同样地也从另一侧越过山岭，运往相反的方向。运进广东的外国货物，也经由同一条道输往内地。旅客骑马或者乘轿越岭，商货则用驮兽或挑夫运送，他们好像是不计其数，队伍每天不绝于途"。① 由此可见，太平桥关征银是越来越多的，这反映了清代前期北江商船运输的增加和韶州古道商贸的发展。

2. 遇仙桥关

遇仙桥关为明嘉靖二十六年（1547 年），于河西"湖广通粤要津"武水边开设的税关，主要对过往船舶征收货税和船税。

清同治《韶州府志》载：遇仙桥，在西门外，上通泷水，为楚入粤要津。宋天圣间殿中丞陈宗宪创……明嘉靖十八年知府符锡召赣匠更造方舟六十二舫相连，翼以扶栏，表以绰楔，东曰平政，西曰济川，又建燕誉楼于津口。二十六年，知府陈大纶梦游芙蓉山，见汉康容，适以桥成，告题"遇仙"，是岁始税商舶。"遇仙桥原额每年货税三千三百九十二两三钱"；当时遇仙桥关年征税定额是根据一年中商贸淡旺季来确定的，"遇仙桥税务岁额，春季银六百八十二两六钱九分一厘，夏季银五百三十二两六钱四分七厘，秋季银八百三十七两七钱四分四厘四毫，冬季银一千零八十七两八钱一分一厘。续于天启元年奉文春夏秋三季各增银二百两，崇祯元年春夏冬三季各加银一百四十两，秋季二百四十四两四钱，遇闰加银五十二两六钱。给新设练营兵工食，崇祯九年内每季增银五十两充饷。国朝（清），调岁额银初为三千一百四十两，续议加增二百五十二两三钱"。②

---

① ［意］利玛窦、金尼阁著，何高济、王遵仲、李申译，何兆武校：《利玛窦中国札记》，北京：中华书局1983 年版，第 278－279 页。

② 广东省地方史志办公室辑：《广东历代方志集成·韶州府部（三）·（同治）韶州府志》卷二十二《政经略二·关榷》，广州：岭南美术出版社2009 年版，第 449 页。

3. 旱关

为缓解太平桥关的急务，清同治五年（1866 年）在韶州北门外增设旱关，主要征收陆路过往商税。

4. 浛洸税厂

浛洸税厂设在英德浛洸县的连江边，为连州、阳山、湖广诸路交会之处，也是连阳地区与湖南商货往来的重要通道。"浛洸厂原额每年货税七千零二十二两二钱六分六厘，盐包银二百二十三两七钱五分零八毫。"[1]

四个关口由太平桥关总辖，故有"一关四口"之称。太平桥、遇仙桥、浛洸厂三处税口紧依浈江、北江，为加强管理，三处均设有浮桥，"启闭以时"。太平桥关四税口控制了出入粤北的各主要水陆商贸运输通道，从而使太平桥关成为清代广东最大的内河税关。

由于韶州有三个税关，加之清代税关弊端多，导致"商贾望见关津，如赴汤蹈火之苦"，北上南下之商民皆称过韶州为过"韶关"，久而久之，约定俗成，民间称谓就以特定的税关"韶关"代替"韶州"地名了。《广东省志·地名志》也言，韶关，因"明、清在此设税关，故名韶关"[2]。

（三）太平桥关、粤海关与海陆丝路

太平桥关、粤海关是海陆丝路上的重要税关，也是清代前期设置于广东的两大税关。

太平桥关是明天顺二年（1458 年）设于南雄府浈江河边的内河税关，康熙八年（1669 年），从南雄迁到韶州湘江门外的浈江河边，这是粤北古道最早设立的税关。

而粤海关则是清康熙朝设于广州的沿海税关，是清初设于沿海的较大的海关之一。粤海关的设立，一方面是清初社会发展的需要，另一方面也是其发展对外贸易的一个重要表现。康熙二十二年（1683 年），清政府统一台湾，随后开放海岸，放开了对外贸易的限制。为加强对对外贸易及外商的管理，康熙二十四年（1685 年），清政府于

[1] 广东省地方史志办公室辑：《广东历代方志集成·韶州府部（三）·（同治）韶州府志》卷二十二《政经略二·关权》，广州：岭南美术出版社 2009 年版，第 449 页。
[2] 广东省地方史志编纂委员会编：《广东省志·地名志》，广州：广东人民出版社 1999 年版，第 201 页。

广州设立了粤海关，它同其他海关一样，成为清初对外开放的重要窗口。

关于太平桥关、粤海关的情况，清李调元之《南越笔记》载："粤东省境，其通西江、东浙、南楚诸处者，为太平关，在韶州；其东南接诸洋面及粤西、闽、滇各省海运商贩者，为粤海关，各关口俱滨海岸。"并载："粤地出产繁多，陈若冲《记》中所云：'人物富庶，商贾阜通，故市中出纳喧阗，盛于它处。'"① 此记不仅说明了两关所在的位置，也说明了两关的功能，即太平关为内河税关，粤海关为外海税关。

中原货物走向海外，虽然有多个出海港口，但广州港的历史作用是不可忽视的。在诸多的出口货物中，其中有大部分是经粤北古道尤其是大庾岭路南运至广州，再从广州港外运。《元明史料笔记丛刊》载王临亨之《粤剑篇》记：梅岭"其阴，石径蛇行，屈曲而多委；其阳，峭壁林立，深秀而多致。要皆平坦靡咫尺，险隘足困客趾者。……此岭独以横截南北，为百粤数千里咽喉，犀象、珠翠、乌绵、白蚝之属，日夜辇而北以供中国用，大庾之名遂满天下"② 。从这里也可以看到，自唐至清，张九龄所开之大庾岭新路，实际上成为长江水系、珠江水系与海外贸易的连接通道，清乾隆年间实行"一口通商"时期更是如此。

珠江水系与长江水系的连通，粤北古道中的大庾岭新路和秦汉古道是必由之道。自南往北，其中一路经北江、浈江北行，逾大庾岭，与江西的赣江相接而入长江；另一路经北江、武江北行，逾骑田岭，与湖南的湘江衔接而入长江。反之，自北往南，一路通过长江入江西，逾大庾岭，经浈江、北江而至广州；另一路自长江、湘江，越骑田岭，入武水、经北江而到广州。所以，清代出口的商品尤其是茶叶，多经太平关，再从粤海关出海；而进口货物则是经粤海关北上，经太平关北运。

粤北浈江古水道上的太平关，设于长江与珠江两大水系的联结点上，其所管理的"三关一厂"，扼控北江河道上的浈江、武江和连江三大水上通道的商贸往来，不仅每年提供大量商税上交清朝政府，而

---

① （清）李调元：《南越笔记》卷六，扬州：广陵书社 2003 年影印版，第 271 页。

② （明）陆粲、（明）顾起元：《元明史料笔记丛刊》，北京：中华书局 1987 年版，第 96 页。

且客观上促进了地方经济的发展，它们与设在广州的粤海关连为一体，共同把守海陆丝路的门户，其作用是非常重要的。

（四）韶州"清平市"与"百年东街"

因古道而设关，因关而产生"市"，毗邻韶州太平关、旱关之地，因商贸往来物品的增多，及从事商贸活动人口的增加，从而形成了古韶州城北的一个大"市"——清平市。

韶州的商品集散地"清平市"，原为"清平墟"，后为"清平市"，明嘉靖年间为韶州知府陈大纶所立。清康熙《曲江县志·墟埠》载："清平墟，嘉靖中，知府陈大纶立。明末以寇讧废。按墟地在笔峰山下，为府龙过脉处。《舆经》云：人烟稀旷，则脉不团聚，立墟所以聚之也。国朝知府马元、知县周韩瑞同与复之。有记。"① 光绪《曲江县志·墟市》也载："清平市在城北望京门外，明嘉靖二十六年，知府陈大纶立市于笔峰山下，为府龙过脉处。《舆经》云：人烟稀旷，则脉不团聚，立墟所以聚之也。后因寇废。国朝康熙十一年，知府马元兴复，有记。未几，又废。二十四年，知府唐宗尧、知县秦熙祚兴复。马元碑载清平亭。"② 两则史料对该市所立时间、人物所载明确，真实反映了当时商贸发展的盛况。

清平市因明末寇乱而废，清代复修。对此，康熙时，韶州知府马元有《复修清平市记》。该记载："韶郡旧有清平市，在城北数武，创自明嘉靖丙午南宁陈侯大纶，埋二壕而亭其上，北望韶石，双阙屹然，虹电钟船，俨若图画。笔峰秀整，蜿蜒西走，少折而东而南，入于郡为奥区。凡人物之隆替，户口之登耗，民生之休戚，均有系焉。"③ 康熙十一年（1672年），马元"来守是邦"，"兢兢奉职"，"治郡事如家事"，使韶州"士安于庠，农耕于亩，商贾出于途，牿拳圜土，虚无人也。将再辟三衢，若陈侯当时所为，市肆百五十区，金于公。启之今日，使废复兴"。于是乎，"舟车辐辏，踵接肩摩，攘攘熙熙，林林总总"，"黍稷稻粱，布帛菽粟，钱刀筐篚，棋布星罗"，牙行、银楼、

① 广东省地方史志办公室辑：《广东历代方志集成·韶州府部（四）·（康熙）曲江县志》卷一《修政》，广州：岭南美术出版社2009年版，第47页。
② 广东省地方史志办公室辑：《广东历代方志集成·韶州府部（四）·（光绪）曲江县志》卷七《舆地书五》，广州：岭南美术出版社2009年版，第339页。
③ 广东省地方史志办公室辑：《广东历代方志集成·韶州府部（二）·（康熙二十六年）韶州府志》卷十一《艺文志二》，广州：岭南美术出版社2009年版，第350页。

典当、米行、盐行、布匹、竹木等商行林立，浈江西岸供人货上下的大小码头亦多，"通商贾、聚货财"，乃至形成了"东关外七街"商贸转运区。由清平市而辐射周边，形成的"圩"有：大塘圩、火山圩、枫湾圩、小坑圩、龙归圩、犁步圩、重阳圩、一六圩、黄村圩、仁和圩及马坝圩，等等，从而使韶州的商贸更加繁荣。

由清平市向南，则是 20 世纪初由广府富商所修建的"广富新街"，今韶关人称之为"百年东街"。

由清平市向东至浈江河西岸，是韶关有名的"天后码头"，天后码头建造于清代咸丰年间，是东街最古老、最大的一个码头，主要用于浈江河道上的货物转运。

由清平市向西对出，则是紧依武江水道的"北门码头"，当地人称"大码头"，北门码头主要用于武江水道的货物装卸与转运，也是附近居民生活取水、浆洗衣物和休闲之所。

明清时期，在浈、武两江走向汇合的韶州小岛上，以清平市为中心所设立的"一市""二码头""三关"及"一新街"，构成了韶州繁荣的商业图景。

（五）始兴商贸

除以上所述之岭南岭北商贸的往来外，紧依浈江古水道的始兴，其域内墨江河道也是浈江的重要支流，域内的商品交换也颇为繁荣。

《始兴县乡土志》记："本境所产杉木为大宗。由水运至小唐、江门、新沙西南、佛山等处销行。每岁木排约一千六百余梢，每排十二剪，每剪木数以大小多寡为衡。纸行烟行亦为大宗。桶纸百斤为一担，由水运至佛山、省城并京。文纸一律销行，每岁共五千七百余担。烟叶以毛岭赤沙定高下，有黄烟、黑烟之分。黑烟少而黄烟多，用竹篾裹缠成捆，每捆百斤左右为一件；黑烟运至韶府、英德、西南四会各江销行，黄烟多运至佛山或省城、石龙、惠州销行；每岁销黑烟五百余件，黄烟一千三百余件；远恃牛庄为销路。冬笋运至韶城、省、佛，每岁销行二万余斤。此皆本境产物。"这些物产多由水运至韶州，然后销行佛山、顺德、香山、东莞、新会等地。此外，木炭每岁七八百万斤，山茶每岁一万一千余斤，水运至韶州，行销西南佛山等地；水牛、黄牛皮每岁可得二千余块，远销澳门。而"货物有运入本境者，烟土为最，洋布、洋纱次之。江西布匹，省埠官盐又次之"。烟土有

南土、公土和广土之分，南土来自川省居多，云南、两湖亦有，由韶州运来；公土出自印度，广土亦然，经香港、省城水运入境，每岁销行价值十万两。洋纱、洋布入境，每岁销行一万四千余两。江口盐厂设立后，改食雄赣埠官盐，每岁销行八十余万斤，私盐弊窦，一概禁绝。而海味品物甚多，土人概名之曰京果，暨咸鱼、榄豉酱料、瓦缸什物，俱由佛山陈村、石湾运来，专其业者，类多南海石井及周村人，每岁销行价值四万余元。苎麻多由湖南宜章，逾岭下水泷，运至韶城，转贩入境，每岁销行三万余斤。又有各色布匹、鞋带、杂货，由陆运自嘉应、兴宁者，每岁销行货价万余两。此皆货物入境之最著者。"至于食米，本境自可给足，惟盗运往韶者甚多。故翁源米运入陬子圩、黄沙圩，龙南米运入都亨圩，信丰米运入澄江圩，此往彼来，可见贸易中，销行无滞。"① 《始兴县乡土志》所记，具体反映了当地及古道上农副产品的种类及贸易情况。

六、连州秦汉古道与商贸

连州地处湘、粤、桂三省交界处，历来是南北商品的集散地。连州秦汉古道是粤湘商品流通的另一主要通道。

来自广州、清远等地的食盐、铁器、煤油、纱布、陶瓷等物品，从连江古水道运进连州，然后逾顺头岭运往湘南的宜章、蓝山、嘉禾、道县等地。而湖南蓝山、宜章、临武、永州、道县等地的食油、苎麻、百合、莲子等物，沿秦汉古道运至连州，然后顺连江而下，入北江，输往珠三角地区。

秦汉古道域内商贸兴盛的地方除连州城外，还有东陂和星子。经星子、东陂两路进入连州的古商道上，肩挑商贩络绎不绝，每天不下五六百人。

1. 星子与秦汉古道上的商贸

星子处在星江河旁，居秦汉古道顺头岭与连州之间。

星子地名，"相传居民由江西星子县迁此，故名"②。星子北有顺

---

① （宣统）《始兴县乡土志》，第 67－70 页。
② 广东省地方史志编纂委员会编：《广东省志·地名志》，广州：广东人民出版社 1999 年版，第 227 页。

头岭，为由湘入粤之第一关口。民国《连县志》载："地势高雄，俯瞰星子市附近数十里，为湖南嘉禾、临武等县入粤孔道。"①

历史上的星子，是秦汉古道上连州北部与湘南相接的交通要点。《连州志》载，明洪武二年（1369 年），连州设置有星子、朱岗、西岸三个巡检司。嘉靖至隆庆年间（1522—1572 年），广州府在连州星子设盐埠，拨粤盐供湘楚食用。"从连州星子引盐行销衡、永、宝三府，每年折至一万余引。"而至乾隆五十四年（1789 年），始置连州总埠。嘉庆二十二年（1817 年），裁星子巡检司，以州判移驻星子，并将州境划分星子属、朱岗属、捕属三属，分别设属官和吏官。经星子古道往来的货物除大宗的盐和粮米之外，还有周边自产的农副产品，如竹木、牛、茶油、猪、苎麻、花生、莲子、药材等。当地老者言："经星子、东陂粤湘古商道的挑夫，每天约 2000 人。"

2. 秦汉古道与粤盐北运

从相关资料的记载中可见，除韶关域内各古道外，沟通粤湘的秦汉古道是历史上湘粤之间食盐贸易的主要通道。

湘南与粤北的食盐贸易及运输情况如何呢？明万历年间两广总督刘尧诲对郴、桂二州的食盐情况有一段说明。他在《议疏通韶连盐法疏》中云："广东东、西二路所产生熟二盐，向系各处水商往场收买，运至省河，赴盐课提举司每引纳军饷银九钱，仍听商人各照引目行盐地方转运发卖，一自南雄度岭以达于吉安，一自梧州入桂林至全州以达于衡、永，二路商盐，皆出境发卖者。一自韶州至乐昌县坪石村，一自连州至星子白牛桥，二路商盐皆本境发卖者。南、梧二路向来通行江、楚，似矣。……韶连二路之盐，俱系邻界郴、桂、宜、临等县人民亲赴水次交买，各担负而归，以供日用。"②

这里说明，在明万历年间，产自广东东、西二路的食盐销往岭北，其路线有四：其一，"自南雄度岭以达于吉安"，即从广州逆北江、浈江而上至南雄，翻越梅岭，过大庾岭路而进入江西吉安；其二，"自梧州入桂林至全州以达于衡、永"，即从广西梧州，经桂林、全州而达湘南之衡、永二州。两路之盐"皆出境发卖"。其三，"自韶州至乐

① 广东省地方史志办公室辑：《广东历代方志集成·韶州府部（十三）·（同治）连州志》，广州：岭南美术出版社 2009 年版，第 492 页。

② （明）刘尧诲：《议疏通韶连盐法疏》，（明）郭棐撰，黄国声、邓贵忠点校：《粤大记》（下），广州：中山大学出版社 1998 年版，第 882 页。

昌县坪石村"，这主要是从广州逆北江、武水而上至乐昌坪石，或从广州逆北江、武水而上至乐昌县城，经乐宜古道进入坪石或宜章等地。其四，"自连州至星子白牛桥"，此路即从广州逆北江、连江、星江而至连州或星子盐埠，"二路商盐皆本境发卖"。而连州秦汉古道上的食盐贸易与私盐贩运，在一定程度上反映了古道商贸的繁荣。

就以盐法为例，清同治《连州志》卷三载："明，连州星子埠，引盐行销湖广衡、永、宝三府。嘉隆时每年折至一万余引，少则七八千不等。隆庆五年，广西巡抚殷正茂始议官运。取盐利充饷，使衡、永、宝民食西运盐，禁连盐不得入楚，岁限连州引三千六百道。维时衡、永、宝三府民食连盐，便黠者仍阴□连引。万历四十四年，连埠复告增引八百道。后连引日增，西盐日壅。西省当事者以裕饷为辞，议定割桂、临、蓝、嘉四州县分销连引，其余不得溢界。于是，连之引目渐滞。崇祯未撤罢盐税，酌减连引二百道，以四千二百道为定额。"① 这则史料反映了自明以来连州地域的食盐交易情况。

史料中提到的湖广衡、永、宝三府，即衡州、永州和宝庆，三地位于湘南地域，与广东北部的韶州、连州接壤，历史上商贸往来频繁。三府民众始食淮盐，后改食粤盐，康熙六年（1667 年）又由粤改淮。其中一个原因是，清初仍沿明制，粤盐由梧州、经桂林、过灵渠、抵全州、入湖南，路远价高。吴氏改彼时粤盐运输成本的高昂。另一个更重要的原因则是，清初粤东沿海迁界，广东沿海各场盐产减少，食盐质次价高。康熙四年（1665 年）就有衡山县民抱怨粤盐每包"价至六七两不等"，"每斤纹银七八分不止"，且"扣减掺沙"，盐质极差，而且，运输时间长，"有盘滩过岭之苦"，有时半年不至，民怨不断；而淮盐产地距离衡、永、宝三府虽也有千里之遥，但是路途仍较粤盐略近，成本略低，盐价也较低。

然而，到了康熙中期，由于三藩和台湾之患的解除，禁海之令取消，形势出现了变化。粤东盐产恢复，湖南南部粤盐行盐区恢复由粤东盐场供应。粤盐北上只需从广州经清远，过连州沿秦汉古道，或过粤北经大庾岭路、西京路便可抵达湖南境内，路途大大缩短，运输成本减少，盐价降低。因此，粤盐得以侵越衡、永、宝三府。康熙四十

① 广东省地方史志办公室辑：《广东历代方志集成·韶州府部（十三）·（同治）连州志》，广州：岭南美术出版社 2009 年版，第 96 页。

年（1701年），偏沅巡抚赵申乔即称："粤东产盐八府，民间喜于食贱，奸徒易于走私。"① 除了官盐的运输与贸易之外，湘粤之间的食盐贸易还夹杂着规模不小的民间食盐走私，从而活跃了边界上的食盐及其他商品的贸易。挑夫就是活跃在古道上的运输主体之一。

"挑夫"也称"脚夫"，有"长、短工之别"。"长工"，是不事农事，常年从事货物运输的所谓"生意人"（俗称"打长工"），他们如同茶马古道上的"马帮"一样，有自发组织的"行帮"，头人负责承揽生意并对"行帮"进行管理，维持生计；"短工"，则是在秋冬农闲时为帮补家用而从事货物运输的人。短工有时独自一人或三三两两临时拼凑而成，更多的时候也依赖"行帮"，承揽活计。无论长工、短工，他们既受雇于当地的官府承担货物的运输，也受雇于当地的"水客头人"进行货物的走私。所以，秦汉古道与其他古道一样，经常活跃着成百上千挑夫的身影，有"百担箩筐过山岗"之说，他们摩肩接踵，成为古道上一道独特的风景。

3. 秦汉古道上的圩市与会馆

历史上的圩市，主要是乡民集中交易的场所，其特点是"日中为市，日落而退"。圩市交易均有定期，少则三日一圩，多则五日一圩，风雨不改。

随着商品贸易的开展与繁荣，连州秦汉古道上形成了众多的圩市，同时，古道域内也建有不少商人聚会联谊的会馆。

连州圩市沿东陂古道及秦汉古道而展开，计有石峦圩、龙平圩、保安圩、高良圩、蕨埠圩、星子圩、太和圩、东陂圩、西岸圩、丰阳圩和夏湟圩等二十余处，其中以连州附城之石峦圩、高良圩、蕨埠圩、星子圩、东陂圩、丰阳圩为旺，圩日常聚千余人。下面列表对比加以说明。

---

① （清）赵申乔：《赵恭毅公自治官书》卷八《伤缉私盐咨》，《续修四库全书》（第811册），上海：上海古籍出版社2003年版，第16页。

表 5-2　连州秦汉古道、东陂古道主要圩市一览表

圩名	距县城（华里数）	圩期（阴历）	趁圩民众	大宗商品
石峦圩	12	三、八	县内乡民及湖南小江、临武商人	耕牛
高良圩	33	四、九	附近村民，县城及连山、连南商人	山货
蕨埠圩	59	一、六	附近村民及商人，有商铺六七间	油类、花生、猪仔等
星子圩（锦囊圩）	93	二、七	附近村民，湖南临武、宜章、保安等地商贩、村民	牛、米、油、盐、棉花、烟皮
东陂圩	68	五、十	附近村民，湖南蓝山、临武、宜章、大桥、马市、江华、永州等地商人	牛、布、猪、米、茶油、盐
丰阳圩	91	一、六	本乡及附近村民，湖南等地商人	米、布、盐、油、纸

注：本表据民国《连县志》卷二《人文志一》所载整理而成，略有删改。

连州一域，商业繁荣。连州商旅，外省人居十之七八，其中又以湖南为最多，江西、福建次之，本省则是广、惠两地为多。所以，民国后，各地商人、旅连人士以同乡关系，为敦睦乡谊，集资兴建有较多的会馆。据不完全统计，全县会馆大小有十余间，其中影响较大者如表 5-3 所示：

表 5-3　连州秦汉古道、东陂古道主要会馆一览表

馆名	省别	馆址
南海会馆	广东省	联德镇抗日路
广同会所	广东省	东陂埠北胜街
五邑会馆	广东省	三江老城中心街

（续上表）

馆名	省别	馆址
湖南会馆	湖南省	东陂中街
楚南会馆	湖南省	星子日升街
豫章会馆	江西省	星子贾屋巷
福建会馆	福建省	联德镇城隍路

总之，经粤北古道而进行的商品贸易，种类繁多，上述只是其中大宗者，此外还有"南走百越"的棉和布的运销、生铁和铁器的运销、广糖的运销等。这些商品的运输与贸易，一方面解决了各地商品的短缺问题，稳定了社会生活；另一方面则极大地促进了商品经济的发展。

岭南文化书系

粤北古道与文化

第六章　粤北古道与宗教传播

随着粤北古道的开辟与修筑，岭南岭北的文化交流伴随北方各封建王朝对岭南的政治军事统治的强化及南北商贸往来的增多而变得更加丰富、多样。其中，宗教文化也是古道上文化传播的重要内容之一。

惠能北上黄梅求法与南下岭南传播禅宗文化、鉴真大和尚东渡日本传法、葛洪南下罗浮炼丹的道家文化及以利玛窦等传教士为主体北上传播的外来宗教文化，均取道粤北古道。可见，粤北古道也是一条宗教文化的传播之道。

一、惠能与禅宗

六祖惠能（638—713 年），祖籍范阳，俗姓卢，生于广东新州。三岁丧父，稍长，以砍樵卖柴供养其母。听《金刚经》后而心有所悟，便立志求法。661 年赴黄梅拜谒五祖弘忍，以《菩提偈》得五祖赏识并传授衣钵。返回岭南后，于肇庆的怀集、四会等地隐居 15 年之久。676 年于广州法性寺（今光孝寺）受戒而成为五祖传法继承人，即为六祖。惠能以《坛经》为经、以定慧为本，为佛教中国化、本土化之践行者。惠能禅宗，"一花五叶"，弘于中国，播及海外，尤其对东南亚有巨大的影响。

（一）禅宗源流与惠能

南朝时期，印度佛学的东传及其在中华大地上的流布、演变，催生了中国本土化的宗教，即禅宗，由此可以说禅宗是印度佛学中国化的结果。在法脉与源流上，菩提达摩（？—536 年，一说 528 年）为中国禅宗初祖，至唐之禅宗六祖惠能始，禅宗分化为以"渐悟"为主

要修行方式的北禅和以"顿悟"为主要修行方式的南禅，由此而形成南北两大宗派。南朝自惠能六祖下，一花五叶，演化成"五宗七家"，并成为本土化的中国佛教的一个重要流派。

禅宗在中国的发展大体可分为以下三个时期：

第一，自南朝宋时，菩提达摩从海路乘商船至广州，然后开始传法，至六祖惠能止。其法脉相袭、衣钵相传的过程是：菩提达摩（初祖）、慧可（二祖）、僧璨（三祖）、道信（四祖）、弘忍（五祖）、惠能（六祖）。这个阶段，一般被视为中国禅宗发展的早期。

第二，自唐中叶后，惠能黄梅得法，被尊为六祖且开始弘法后，南禅宗得到了很大的发展。惠能在韶州大梵寺弘法，由其弟子法海集录而成《六祖坛经》（或称《法宝坛经》）。"《六祖坛经》是禅宗思想形成的标志。"① 自六祖下，不立文字、不传衣钵，一花五叶，先后形成了沩仰、临济、曹洞、法眼、云门五宗，南禅宗在发展中逐步取代了菏泽神会的北禅宗而成为禅门正宗。南禅宗进入分化期。

第三，自唐至明清，南禅宗的发展由盛而衰。直至民国初年，虚云大师几经努力，使几近衰微的南禅宗得以中兴。

若从禅宗法脉来看，中国禅宗可上溯至印度禅之迦叶尊者，印度禅自西方一祖迦叶尊者始，发展至二十八祖，为菩提达摩祖师。

初祖菩提达摩，生于南印度，婆罗门种姓。南朝刘宋时乘商船来到广州，由此经陆路北上至魏，以禅法教人。游嵩山少林寺，在那里独自修习禅定，时人称之为壁观婆罗门，以《楞伽经》教授弟子慧可。

二祖慧可（487—593 年），大祖禅师。俗姓姬，虎牢（今河南荥阳）人。慧可"雪中断臂"求法故事广为流传，得自菩提达摩《楞伽经》四卷，其在襄国（今邢台市）弘法，并在此传钵于三祖僧璨。

三祖僧璨（？—606 年），唐玄宗谥为鉴智禅师。得法于慧可，隐居于舒州的皖公山（今安徽境内）。后遇周武灭佛，往来于太湖县司空山。有《信心录》一卷。

四祖道信（580—651 年），大医禅师。俗姓司马，湖北人。嗣法僧璨，传于弘忍。以《文殊说般若经》结合《楞伽经》教授门徒，形成黄梅禅。傍出金陵牛头山之一系，为牛头初祖。

---

① 麻天祥：《中国禅宗思想发展史》，长沙：湖南教育出版社 1997 年版，第 3 页。

五祖弘忍（601—674 年），大满禅师。俗姓周，湖北黄梅人，得道信禅法。弘忍以《金刚经》取代《楞伽经》与《文殊说般若经》作为传法的核心。因五祖弘忍住在蕲州（今湖北）黄梅县之黄梅山，其山在县之东部，因而叫作东山，时称"东山法门"。弘忍以《菩提偈》而秘传衣钵予惠能。自五祖弘忍后，禅宗分化为南北二宗，其特点是"南顿北渐"。北宗以神秀为首，南宗以惠能为首，两宗斗争激烈，北宗不久即衰，南宗独盛。

六祖惠能（638—713 年），又作慧能，大鉴禅师。俗姓卢，祖籍河南范阳，生于新州（今广东新兴）。惠能佛性通透，以"菩提本无树，明镜亦非台。本来无一物，何处惹尘埃"之《菩提偈》，为弘忍招而登堂入室，并为其宣讲《金刚经》，为弘忍传人。于 676 年在广州法性寺剃度，此后在曹溪宝林寺（今南华寺）弘法 37 年。经传为《六祖坛经》。惠能主张教外别传、不立文字，提倡心性本净、佛性本有、直指人心、见性成佛。自六祖下，南宗发展兴旺，一花五叶。曹溪禅后分为曹溪北宗、曹溪南宗、保唐宗。曹溪北宗：为荷泽宗，始于神会大师，承继六祖法脉，又被尊为禅宗七祖。曹溪南宗：分化出石头宗、洪州宗、保唐宗三支，而以石头、洪州为禅门正宗。

（二）惠能北上黄梅求法

上文提到，禅宗六祖惠能得道于黄梅五祖弘忍，那么，其北上与南下的路线如何呢？

（1）各"僧传"对于惠能北上湖北黄梅求法的过程，大体有四种记载：

其一，惠能直接上黄梅东山求法。郭朋校释的《坛经校释》载："惠能幼小，父又早亡，老母孤遗，移来南海，艰辛贫乏，于市卖柴。……忽见一客读《金刚经》，惠能一闻，心明便悟。……惠能闻说，宿业有缘，便即辞亲，往黄梅冯墓山，礼拜五祖弘忍和尚。"郭朋于此书"凡例"中说，"本校释以日本学者铃木贞太郎、公田连太郎校订的敦煌写本——法海本《坛经》为底本，参照惠昕、契嵩、宗宝三个改编本《坛经》进行校订"①。但书中没有说明惠能北上的路线与具体北上到达黄梅东山的问题。

---

① （唐）慧能著，郭朋校释：《坛经校释》，北京：中华书局 1983 年版，第 18 页。

其二，惠能经由韶阳、乐昌西石窟而至黄梅。据赞宁《宋高僧传》之《唐韶州今南华寺惠能》载：惠能听闻《金刚经》而启佛性，得知"蕲州黄梅冯茂山忍禅师劝持此法"，便立志求法。"咸亨中，往韶阳，遇刘志略。略有姑无尽藏，恒读涅槃经。能听之，即为尼辨析中义。……至乐昌西石窟，依附智远禅师，侍座谈玄。"① 这里所记，一方面说明了惠能原先在家乡听人诵读《金刚经》而有所悟，便立志至黄梅求法；另一方面说明了惠能从家乡至韶州，然后到乐昌西石窟从智远禅师学法，并在智远的启发下，最后来到黄梅，礼拜五祖。

其三，道原的《景德传灯录》载：惠能闻之"《金刚经》得于黄梅忍大师。师遽告其母以为法寻师之意。直抵韶州，遇高行士刘志略，结为交友。……明日遂行，至乐昌县西山石室间，遇智远禅师，师遂请益。远曰：'观子神姿爽拔，殆非常人。吾闻西域菩提达摩传心印于黄梅，汝当往彼参决。'师辞去，直造黄梅之东禅，即唐咸亨二年也。忍大师一见，默而识之。后传衣法，令隐于怀集、四会之间"②。

其四，《六祖大师法宝坛经（曹溪原本）》和《曹溪大师别传》载，惠能经由韶阳宝林寺、乐昌西石窟而至黄梅。《六祖大师法宝坛经（曹溪原本）》记：惠能俗姓卢氏，父早亡，靠砍樵卖柴养母。一日卖柴后听客人诵读《金刚经》，佛性萌动。后来得一香客指点，知道湖北黄梅五祖弘忍以《金刚经》教化门人达"一千有余"，又得一客人支助银两以安置老母，后便往黄梅求法，礼拜五祖。

至此，我们再看看《曹溪大师别传》对惠能事迹的记载。《曹溪大师别传》记："惠能大师，俗姓卢氏，新州人也。少失父母，三岁而孤。虽处群辈之中，介然有方外之志。其年，大师游行至曹溪，与村人刘志略结义为兄弟，时春秋三十。略有姑，出家配山涧寺，名无尽藏。常诵《涅槃经》。大师昼与略役力，夜即听经，至明，为无尽藏尼解释经义。尼将经与读，大师曰：'不识文字。'尼曰：'既不识字，如何解释其义？'大师曰：'佛性之理，非文字能解。今不识文字何怪？'众人闻之，皆嗟叹曰：'见解如此，天机自悟，非人所及，堪可出家，住此宝林寺。'大师即住此寺修道，经三年。……时大师春

---

① （宋）赞宁撰，范祥雍点校：《宋高僧传》（上），北京：中华书局1987年版，第173页。
② （北宋）道原著，顾宏义译注：《景德传灯录译注》（一），上海：上海书店出版社2010年版，第280页。

秋卅有三。后闻乐昌县西石窟有远禅师，遂投彼学坐禅。大师素不曾学书，竟未披寻经论。时有惠纪禅师诵《投陁经》，大师闻经，叹曰：'经意如此，今我空坐何为？'至咸亨五年，大师春秋卅有四。惠纪禅师谓大师曰：'久承蕲州黄梅山忍禅师开禅门，可往彼修学。'大师其年正月三日，发韶州，往东山，寻忍大师。策杖涂跣，孤然自行。至洪州东路，时多暴虎，大师独行山林无惧，遂至东山。"① 此则记载说明，"咸亨元年"惠能离开新州来到韶州曹溪，与刘志略"结义为兄弟，时春秋三十"。在刘家，惠能"昼与略役力，夜即听经"。后住宝林寺修道，"经三年"。时，大师年三十有三。又投乐昌县西石窟的远禅师"学坐禅"。

至咸亨五年，大师春秋卅有四，发韶州往东山，寻忍大师。由此可见，惠能在乐昌西石窟从远禅师学禅，时间有一年之久。

（2）"地方史志"对于惠能北上湖北黄梅求法的过程，大体也有三种记载：

其一，清康熙《韶州府志》记载："泐溪岩，一名仙人石室，俗呼西石岩。在县西三里，高三十余丈，下有石室，高三丈，广五丈。左右各有斜窦可通游。右入则有石床，六祖往黄梅时，曾憩于此岩。僧慧远谓其神采非常，往必得道。仙经七十二福地之一也。有飞来碑刻，真武赞八句，字如峋嵝古异，不能尽识。云，飞自武当。陆羽题名。余襄公有记。"② 此载"六祖往黄梅时，曾憩于此岩"说明惠能北上湖北黄梅求法，经乐昌并在西石岩休息，但未说明时长。

其二，《乐昌县志》载，惠能北上湖北黄梅求法经乐昌并在西石窟短住。《乐昌县志·大事记》载："唐咸亨元年禅宗六祖惠能从南海北行，从智远禅师学禅，经乐昌憩于西石岩洞内。"③

其三，《乐昌文物志》载：乐昌宝林寺，位于廊田镇楼子脚村，始建于唐代。"宝林寺相传为六祖惠能北上乐昌时问路处，接着从廊田到乐昌西石岩，时寺僧智远禅师为惠能指引去黄梅学佛的路线。后六祖成佛，为纪念此事而建。北宋景祐三年（1036年），宝林寺重修，知县黄子元陪余靖同游宝林寺，余靖应邀撰写《乐昌县宝林禅院记》，

① （唐）慧能著，郭朋校释：《坛经校释》，北京：中华书局1983年版，第122页。
② 广东省地方史志办公室辑：《广东历代方志集成·韶州府部（一）·（康熙）韶州府志》，广州：岭南美术出版社2009年版，第213页。
③ 乐昌县地方志编纂委员会编：《乐昌县志》，广州：广东人民出版社1994年版，第8页。

并题诗《同黄宰游宝林精舍书圆祐长老壁》一首。清咸丰年间毁于兵事。"① 又据《读史方舆纪要》载：乐昌"泷溪岩，县西北三里。岩有石室，深三丈，广五丈余。《道书》以为七十二福地之一。其北五里，泷溪出焉，南流入武水"②。

另据林雄《顿悟禅学》记："慧能从新州出发，经南海郡、韶州、衡州、长沙郡、蕲州，历时三十余日，晓行夜宿，餐风露饮，于唐高宗李治显庆六年（661 年）春抵达黄梅东禅寺。"③ 此记的时间有误。

从上面所述可见，惠能由新兴至韶州再至乐昌，北上黄梅求法，所经路线为新州—韶州—乐昌，经乐宜古道，翻越九峰山而至湖南宜章，然后到达湖北黄梅。

有研究者也认为，惠能北上求法所经路线为大庾岭路，讹也。因为，张九龄开大庾岭新路时间是唐开元四年（716 年），南北交通取道于大庾岭新路也是之后的事情，而惠能北上是在唐咸亨年间，当时岭南岭北经粤北的交通要道是西京古道。

（三）惠能南下与传法

关于惠能得法后南下路线，史料所记基本一致。为避因衣钵之争而引发的伤害，惠能离开黄梅，经江州（今江西九江），翻越大庾岭至曲江曹溪，然后至新会、怀集，隐于樵夫、猎人队伍 15 年。惠能归隐岭南后，于唐高宗仪凤元年（676 年）正月初八到广州法性寺，受印宗法师等剃度而受尊为六祖。

1. "怀会止藏"一说

《祖堂集》载：惠能（时为卢行者）三十二岁时，至黄梅礼觐五祖禅师，以"人则有南北，佛性无南北"的求法意愿及"愿竭力抱石舂米，供养师僧"的虔诚，得五祖弘忍之允而在黄梅学法，"首末亲事，经八个余月"。

其中，五祖禅师临仙化时，告弟子作偈语。卢行者以"菩提本无树，明镜亦非台。本来无一物，何处惹尘埃"一偈而合五祖心意，得

① 《乐昌文物志》编纂办公室编：《乐昌文物志》，广州：广东人民出版社 2013 年版，第 35 页。

② （清）顾祖禹撰，贺次君、施和金点校：《读史方舆纪要》（第 9 册）卷一百二《乐昌》，北京：中华书局 2005 年版，第 4683 页。

③ 林雄主编：《顿悟禅学：六祖慧能"怀会止藏"的故事》，广州：南方日报出版社 2005 年版，第 9 页。

五祖三更为之讲法，改名号为惠能，并传袈裟以为法信。《祖堂集》载："五祖偈曰：'有情来下种，因地果还生。无情既无种，无性亦无生。'行者闻偈欢喜，受教奉行。师又告云：'吾三年方入灭度，汝且莫行化，当损于汝。'行者云：'当往何处而堪避难？'师云：'逢怀则止，遇会且藏。'又问：'此衣传不？'师云：'后代之人，得道者恒河沙。今此信衣，至汝则住。'……行者奉教，便辞大师。……当时七百余人一齐趁卢行者。众中有一僧，号为慧明，趁得大庾岭上，见衣钵，不见行者。其上座便近前，以手提之，衣钵不动，便委得自力薄，则入山觅行者。高处望见行者在石上坐。行者遥见明上座，便知来夺我衣钵，则云：'和尚分付衣钵，某甲苦辞不受，再三请传持，不可不受。虽则将来，现在岭头，上座若要，便请将去。'明上座云：'不为衣钵，特为佛法来。'"①

而赞宁《宋高僧传》对于惠能南下，所记不多。云："能计回生地，隐于四会、怀集之间，渐露锋颖。"②

以上两记，前详后简，相互补充，说明了惠能得法后，沿梅关古道返回岭南，隐于四会、怀集之间。

2. 惠能与梅关古道上的"衣钵石"

惠能为逃避神秀及其他僧人的迫害，遵师命南行，至大庾岭后，被武僧慧明追上，惠能只好把衣钵放于石上，自己躲入草丛中。待慧明追到，见衣钵而欲取，但拿不动，便知惠能有神灵的护佑，于是，慧明转而求惠能指点迷津。惠能从草丛中出来，以"不思善、不思恶，正是你本来面目"的佛理教之，慧明顿感心净眼明，并拜惠能为师。慧明经此，日后遂成为惠能六祖的得力门徒和护法王。当惠能脱险后，口渴难当，而岭上无水，便以杖点石，石涌清泉。后来，惠能弟子便在该处修建了庙宇（称六祖庙，后改为六祖寺），将承接衣钵之石，称为衣钵石（也称"六祖石"），将以杖点石而成之泉，称为"卓锡泉"（或称"衣钵井"），以纪念惠能梅岭脱险之经历。

惠能大庾岭显法的传说，后来为禅宗相关资料及史书所载，并广为流传。此说印证了惠能与梅关古道的关系。

---

① 张美兰校注：《祖堂集校注》，北京：商务印书馆 2009 年版，第 73 – 74 页。
② （宋）赞宁撰，范祥雍点校：《宋高僧传》（上），北京：中华书局 1987 年版，第 174 页。

3. 风幡之议与惠能剃度

惠能回到岭南后，谨记五祖"逢怀则止，遇会且藏"之嘱，于怀集、四会等地，与樵夫、猎人为伍，兼采草药、修医术，为民治病，隐藏达 15 年之久。

唐高宗仪凤元年（676 年）正月初八，惠能来到广州法性寺。正好遇到印宗法师在该寺为弟子讲解《涅槃经》，此时，风吹幡动。对此现象，其中一僧人说是"风"在动，而另一僧人则认为是"幡"在动，为此争论不休。惠能听到两人的争论，便对他们说，这既不是"风"在动，亦不是"幡"在动，而是"仁者心动"。印宗听到后，悚然若惊。他结合五祖弘忍已传衣钵南下之议，知道此人得到黄梅弘忍真传，遂拜为师，并于正月十五日在法性寺菩提树下为惠能剃度，二月八日于法性寺戒坛为惠能授具足戒，是为禅宗六祖。

惠能在广州受戒后，便开始北上韶州传法。

（四）惠能韶州弘法

唐高宗仪凤元年（676 年）春，韶州宝林寺派人来法性寺延请惠能到宝林寺做住持。就此，惠能开始了在韶州长达 30 多年的弘法历史。

1. 大梵寺讲法

韶州刺史韦璩得知惠能到宝林寺做住持后，率先入曹溪参礼，延请惠能大师到曲江城大梵寺讲堂，为大众开缘说法，兼授无相戒。时，韶州有官员三十多人、儒生三十多人及僧尼道俗共计一千余人聆听了惠能的法音。他说："菩提自性，本来清净，便用此心，直了成佛。"韦璩与同僚、儒士、僧尼听了六祖开示，各自领悟，欢喜不已，纷纷上前作礼。惠能的弟子法海把此次弘法的内容记录、整理并汇编成《六祖坛经》。有学者指出："这本《坛经》不仅体现佛理禅机，还融汇了中国儒、道两家传统文化的精髓和内涵。《坛经》的面世是中国佛教发展史上一个新时代的标志，在中国思想文化史上有着显赫的地位。"①

2. 扩建宝林寺

惠能在韶州及曹溪宝林寺大兴法雨，声名远播，求法者络绎不绝。

---

① 林雄主编：《顿悟禅学：六祖慧能"怀会止藏"的故事》，广州：南方日报出版社 2005年版，第 133 页。

宝林古寺讲堂狭小，僧堂也容纳不下四方前来求法之人，于是，惠能造访宝林古寺附近曹侯村的陈亚仙，"化一坐具之地"。惠能坐具展开，把曹溪方圆四境十里，全罩在坐具里面。惠能用此地营建了十三所院房，扩大了宝林寺的规模，对宝林禅寺及禅宗的发展起到了关键的作用。

从上可知，惠能自身求法与韶关古道关系密切，而且，惠能传法后，各地僧众也沿古道前来曹溪学法。可以说，韶关古道是一条禅宗思想的传播之道。

二、慧寂与东平山正觉寺

仰山慧寂禅师（840—916 年）［一说（807—883 年）］，禅宗第十一代，南宗第六代，伪仰宗二世，又称"小释迦"。

明嘉靖《南雄府志》载："小释迦，讳慧寂。保昌怀化人也，叶氏。九岁出家，十七岁披剃，十八往曹溪真藏主位下听《维摩经》。其年往吉州孝义寺礼性空和尚为师。空曰：'吾非汝师，新淦耽源山有老宿，名真应，汝可往彼。'寂如其言。耽源曰：'六代祖师临灭时，谓老僧曰："吾灭后三十年，南方有一沙弥到来，大兴此教，今付与汝。"'后往洪州观音寺。一日，有异僧在前礼拜，起问：'和尚，还识字否？'寂曰：'粗浅。'僧画一画，寂添为十字。僧添为卐字。寂作一圈围卐字，僧右旋一匝翘足于寂前作案至佛势。寂曰：'是诸佛护念，汝亦如是，吾亦如是。'僧曰：'善哉，善哉！本来东土礼文殊，今日却见小释迦。'礼拜，出门腾空而去。因号曰：'小释迦。'唐武宗会昌元年（841 年），至袁州仰山结庵。三年四月十三日，忽风雷暴作，山上神祠巨松皆移向褚田山下三十里。咸通五年（864 年），赐号知宗大师。乾符四年（877 年），赐号澄虚大师。中和三年（883年）二月十三日入灭。天祐十一年（914 年），赐谥通智大师。靖康初，加谥灵威。相传是山遇有雄人至，则锡杖先鸣。"① 亦见《韶州府志》卷三十八。

关于慧寂之籍贯，争议较多。为便于分析，下面简述之：

《祖堂集》《五灯会元》《袁州仰山慧寂禅师语录》《佛祖历代通

---

① 广东省地方史志办公室辑：《广东历代方志集成·南雄府部（一）·（嘉靖）南雄府志》，广州：岭南美术出版社 2007 年版，第 112 页。

载》《释氏稽古略》与《景德传灯录》均记为"韶州怀化"人。

《宋高僧传》记为"韶州浈昌"人，陈垣《释氏疑年录》、杨曾文《唐五代禅宗史》等均采用此说。

《光孝寺志》《仁化县志》《新编曹溪通志》则记为"韶州仁化"人。

《南雄府志》记为"保昌怀化"人，本书以此为据。

据唐陆希声之《仰山通智大师塔铭》及其他史料，可以略述出其主要经历和弘法之处：

唐宪宗元和二年（807年）六月二十一日，生于韶州浈昌县怀化驿（今韶关南雄珠玑镇，此论值得商榷）。

穆宗长庆三年（823年），17岁，于韶州南华寺依通禅师出家披剃。长庆四年（824年），18岁，往曹溪真藏主位下听《维摩经》。后至吉州孝义寺礼性空和尚为师，又至新淦礼耽源真应为师。

文宗大和元年（827年），21岁，到沩山参谒灵佑禅师，成为灵佑的弟子，前后共十四五年。在此期间，于大和三年（829年）春在江陵受具足戒，成为正式的比丘，并探习律藏，入秋后返回沩山。

会昌元年（841年），35岁，离开沩山，到袁州的仰山结庵传法，为时近20年，授徒传法，徒众多达700人。

咸通二年（861年），55岁，离开仰山到洪州府治所在地（今南昌）的石亭观音院传法，徒众曾达500人。其间，号为"小释迦"。

咸通五年（864年），58岁，赐号"知宗大师"。到韶州东平山居住、弘法。

乾符四年（877年），71岁，赐号"澄虚大师"。

中和三年（883年）二月十三日，77岁，圆寂于乳源东平山。

大顺二年（891年），赐谥号"通智大师"，敕塔名"妙光之塔"。

北宋靖康元年（1126年），加谥号"灵威"。

元仁宗（1312—1320年），加封谥号为"慧慈灵感昭应大通正觉禅师"。

所以，唐代陆希声之《仰山通智大师塔铭》记："大师元和二年六月二十一日生，中和三年二月十三日入灭"，"大师法名慧寂，居仰山日，法道大行，故今多以仰山为号，享年七十七，僧腊五十四"。①

----

① 杨宪萍主编：《宜春禅宗志》，北京：中国文史出版社2007年版，第229页。

关于慧寂与东平山正觉寺。清光绪《曲江县志》载：正觉寺，在县境东平山，唐释慧寂建。宋至道年间烧毁，不久复建。咸平元年（998 年）敕赐"正觉寺"。对此余靖在《武溪集》卷七《韶州重建东平山正觉寺记》一文中也有较详细的记载。此记撰于北宋仁宗皇祐元年（1049 年）四月，为当时的住持得彬禅师重建正觉寺而作，记录了东平山的位置、正觉寺的沿革和历代住持、慧寂弘法的盛况等情况。

据《祖堂集》卷十八《仰山和尚》载："师三处转法轮。敕谥'澄虚大师'，并紫衣矣。"① 这里所谓的"三处转法轮"，是指慧寂曾在袁州的仰山、南昌的石亭观音院（在今江西新建）和韶州的东平山三处传法。

其实，从上述的行程中也不难推出慧寂的传法之地，当然，就其出家学法至圆寂的整个过程看，他先至曲江南华寺依通禅师出家，后至吉州孝义寺礼性空和尚为师，又至新淦礼耽源真应为师，文宗大和元年到沩山参谒灵祐禅师，会昌元年到袁州的仰山结庵传法，至咸通二年离开仰山到石亭观音院传法，咸通五年到韶州东平山居住、弘法。

当时，张九龄已奉诏开凿了大庾岭新路，使"人苦峻极"的险阻之路，变为"转输以之化劳，高深为之失险"的坦坦大道，慧寂越大庾岭往返岭南岭北，也就具有了前提条件，而后，慧寂由西京古道至东平山弘法。所以说，沩仰宗的发展与粤北古道也是有密切的关系的。

但是，近年也有研究者指出，乳源东坪山正觉寺非慧寂所建，两者的关系有待进一步考究。

三、文偃与云门宗

从六祖法系来看，其"一花五叶"的云门宗在粤北古道域内得到了广泛的传播与发展。

云门宗创立者为曹溪禅第十三代祖师、南宗第八代、青原系七世祖的文偃禅师。云门宗自创立后，经宋、元、明、清及当代的岁月洗礼，可谓历经沧桑、几度兴衰，及当代虚云和尚重建南华之后，云门又得到中兴，功莫大焉！

---

① （南唐）静、（南唐）筠禅僧编，张华点校：《祖堂集》，郑州：中州古籍出版社 2001 年版，第 597 页。

（一）文偃参学

云门文偃（864—949 年），俗姓张，浙江嘉兴人。主要史载有：

《南汉书》卷十七载："僧文偃，嘉兴人，姓张氏，为晋王囧东曹参军翰之十三代孙。生而聪慧，总角即慕出家，投空王寺志澄座下为童子，受戒常州坛，教之经偈，一览未尝遗忘。"①

《五灯会元》卷十五载："韶州云门山光奉院文偃禅师，嘉兴人也。姓张氏，幼依空王寺志澄律师出家。敏质生知，慧辩天纵。及长，落发禀具于毗陵坛，侍澄数年，探穷律部。以己事未明，往睦州。"②

雷岳《大汉韶州云门山光泰禅院故匡真大师实性碑铭序》亦载：文偃"幼慕出尘，乃栖于嘉兴空王寺志澄律师座下为童。凡读诸经，无烦再阅。及长落彩（发），具足于常州坛。后侍澄公讲数年，倾穷四分指归。乃辞澄谒睦州道踪禅师，则黄檗（檗）之派也"③。

从中可知，文偃自幼便"怀出尘之志"，并投到嘉兴空王寺志澄律师座下为童。后落发出家，于毗陵（今江苏常州）坛受比丘戒。文偃在侍奉志澄律师期间，专攻《四分律》，并学习大小乘经论。后因深感出家多年而己事未明，遂辞志澄律师，外出游方参学。

1. 参学睦州道踪

唐龙纪元年（889 年），文偃来到睦州（今杭州淳安），时睦州龙兴寺有黄檗希运禅师之法嗣陈尊宿。陈尊宿，讳道明，一作道踪，原住洪州高安米山寺，后因老母待养，遂回睦州。因陈尊宿每日以编织草鞋为生，故丛林中皆称之为"陈蒲鞋"，或者直接称为"睦州"。道踪禅师，"关钥高险，机辩峭捷"。道踪"秦时车度轹钻"之语，要文偃自悟，并形成了一段公案。后，文偃追随道踪研习，禅学日精。五年后，经道踪指点，文偃遂往福州，参礼雪峰义存禅师。

2. 参学雪峰义存

雪峰义存（822—908 年）是青原系德山宣鉴禅师的弟子，当时在福州象骨山雪峰庄广福院传法。唐乾宁元年（894 年），文偃至福州雪

---

① 李默、林梓宗、杨伟群点校：《岭南史志三种》，广州：广东人民出版社 2011 年版，第 355 页。

② （宋）普济著，苏渊雷点校：《五灯会元》卷十五，北京：中华书局 1984 年版，第 922 页。

③ 乳源瑶族自治县地方志编纂委员会编：《乳源瑶族自治县志》，广州：广东人民出版社 1997 年版，第 806－807 页。

峰庄，礼拜雪峰义存禅师。时适逢雪峰庄大会禅，文偃与雪峰义存几经禅机接引而得义存喜爱，文偃便留住雪峰庄随义存参学，两人"温研积稔，道与存契"，并"密授宗印"。三年后，文偃禅师辞离雪峰义存，遍谒诸山。唐天祐四年（907 年）往抚州曹山参学。雪峰义存寂后（908 年），文偃续游江西。在信州，文偃参礼了同门鹅湖智孚大师。访抚州疏山寺，参学洞山良价并曹山本寂。后往江州并遇陈尚书（睦州陈操侍郎），与陈尚书有过禅学探讨。在此期间，文偃与洞宗接触较为密切，虽然洞宗与雪峰义存之教有异，却也不离禅宗本体，且更增加了文偃的见识与阅历，此时的文偃已经是"参究玄要，声明渐著"。对此，《五灯会元》卷十五载："师出岭，遍谒诸方，核穷殊轨，锋辩险绝，世所盛闻。"① 其锋辩险绝，一时丛林尽闻，这是有根据的。

（二）韶州参学与弘法

据相关史料，后梁乾化元年（911 年），文偃从江西越大庾岭至韶州地域，其行程是先至曹溪南华禅寺，叩谒六祖惠能祖庭，同年，游方韶州，进谒韶州灵树寺知圣禅师，弘法于韶阳，开云门宗法。

《大汉韶州云门山光泰禅院故匡真大师实性碑铭序》载：文偃"辛未礼于曹溪，旋谒灵树，故知圣大师以心机相露，胶漆契情"②。《禅林僧宝传》卷二也载："造曹溪礼塔，访灵树敏公为第一座。先是，敏不请第一座，有劝请者，敏曰：'吾首座出家久之。'又请，敏曰：'吾首座已行脚悟道久之。'又请，敏曰：'吾首座已度岭矣，故待之。'少日，偃至，敏迎笑曰：'奉迟甚久，何来暮耶？'即命之，偃不辞而就职。"③ 由以上两则史料可知，辛未年是后梁乾化元年（911 年），时，文偃到了曹溪，礼拜了六祖禅师故庭——南华寺，随即去灵树禅院礼谒灵树大师。而灵树则是灵树禅院的灵树如敏（知圣大师），是文偃未到达韶州以前，与南汉政权关系密切且影响较大的一位禅师。灵树住持灵树禅院达二十年，一直不请首座。对此，大众

① （宋）普济著，苏渊雷点校：《五灯会元》卷十五，北京：中华书局 1984 年版，第 923 页。

② 乳源瑶族自治县地方志编纂委员会编：《乳源瑶族自治县志》，广州：广东人民出版社 1997 年版，第 807 页。

③ 蓝吉富主编：《禅宗全书》（第 4 册）卷二《韶州云门大慈云弘明禅师》，台北：文殊出版社 1988 年版，第 428 页。

都很奇怪，并经常劝他迎立首座和尚。知圣禅师道："吾首座出家久之。"过了几年，知圣禅师道："吾首座已行脚悟道久之。"又过了几年，知圣禅师道："吾首座已度岭矣。"又过了几年，忽一日，知圣禅师令鸣钟集众，到三门外迎接首座和尚。大众刚一出山门，文偃禅师就来到。于是，文偃禅师便成为灵树寺的首座和尚。一时大众无不惊服。

这里要说明的是，《禅林僧宝传》卷二与《五灯会元》卷十五所记，表意貌似有点不同。《五灯会元》卷十五所载，原文是："初，知圣住灵树二十年，不请首座。常云：'我首座生也，我首座牧牛也，我首座行脚也。'一日，令击钟三门外接首座。众出迓，师果至，直请入首座寮。"① 这里并没有说到文偃禅师度岭的问题。但是，结果都反映了文偃从岭北的江西抚州到了岭南的广东韶州灵树禅院，并担任首座了。也有学者认为，文偃是从抚州至潭州的灌溪，再越岭至韶州的。

文偃到韶州灵树禅院担任首座之后，得到了时南汉王朝的支持并开始了他在韶州的弘法活动。

南汉王朝（917—971 年），是五代十国时期建立的岭南政权，971 年为宋朝所灭，历四帝，五十四年。唐朝末年，刘谦任封州（今广东封开）刺史，拥兵过万，战舰百余。刘谦死后，刘隐继承父职，逐步统一岭南，进位清海节度使。907 年，刘隐受后梁封为大彭郡王，909 年改封为南平王，次年又改封为南海王。刘隐死后，其弟刘龑袭封南海王。刘龑凭借父兄在岭南开创的基业，于后梁贞明三年（917 年），在番禺（今广州）称帝，改广州为兴王府，国号"大越"。次年十一月，刘龑改国号汉，史称南汉，刘龑是为南汉高祖。

从后梁乾化元年（911 年）至贞明三年（917 年），文偃于灵树寺任首座六年后，贞明四年（918 年），韶州灵树如敏圆寂，文偃嗣如敏禅师法席。是年，刘龑巡狩韶石，至灵树寺，得知如敏坐逝已一年多了，高祖惊问如敏弟子："师何时得疾？"曰："师无疾，适遗一缄，令呈陛下。"高祖启函，得"人天眼目，堂中上座"一帖，高祖悟，遂决意寝兵。并命火其尸，得舍利无数，赐号"灵树禅师"。

南汉乾亨元年（917 年），韶州刺史何希范奉高祖之命，请文偃出

---

① （宋）普济著，苏渊雷点校：《五灯会元》卷十五，北京：中华书局 1984 年版，第 924 页。

世说法。乾亨三年（919 年），高祖又赐文偃大师于本州为军民开堂说法。《大汉韶州云门山光泰禅院故匡真大师实性碑铭序》载："师于是踞知圣筵，说雪峰法，实谓禅河汹涌，佛日辉华，道俗数千，问答响应。"[1] 文偃开堂说法，郡守何希范施礼请教说："弟子请益！"文偃回答说："目前无异草！"又有学人问道："如何是本来心？"文偃回答说："举起分明。"由此说明佛在本心，在一举一动间，"但用此心"便能"直了成佛"。自此，大师声名鹊起，问禅者日众。

（三）文偃开云门宗脉

至南汉乾亨七年（923 年），住寺灵树弘法四年的文偃，"倦于延接，志在幽清"并"奏乞移庵"，得到南汉高祖刘龑"允奏"。是年，文偃领众至云门山开创寺院。文偃"因高就远，审地为基"，经五年的努力，于南汉白龙三年（927 年），造院之功成。南汉高祖刘龑敕封该寺为"光泰禅院"，亲赐"光泰禅院"匾额，后又敕改为"证真禅寺"。至南汉大宝六年（963 年），又敕改为"大觉禅寺"，此名一直沿用至今。又因该寺坐落在云门山下，故世人习惯称之为"云门寺"。

禅院建好后，文偃先后两次被高祖刘龑、中宗刘晟请入宫中说法。大有十一年（938 年），文偃首次入宫，高祖亲自问禅，赐"匡真大师"。乾和元年（943 年），刚即位的中宗又诏文偃入内殿，供养月余，赐六铢衣及香药、绢、钱等，"并御制塔额，预赐为宝光之塔、瑞云之院"。

文偃被两代南汉君主诏入内宫说法，扩大了云门宗的影响，文偃名冠岭南，闻风前来学禅者不可胜数。据《云门山志》记载，寺观建成之后，"闻风向道者，云来四表，拥锡衣止者，恒逾半千"。《匡真大师行录》载："师自衡踞祖域凡二纪有半，风流四表，大弘法化，禅徒凑集，登门入室者，莫可胜计。"由于文偃大师自身学术渊博，加之得到南汉政权的重视，生前赐物，死后赐名，从而奠定了云门宗发展的基础，并扩大了其在禅林中的影响。文偃禅师开示法语，立章传道，其所创立的禅宗派别，世人因地而称为"云门宗"。

乾和七年（949 年），文偃禅师圆寂，八十六岁，谥大慈云匡真弘

---

① 乳源瑶族自治县地方志编纂委员会编：《乳源瑶族自治县志》，广州：广东人民出版社1997 年版，第 806 页。

明禅师。大宝元年（958 年），南汉后主刘䶮立"大汉韶州云门山光泰禅院故匡真大师实性碑"，由内常侍雷岳为之撰塔铭并序。大宝七年（964 年），追谥文偃为"大慈云匡圣宏明大师"，并为立"大汉韶州云门山大觉禅寺大慈云匡圣宏明大师碑"，由集贤殿学士陈守中为之撰碑记并序。

关于雷岳撰塔铭、陈守中撰碑记，《南汉书》有传。《南汉书》卷十三载："雷岳，不知何地人。少绩学，能词章，尤工骈偶文。乾和末，历官御书院给事，才名雅为中宗所知，朝廷有大著作，多出其手。先是，韶州证真寺僧文堰，自高祖时屡加钦重，至是，死。其徒将葬之，乞铭。中宗允所请，命岳撰身《塔铭》，词极宏赡，抄诵者踵门，一时纸贵。"又载："陈守中，里居家世不可考。事后主，官西御院使、集贤学士承旨，迁大中大夫，行左谏议大夫，知太仆寺，事上柱国，赐紫金鱼袋。守中博览群籍，富赡词翰，著作为当时词臣之冠。生平最精通内典。大宝六年，升云门山证真寺为大觉禅寺，命撰碑记，多至三千余言。……后主大喜，即命以原文镌于石。"① 由此可知南汉主对文偃禅师的钦重。

文偃禅师有《云门匡真禅师广录》行世，其开示语录对后世禅宗的发展产生了极大的影响。而被称之为云门三句的"函盖乾坤""截断众流""随波逐浪"，更体现了宗风的险峻、高古，从而开创了云门宗风。文偃卒后，云门宗除继续在岭南地区广泛传播外，足迹已涉及长江流域。

进入宋代后，云门宗继续向北拓展，到北宋中期，云门宗势力达到极盛，与禅宗五家中的另一派——临济宗形成鼎立之势，并到达中原地区，影响到黄河以北地域。

文偃本是浙江嘉兴人，幼慕出家，于常州剃度后，先至睦州而后至福州雪峰庄，礼拜雪峰义存禅师，其主要活动范围在江南一带。后梁乾化元年（911 年），文偃从江西越大庾岭而来到韶州地域，先是至曹溪叩谒六祖惠能祖庭南华禅寺，同年，游方韶州，进谒韶州灵树寺知圣禅师，弘法于韶阳，开云门宗法。就此而言，文偃创立云门宗，其学法之路、弘法之域与韶关古道有着不可分割的关系。

---

① 李默、林梓宗、杨伟群点校：《岭南史志三种》，广州：广东人民出版社 2011 年版，第 328 页。

四、鉴真东渡与粤北古道

（一）鉴真大和上①

鉴真，俗姓淳于，唐中宗嗣圣五年（688 年）生，广陵江阳（今江苏扬州）人。

受其父亲影响，鉴真幼时常随父亲到大云寺参佛，"年十四，随父入寺，见佛像感动心，因请父求出家；父奇其志，许焉"。十六岁的时候（703 年），出家进大云寺当沙弥，从智满禅师学禅；十八岁为当时颇有名望的道岸律师授菩萨戒。道岸律师当时被誉为天下四百余州的"受戒之主"，也是唐中宗李显的授戒师。鉴真受戒后便随道岸学习律学。"景龙元年，杖锡东都，因入长安。其二年三月二十八日，于西京实际寺登坛受具足戒。荆州南泉寺弘景律师为和上巡游二京，究学三藏。后归淮南，教授戒律；江淮之间，独为化主。于是兴建佛事，济化群生，其事繁多，不可俱载。"② 从这里可知，鉴真在受具足戒后，便取得了作为政府承认的僧侣及讲授资格，此后五年间，他在洛阳、长安各寺，潜心研究三藏，钻讨律学。鉴真二十六岁时（713年），便开始讲经弘法。不久他回到淮扬故乡弘法布道、兴建佛事、济化群生。

从那时开始，到他东渡日本的四十年中，鉴真一共讲律、疏四十遍，律钞七十遍，轻重义及羯磨疏各十遍，抄有经文多卷，并开无遮大会、缝制袈裟送予众僧，经他剃度得戒的达数万人。733 年后，鉴真被誉为江淮一带远近知名的授戒大师。当时著名的高僧辩秀、祥彦、法进和灵祐等，都是鉴真的弟子。

鉴真五十五岁那年（742 年）10 月，在中国留学有十余年的日本僧荣睿、普照两人从长安到扬州大明寺（今法净寺）来拜谒鉴真，顶礼鉴真足下，敦聘他前往日本传法。

荣睿、普照向鉴真说明来意，认为："佛法东流至日本国，虽有其法，而无传法人。本国昔有圣德太子曰：'二百年后，圣教兴于日

---

① 和上，梵文 Upadhyaya 在西域语中的讹译。在印度是对博学之士、教师的通称，上、尚二字，古代通用。我国常称呼佛教僧侣为和尚，而和上、大和上则是指修道高深的师僧。
② ［日］真人元开著，汪向荣校注：《唐大和上东征传》，北京：中华书局 1979 年版，第 34 页。

本.'今钟此运，愿和上东游兴化。"这个邀请正合鉴真东渡传法的想法，鉴真说："昔闻南岳［惠］思禅师迁化之后，讬生倭国王子，兴隆佛法，济度众生。又闻，日本国长屋王崇敬佛法，［造］千袈裟，［来施］此国大德、众僧；其袈裟［缘］上绣着四句曰：'山川异域，风月同天，寄诸佛子，共结来缘。'以此思量，诚是佛法兴隆，有缘之国也。"①

于是，鉴真答应了这个邀请。他询问其弟子是否有人愿意东渡传法，众弟子无语。只有弟子祥彦说："彼国太远，性命难存，沧海森漫，百无一至。人身难得，中国难生；进修未备，道未到，是故众僧咸默无对而已。"祥彦之语，也道出了大部分人的想法，认为山长水远，沧海森漫，远渡日本，性命难保，谈何传法。对于这个担忧，鉴真和上开解说："'是为法事也，何惜身命？诸人不去，我即去耳。'祥彦曰：'和上若去，彦亦随去。'爰有僧道兴、道航、神崇、忍灵、曜祭、明列、道默、道因、法藏、法载、昙静、道巽、幽岩、如海、澄观、德清、思讬等二十一人，愿同心随和上去。"② 由此，鉴真认真筹划，开始了他的六次东渡，并于 754 年 12 月 20 日，成功到达日本鹿儿岛秋目浦，踏上了日本国土，从而完遂了其 12 年的心愿。此时的鉴真，已是 67 岁了。

鉴真到达日本 40 多天后，鉴真一行经过太宰府、大阪而到达了当时日本的首都奈良，受到当时统治者和道俗的盛大欢迎，迎入东大寺唐院安置。不久又为圣武天皇等授戒，被委担任大僧都的高位，拥有授戒传律的大权，规定日本僧徒非经其授戒不予承认。但是，日本聘请鉴真的目的是加强对日本本土僧侣的控制与统治，而鉴真则主张通过传法而使佛法得到更广泛的流传。圣武天皇死后不久，鉴真的僧纲之任便被免去，鉴真只好离开东大寺唐院而自立"唐律招提"，作为他传律弘道的根据地。后来，在其弟子思讬、如宝的努力下，"唐律招提"不但收归成为官寺，而且成为律宗的祖庙，直到今天。而这位不辞劳瘁东渡的中国高僧，763 年寂化，埋骨于日本。

毋庸置疑，鉴真东渡所传播的宗教文化，其影响是深远的。鉴真到达日本后，以唐招提寺为总本寺，开创日本律宗，可以说，日本律

① ［日］真人元开著，汪向荣校注：《唐大和上东征传》，北京：中华书局 1979 年版，第 40 页。
② ［日］真人元开著，汪向荣校注：《唐大和上东征传》，北京：中华书局 1979 年版，第 42 页。

宗之根在中国。鉴真东渡，不仅带去佛经弘法，而且把中国的建筑、雕塑、文学、医药、绘画、书法等介绍到日本，对日本文化的发展做出了卓越的贡献，所以日本人称鉴真为"盲圣"和"日本文化的恩人"。

中国律宗，创始人道宣（596—667 年）。其依五部律中的《四分律》以弘通戒法的大乘宗派。祖庭是西安市净业寺。因道宣晚年住在南山，该宗又称南山宗。律宗在中国佛学中，地位重要。

（二）鉴真东渡与粤北古道

鉴真东渡看似与粤北古道相距十万八千里，其实不然。自 742 年至 754 年的 12 年间，鉴真为了到日本传法，曾先后进行了六次东渡。在这六次东渡中，第五次东渡后与粤北古道结下了不解之缘。

关于鉴真第五次东渡的情况，真人元开在其《唐大和上东征传》中有较为详细的记载：公元 748 年，荣睿、普照两人又到扬州崇福寺拜谒鉴真，再度商议东渡，六月二十七日，鉴真一行 35 人从崇福寺出发，到舟山群岛后，停了些日子，三个月后再度出发，这次又遇到飓风，在海中漂流 14 天后，于海南岛南端的振州江口泊舟，入住大云寺。经过短暂休整后，鉴真一行从振州出发，分海、陆两路。鉴真走陆路，荣睿和普照走海路，相约在崖州会合。鉴真抵达崖州后，崖州游奕大使张云出迎，住开元寺，并于该州造寺、登坛授戒和讲律，后别大使而去。张云派澄迈县令送鉴真一行上船，经过三天三夜，船越过雷州海峡，到了大陆最南端的雷州（今广东雷州半岛），然后进入广西始安（今桂林）。始安都督上党公冯古璞是个虔诚的佛教徒，当听说鉴真大师到来时，他立即率府中官员等步出城外，五体投地，接足而礼，引入开元寺。在广西，"罗州、辨州、象州、白州、傭州、滕州、梧州、桂州等官人、僧、道、父老迎送礼拜，供养承事，其事无量，不可言记"①。鉴真等在此留住一年有余。

时，南海郡大都督、广州太守卢奂牒下诸州，迎和上向广府。冯都督则亲送上船，下桂江，七日至梧州，次至端州龙兴寺。此时，日本留学僧荣睿仙化，鉴真哀恸悲切。端州太守迎引送至广州，卢都督率诸道俗出迎城外，引入大云寺，鉴真等留住广州一春。

然后，从广州出发，"发向韶州，倾城远送；乘江七百余里，至

---

① ［日］真人元开著，汪向荣校注：《唐大和上东征传》，北京：中华书局 1979 年版，第 71 页。

韶州禅居寺，留住三日。韶州官人又迎引入法泉寺，乃是则天为惠能禅师造寺也，禅师影像今现在。后移开元寺，普照师从此辞和上向岭北去，至明州阿育王寺。是岁，天宝九载也。时，和上执普照手，悲泣而曰：'为传戒律，发愿过海，遂不至日本国，本愿不遂。'于是分手，感念无喻。时和上频经炎热，眼光暗昧，爰有胡人言能治目，遂加疗治，眼遂失明"①。鉴真别普照留住韶州，"后巡游灵鹫寺、广果寺，登坛授戒。至浈昌县，过大庾岭，至虔州开元寺；仆射钟绍京左在此，请和上至宅，立坛授戒"②。然后继续北上扬州。

从以上记载来看，鉴真一行到广州后受到广州太守卢奂的礼遇和款待，并于此度过一春的时间，待春天到来，他们便"乘江七百余里，至韶州禅居寺，留住三日。韶州官人又迎引入法泉寺，乃是则天为惠能禅师造寺也，禅师影像今现在。后移开元寺"。真人元开在《唐大和上东征传》中的记载，在李利安等著的《中国高僧正传》书中得到印证，该书载："鉴真一行乘船北行七百余里，到达韶州（今广东韶关）。韶州官员迎请鉴真居住于法泉寺，不久又移居开元寺。"③

由此可知，鉴真在韶州曾参拜了六祖惠能及法泉寺。法泉寺于南北朝梁武帝天监元年（502 年）始建，历经三年而成。天监三年（504年）梁武帝赐寺名为"宝林寺"。唐仪凤二年（677 年），六祖惠能驻锡曹溪，得地主陈亚仙施地，宝林寺的规模得以扩；神龙元年（705年），中宗皇帝诏六祖赴京说法，六祖谢辞，中宗便派人赐物，并将"宝林寺"改名为"中兴寺"。宋开宝元年（968 年），宋太宗又将"中兴寺"改赐为"南华禅寺"。由此，寺名乃沿袭至今。南华禅寺，因六祖惠能在此弘法，也称六祖道场，又因六祖对禅宗的传承与弘大而成为南宗祖庭。

在韶州，鉴真留住多日，其原因有二：一方面他除参拜了六祖惠能及法泉寺之外，还先后在禅居寺、开元寺驻足，并应请讲律授戒，空余，鉴真还先后游历了灵鹫寺、广果寺等。另一方面，旅途奔波劳累和鉴真眼疾的加重，这是最主要的原因。从广州到韶州，水陆颠簸，劳累是必然的；而普照的先行北上，加重了鉴真的思虑，致使眼疾加

①　［日］真人元开著，汪向荣校注：《唐大和上东征传》，北京：中华书局 1979 年版，第 74 页。
②　［日］真人元开著，汪向荣校注：《唐大和上东征传》，北京：中华书局 1979 年版，第 74 页。
③　李利安等：《中国高僧正传》，西安：三秦出版社 2005 年版，第 470 页。

重，不得不在韶州养治。

对鉴真与韶州的关系，《广东通史》作如是记："中国僧人也有走出国门，到日本、新罗等国弘扬佛法的。天宝初，扬州大云寺律宗大师鉴真应日本学问僧荣睿、普照的邀请，赴日本传播佛教，多次东渡不就。天宝七载（748 年）六月廿五日，鉴真率弟子 14 人第五次东渡，途中遇风浪，十一月漂至振州，住大云寺。后经万安州至崖州，发动僧众，修建佛寺，又登坛授戒，讲授律学。不久，至雷州，经今广西境到达端州。沿途'官人、僧道、父老迎送礼拜，供养承事，其事无量。不可言记'。在端州，前来迎接的荣睿患病逝世。鉴真一行到广州，受到广帅卢奂的欢迎，住大云寺一春，旋赴扬州，广州市民'倾城相送'。天宝九载至韶州，游禅居、法泉诸寺，因旅途炎热，眼疾发作，遂致失明。他在岭南居留将近二年，扩大律宗在海南、广州等地的传播，在岭南佛教史上写下重要的一页。"①

可见，鉴真从广州出发到达韶州，并在韶州居留有时，在眼病、精神稍有好转后，才由众弟子搀扶着过大庾岭北上，行至梅关时，在梅岭云封寺住了几日，之后艰难地到达赣州。在赣州立坛授戒，然后辗转吉安北上而至扬州，在扬州，他筹划了第六次东渡，并成功抵达日本。

五、葛洪及道家文化的南播

葛洪，东晋道教理论家与炼丹大师，他曾两次经大庾岭路来到岭南的罗浮山炼丹并传播道家文化。

（一）葛洪南下罗浮山

葛洪，生于西晋武帝太康四年（283 年），卒于东晋康帝建元元年（343 年）。其生平事迹，《晋书》和《抱朴子·外篇》均有详细记载。

《晋书》卷七十二载："葛洪字稚川，丹阳句容人也。……，洪少好学，家贫，躬自伐薪以贸纸笔，夜辄写书诵习，遂以儒学知名"，"时或寻书问义，不远数千里崎岖冒涉，期于必得，遂究览典籍，尤

好神仙导养之法。从祖玄，吴时学道得仙，号曰葛仙公，以其炼丹秘术授弟子郑隐。洪就隐学，悉得其法焉。后师事南海太守上党鲍玄。玄亦内学，逆占将来，见洪深重之，以女妻洪。洪传玄业，兼综练医术，凡所著撰，皆精核是非，而才章富赡。太安中，石冰作乱，吴与太守顾秘为义军都督，与周玘等起兵讨之，秘檄洪为将兵都尉，攻冰别率，破之，迁伏波将军。冰平，洪不论功赏，径至洛阳，欲搜求异书以广其学。洪见天下已乱，欲避地南土，乃参广州刺史嵇含军事。及含遇害，遂停南土多年，征镇檄命一无所就。后还乡里，礼辟皆不赴。元帝为丞相，辟为掾。以平贼功，赐爵关内侯。咸和初，司徒导召补州主簿，转司徒掾，迁谘议参军。干宝深相亲友，荐洪才堪国史，选为散骑常侍，领大著作，洪固辞不就。以年老，欲炼丹以祈遐寿，闻交阯出丹，求为句屚令。帝以洪资高，不许。洪曰：'非欲为荣，以有丹耳。'帝从之。洪遂将子侄俱行。至广州，刺史邓岳留不听去，洪乃止罗浮山炼丹。岳表补东官太守，又辞不就。岳乃以洪兄子望为记室参军。在山积年，优游闲养，著述不辍"。①

当然，对于葛洪的家世及经历，《抱朴子·自叙》也记载得很清楚。结合《晋书》和《抱朴子·自叙》可知，葛洪自幼家贫而"好学"，"写书诵习，遂以儒学知名"，后受其从祖"葛仙公"葛玄的影响，便"究览典籍，尤好神仙导养之法"。其所学过程是："从祖玄，吴时学道得仙，号曰葛仙公，以其炼丹秘术授弟子郑隐。洪就隐学，悉得其法焉。后师事南海太守上党鲍玄。"即左慈—葛玄—郑隐—葛洪，鲍玄—葛洪，并娶鲍玄之女为妻，"洪传玄业，兼综练医术"。又据《抱朴子·内篇》卷四载，葛洪所接触到的经，大概有《经丹仙经》《太清丹经》及《金液丹经》等，从而使之在炼丹术及"修炼成仙"方面开启新篇。

那么，葛洪与广州的关系如何呢？从上面所引本传中可以看到，葛洪曾先后两次来到广州。

第一次是太安中，平石冰乱之后，"欲搜求异书以广其学"。此时，见北方天下已乱，投靠广州刺史嵇含。在嵇含遇害后，遂停南土多年，"后还乡里，礼辟皆不赴"。

---

① （唐）房玄龄等：《晋书》（第6册）卷七十二·列传第四十二，北京：中华书局1974年版，第1911页。

第二次是咸和初，"闻交阯出丹，求为句屚令"，后得成帝许可，"将子侄俱行"，至广州，止罗浮山炼丹。"在山积年，优游闲养，著述不辍"，后于山中"兀然若睡而卒"。

葛洪两次南下广州，最后终老于罗浮山。

（二）葛洪在粤北古道域内的炼丹情况

1. 葛洪在南雄姮娥嶂炼丹

葛洪在南雄时，其炼丹地点是姮娥嶂（又称嫦娥嶂，今翠屏山），位于大庾岭之东。

清乾隆《南雄府志》卷三《舆地志》载：南雄有姮娥嶂，"在庾岭之东，相传葛洪炼丹之地，产仙茅"①。《舆地志》不仅记载了姮娥嶂"相传"为葛洪炼丹处，而且说明了该地产"仙茅"。

仙茅一物，屈大均《广东新语》载："仙茅，产大庾岭。自岭之巅折而东，稍下为嫦娥嶂。相传葛稚川弃其余丹，生仙茅。叶似兰蕙，花六出，其根独茎而直，旁有短细根相附。八月采之，濯以嶂下流泉，色白如玉。以酒蒸晒，常服补益真气，土人多以饷客。"② 清吴震方之《岭南杂记》也有类似记载。

姮娥嶂在大庾岭东侧，屈大均记为嫦娥嶂，名同中国古代一神话人物。两记中均说明了葛洪在南雄的姮娥嶂炼丹。

2. 葛洪在始兴玲珑岩炼丹

关于葛洪在玲珑岩炼丹一事，《舆地纪胜》和清乾隆《南雄府志》均有所记。

《舆地纪胜》载为"葛洪于南雄玲珑岩炼丹"，这里的南雄玲珑岩现为始兴玲珑岩。

清乾隆《南雄府志》卷十五《人物列传·方外》对葛洪也进行了记载，说："东晋，葛洪，字稚川。尝栖始兴玲珑岩炼丹。弟子黄埜人随之，洪既仙去，复六丹于罗浮山柱石之简，埜人得一粒，服之，为地神仙。至今，丹灶杵臼仍存。"③ 而南雄知府江璞作《玲珑岩记》，

① 广东省地方史志办公室辑：《广东历代方志集成·南雄府部（一）·（乾隆）南雄府志》，广州：岭南美术出版社 2007 年版，第 343 页。

② （清）屈大均：《广东新语》（下）卷二十七《草语》，北京：中华书局 1985 年版，第 694 页。

③ 广东省地方史志办公室辑：《广东历代方志集成·南雄府部（一）·（乾隆）南雄府志》，广州：岭南美术出版社 2007 年版，第 612 页。

也云："始兴南去十里许，有山屹立平地中，草木皆从石罅中出，高可数十丈，广可数十亩。峭拔奇雄，岩洞虚明，大小不一，莫能名状。世传葛洪炼丹之所。"并记该岩共六岩，分上三岩和下三岩。至下三岩后，沿石磴而上数十级，将及山巅，"上有石如悬杵，下有窝如陷臼，世传洪捣药之所"①。

关于始兴玲珑岩的记载，资料较多，不赘。

3. 葛洪在英德南山炼丹

葛洪在英德南山炼丹的记载主要有以下几则：

其一，北宋崇宁二年（1103 年）的"葛稚川丹灶"摩崖石刻，今不存。

其二，《舆地纪胜》卷九五记，南山侧有丹灶亭，为"晋葛洪炼丹之所也，丹未成，为人所触，乃弃去"，"今骤雨有物自泥土中流出，如细岩，色如丹砂"。

其三，清乾隆《英德县志》卷三《仙释志》载："黄步松，五代时人。隐身不仕，常修炼碧落洞，洞中遇葛仙翁点悟，丹成羽化而去，今有遇仙洞。丹灶名存。"②

以上所记，说明葛洪曾在南山有过停留，并炼丹。

4. 葛洪在清远炼丹

清翁方纲《粤东金石略》记：清远峡山寺有："云：'昔葛稚川修炼于此。'名曰'葛坛石'，石后上横书'葛坛'二大字。"③

另据《清远文物志》记，峡山寺西有巨石，有"葛坛"石刻，为宋乾道广南东路转运使陶定所书。

此外，其他史料也有关于葛洪在岭南活动情况的记载。

《广东通志初稿》卷五《古迹》记有：惠州府有"葛仙丹灶，在冲墟观西北。又西北有石如槽，曰药槽；又有药院药市，相传葛稚川炼药处。灶旁有土，五色而有光。药市有鸟，红翠，鸣声如捣药，夜静月明，响彻山谷，亦谓之捣药禽。稚川居罗浮最久，从游者众，乃

———————————

① 广东省地方史志办公室辑：《广东历代方志集成·南雄府部（一）·（乾隆）南雄府志》，广州：岭南美术出版社 2007 年版，第 682 页。

② 广东省地方史志办公室辑：《广东历代方志集成·韶州府部（十）·（康熙）英德县志》，广州：岭南美术出版社 2009 年版，第 493 页。

③ （清）翁方纲著，欧广勇、伍庆禄补注：《粤东金石略补注》，广州：广东人民出版社 2012 年版，第 140—141 页。

置四庵"①。肇庆府有"葛仙园，在州东百三十里，社山绝顶有花园，相传为葛洪炼丹之所"②。

稍作梳理，就可以得出葛洪南行的线路，即丹阳郡句容（今江苏句容）—江西—南雄—英德—清远—广州—肇庆—惠州。所以在南雄姻娥嶂、始兴玲珑岩、英德南山（或峡山）、肇庆葛仙园、惠州罗浮山等地留下了采药炼丹的记载。这就说明葛洪的南下避难、采药炼丹，与大庾岭路、浈江水路等粤北古道有着内在的必然关系。

葛洪的南下，虽比西汉道士康容于韶州芙蓉山炼丹时间要晚，但他沿古道所留下的炼丹痕迹与对道家文化传播所起的作用，却要比西汉康容大得多。

六、利玛窦与海外文化的内传

随着海上丝绸之路的日趋繁忙，搭乘商船往来广州及海外的僧人（传教者）络绎不绝，海外文化也随之通过沿海港口而向内地传播，从而催生并兴起了中外文化交流史上"佛学东渐"和"西学东渐"两次外来文化进入中国的高潮。

（一）魏晋时期的"佛学东渐"

魏晋时期的"佛学东渐"，主要是指印度佛教传入与融入中国文化的过程，这个过程主要是通过粤北古道与海陆丝路的对接来完成的。

早在西晋光熙元年（306 年），印度就有僧人耆域乘商船来广州传教，并在广州分别建造了三归寺和王仁寺。关于耆域，释慧皎的《高僧传》卷九《神异上》载："耆域者，天竺人也。周流华戎，靡有常所，而倜傥神奇，任性忽俗。迹行不恒，时人莫之能测。自发天竺至于扶南，经诸海滨，爰及交广。并有灵异。既达襄阳，欲寄载过江，船人见梵沙门衣服弊陋，轻而不载，船达北岸，域亦已渡。……以晋惠之末，至于洛阳。……既还西域，不知所终。"③ 此中所载，虽未言

① （明）戴璟修，张岳纂：《广东通志初稿》，广东省人民政府地方志办公室 2007 年影印版，第 116 页。

② （明）戴璟修，张岳纂：《广东通志初稿》，广东省人民政府地方志办公室 2007 年影印版，第 118 页。

③ （梁）释慧皎撰，汤用彤校注：《高僧传》，北京：中华书局 1992 年版，第 364 页。

明其北上线路，但是，耆域自天竺至广州、洛阳，经广州北上，则是无疑的。

到东晋时，罽宾国僧人昙摩耶舍也乘商船来广州宣扬佛教，并在广州建造了王园寺（南宋绍兴二十一年，即 1151 年易名光孝寺），该寺一直保存至今。昙摩耶舍，中文名法明，罽宾人。而法显也是东晋时期的高僧，其据自身的游历见闻写出的《佛国记》，是我国第一部详细的航海行记。这部航海行记提供了当时海上丝绸之路有关航线、船舶、航海技术、航程等珍贵史料，为史学界所重视。法显于义熙五年（409 年）初冬从多摩梨帝国（今印度的德姆卢克）搭乘商人海舶，顺西南信风，历 14 天到达师子国（今斯里兰卡）。他在师子国逗留两年后，于 411 年夏秋之间，再次搭乘"商人大舶"东航回国，船上载 200 余人。

南朝时崇佛之风甚炽，继法显后从海道来华传教的僧人很多。420 年，昙无竭邀集志同道合者 25 人远赴天竺，后随商舶经广州回国。随后有天竺僧人求那跋摩来华传教，乘商舶从诸薄港（爪哇岛）直抵广州，后在建业等地译经，成为当时最著名的佛教人物。此后还有天竺僧人求那跋陀罗、拘那罗陀、菩提达摩等先后从海道来广州传教。

（二）利玛窦与明清时期的"西学东渐"

明清之际通过传教方式而开启的"西学东渐"，是中外文化交汇的第二个高峰，它始于 1582 年利玛窦的来华，迄于 1773 年耶稣会的解散，前后约 200 年。"西学东渐"对中国的天文、历算、地理、机械，乃至音乐、绘画、语言等各方面产生了"至深且巨"的影响。其中，意大利传教士利玛窦的作用是巨大的，有学者就认为，"利玛窦实为明季沟通中西文化之第一人"[1]。

1552 年 10 月 6 日，利玛窦出生于意大利的马切拉塔。9 岁起，开始在马切拉塔的耶稣会寄宿学校学习。7 年之后，他父亲把他送到罗马学习法律。3 年之后，利玛窦中断了学习，进入耶稣会实习。1577 年，利玛窦被派往东方传教。随后，他来到了葡萄牙里斯本，准备前往印度。准备过程中，利玛窦继续学习神学。1578 年 3 月，利玛窦从里斯本出发，9 月 13 日到达印度果阿，在果阿和柯枝的寄宿学校教授

---

[1] 方豪：《中西交通史》（第 4 册），台北：华冈出版有限公司 1954 年版，第 2 页。

学生人文科学。1580 年，利玛窦被授予神父之职，1582 年 8 月前往澳门帮助罗明坚，开启了进入中国内地的尝试。

1583 年 9 月 10 日，利玛窦与罗明坚得到中国政府的批准后，进入中国内地。由广州沿西江进入肇庆，并在肇庆建立了他进入中国内地后的第一个传教驻地，之后经过了几次尝试，利玛窦和罗明坚都没能建立起新的驻地。随后不久，罗明坚被教皇召回罗马，安排教皇使节去见中国皇帝，而利玛窦和麦安东神父等继续留在肇庆。1589 年广东新任总督把传教士驱逐出肇庆。

经过多方努力，利玛窦得以被派往韶州，在那儿他建立了第二个传教驻地，然后，利玛窦越过梅岭，到达南京和北京，开启了他长达 28 年的文化传播之旅。

1610 年 5 月 11 日，利玛窦因病卒于北京，并葬于中国。利玛窦是中国历史上第一个经皇帝允许在中国领土安葬的外国人。

利玛窦在广东广州、肇庆、韶州、南雄及江西南昌的传教活动，乃至三进南京、二进北京的行踪与海陆丝路及粤北古道紧密相连。

1. 利玛窦在肇庆

1582 年，利玛窦随葡萄牙商队抵达澳门，次年 9 月初，抵达广州，中旬抵达肇庆。在得到官府的批准后，利玛窦在肇庆开始了其短暂的传教生涯。

利玛窦初抵肇庆时，由于不了解中国的国情及肇庆当地的民情，其传教活动受到当地百姓的抵制，并引发了冲突，不久便爆发了天主教传入中国后的第一起教案——"崇禧塔事件"，这一事件对利玛窦打击很大。此后，为了避免再次引起肇庆百姓的敌对情绪，他"缄口不谈宗教事"，而是把主要精力放在熟悉中国国情、学习汉语方面，更加注重与中国士大夫的友好往来，并以西方科学技术、奇器、方物等来吸引当地百姓以缓和矛盾，这就是利玛窦所谓的"根据不同的时代，不同的民族，采取不同的方法，使人们对基督教感兴趣"策略。由于得到岭西副使、肇庆知府王泮的支持，利玛窦得以在肇庆仙花寺居住长达六年。其间，他除了带来欧洲文艺复兴的成果外，更系统全面地学习了中国传统文化，为明末走向衰落的中国数学领域找到新的活力，丘成桐先生说："400 多年前，被誉为'沟通中西文化第一人'的利玛窦把现代数学引进了中国，而他就是在肇庆开始传播《欧几里

得几何》等现代数学著作。因此，从某种意义上说，中国现代数学起源于肇庆。"①

　　尽管如此，由于官员更替及政策的调整，加之肇庆地方士民对天主教的进一步抵制，利玛窦不得不于1589年8月15日离开肇庆，前往韶州。

　　在利玛窦看来，"韶州是西面经湖广地区流来的武水和自北向南流淌的北江汇合之处，这两条河都可以航行直通南方的广州"②。所以，利玛窦选择了韶州，韶州也就成了利玛窦的第二个立脚点。

　　2. 利玛窦在韶州

　　1589年8月15日（圣母升天节），利玛窦与麦安东乘船由西江、经三水，换乘大船溯北江而上，于8月24日抵曹溪，由兵备道刘承范安置于南华寺暂住。

　　曹溪南华寺是利玛窦在韶州居住的第一个佛寺。当晚，麦安东返回舟中，利玛窦继续留在南华寺，受到众僧的设宴款待，并在次日即8月25日应邀参观了六祖殿，26日，利玛窦和南华寺方丈以及另外几个僧人前往韶州，拜见了韶州同知兼兵备道刘承范，在得到相关批准后，移居韶州城外光孝寺。

　　至于利玛窦在南华寺短暂停留而没有选择长住，原因应该是多方面的，主要有二：一是教义不同，二是习俗不一。

　　利玛窦在韶州的活动也不是很顺心。其间，大约是1589年10月，麦安东病重，利玛窦亲自为他熬制猪肉汤，由此而引发了韶州河西居民对耶稣会传教士的不满，当地百姓于1591年春和1592年6月底举行反对传教士的活动，引发"韶州教案"，但由于利玛窦的灵活处理与当地官员的斡旋，此事件对其传教影响并不大。但1592年6月底利玛窦所受到的袭击对他打击很大。当时，20多个手持火把、梭镖、斧头、绳索的人翻墙进入利玛窦居留地，见人就打。利玛窦从卧室跳墙而逃，并摔伤了脚。居留地的一名教徒爬上屋顶用瓦片砸袭击者，袭击者才逃跑。被斧头砍伤的裴德立修士两个多月之后才勉强康复，利玛窦到9月1日才能艰难行走。韶州官府对袭击案无休止的审讯也耗

---

① 于敢勇：《肇庆：中国现代数学的起源地》，《广州日报》，2005年1月19日第A15版。
② ［日］平川佑弘著，刘岸伟、徐一平译：《利玛窦传》，北京：光明日报出版社1999年版，第174页。

费了利玛窦很多的时间和精力。由此，进一步加深了利玛窦内心的恐惧，在再三考虑"教难"对传教点及传教士生命影响的情况下，他不得不另择传教点以避免发生教难而使传教点全军覆没。

在这样的背景下，利玛窦与随员在征得耶稣会会长和罗马教皇同意后，开始谋划北上。

1592年10月，北京兵部侍郎石大人由原籍返回北京，途经韶州。石大人之子因院试落第而羞愧难当，遂成半疯，久治不愈。原籍肇庆的一位商人向石大人推荐了利玛窦，说他能治好石大人儿子的病。石大人到韶州以后亲自拜访利玛窦，请求利玛窦协助治好儿子的病。利玛窦见机不可失，立即回答说：贵公子的病一天是治不好的，我可以陪同大人北上，一路为贵公子治病；而且我非常渴望一睹帝都之壮观。石大人当场叫知府颁发官凭给利玛窦，于是，利玛窦一行也就很体面地离开了韶州。

3. 利玛窦在南雄

利玛窦在韶州期间，广泛地接触当地士绅与官员，并与他们结下较深的友谊，虽然在韶州发生了使利玛窦不愉快的教民冲突，但在地方官员的斡旋下，事件得到妥善处理，而且使利玛窦在韶州有了更多的时间，可较好地了解民情、出访州府、游览风景。诸如1592年春节，利玛窦应瞿太素的邀请到南雄去做客，之后便开始了在南雄的传教活动。

在南雄，他不仅领略了南雄的风俗民情，而且结交了一些朋友，甚至得到南雄知府的接见，并且在不同程度上传播了基督教教义。虽然，最后洗礼入教者只有10人，其中包括大商人葛盛华和他的四个孩子，但他们后来却帮助了利玛窦翻越大庾岭而北上。

在利玛窦看来，南雄"这个城镇是当地（韶州）人到北京或北方其他大城市去时的必经之路。……城镇中心两边有两条可以行船的河，河上面有一座石桥和一座木桥。这里是一座交易量很大的贸易城市。来自欧洲、印度、马六甲、摩鹿加群岛以及中国西部、南部各省的物产都先集中到这里，其中的大部分再经过这里运往全国。同时来自中国各地的物产也是通过这里运往上述各个地方的。因此，城里面到处都停满了船。这些船只出入城镇时都必须过桥，而桥每天只开放两次，每次通过时都要缴纳过桥税。在我看来，这座城镇和佛罗伦萨差不多大小。"① 利玛窦这次到南雄，南雄的待客方式与礼节却让他疲于应付，也使他对南雄民俗的了解进一步加深。如他所说："宴会实在是太多了，要想全参加时间都不够。宴会都十分盛大，但其内容主要是喝酒交谈。只要你出点远门或者去旅行就一定会碰上宴会，有时甚至会在同一天里接到四五处晚宴的邀请，而且每一处都是摆满山珍海味的盛宴。没办法，只好每一处都去点个卯，坐下来稍微吃一点菜，然后就赶紧得跑到下一家去。"② 所以《利玛窦传》一书的作者平川佑弘得出一个不太符合常理的结论，他说："看来与中国人交往并不是一件轻松的事情，利玛窦能应付自如，说明他已经完全融入中国社会中去了。"③ 可以说，南雄给利玛窦留下了很深的好印象，因此他几次往返韶州与南雄之间，最后经南雄、越梅岭，而进入江西南安、南昌以至到南京。

4. 利玛窦过梅岭

从韶州出发，随同利玛窦北上的有钟鸣仁、黄明沙两教徒和两个用人。经过南雄时，南雄信徒用手推车把他们送过大庾岭，进入江西南安，并从那里乘船沿章江趋赣州，在赣州，利玛窦一行受到了南赣巡抚李汝华所派兵勇的保护和赣州百姓的欢迎。

对于梅关古道，利玛窦是这样描述的："南雄这座城镇很大，而且商贸业非常发达。……从这里到江西的第一座城市南安，陆地上的路程要花整整一天。"梅关古道则是从南雄到南安的重要通道。他说："两座城市间的道路有十二意大利里长，全部用砖和石子铺成，非常漂亮。因为全是石子路，所以即使下雨也可以行走。路两旁还排列着各式各样的别墅、房屋和旅站，人来人往，络绎不绝。"④ 并说："梅岭（Muilin）山屹立在两河之间，标志着两省的分界线。越过它要花一整天时间，翻山的道路也许是全国最有名的山路。从山的南麓起，南雄（Nanchium）江开始可以通航，由此流经广东省城，南入于海。

---

① ［日］平川佑弘著，刘岸伟、徐一平译：《利玛窦传》，北京：光明日报出版社1999年版，第190页。
② ［日］平川佑弘著，刘岸伟、徐一平译：《利玛窦传》，北京：光明日报出版社1999年版，第190–201页。
③ ［日］平川佑弘著，刘岸伟、徐一平译：《利玛窦传》，北京：光明日报出版社1999年版，第190–201页。
④ ［日］平川佑弘著，刘岸伟、徐一平译：《利玛窦传》，北京：光明日报出版社1999年版，第201页。

山的另一面，在南安城，有另一条大河流经江西和南京，途经很多其他城镇，东注于海。许多省份的大量商货抵达这里，越山南运；同样地，也从另一侧越过山岭，运往相反的方向。运进广东的外国货物，也经由同一条道输往内地。旅客骑马或者乘轿越岭，商货则用驮兽或挑夫运送，他们好像是不计其数，队伍每天不绝于途。这种不断地交流的结果使山两侧的两座城市真正成为工业中心，而且秩序井然，使大批的人连同无穷无尽的行装，在短时间内都得到输送。"① 利玛窦之记在一定程度上反映出了梅关古道在明代的商贸作用。

5. 利玛窦抵达北京

利玛窦一行从赣州出发，出赣江入南昌，出鄱阳湖，船沿长江顺流而下，于 1595 年 5 月 31 日到南京。利玛窦于南京无法安置，便又不得不返回南昌。在南昌，利玛窦的"儒化"策略初步见效，赢得了官僚与百姓的理解和支持，并获得批准在此居住，从而使南昌成为他的第三个传教驻地。利玛窦在南昌住了整整三年，这三年的传教活动也使他形成了一套成功的传教策略——"南昌传教模式"。之后，利玛窦一行再返南京。在南京的两年多时间里，利玛窦通过瞿太素的帮助，结交了不少名士，与徐光启也建立了良好的关系，并在南京建成内地第四座天主教堂。1601 年，利玛窦由南京而到达北京，并永住北京。

利玛窦在中国的活动不仅仅是传教，他带来的科学知识及西方文化对当时的中国产生了巨大的影响。对此，台湾学者方豪指出："自利氏入华，迄于乾嘉厉行禁教之时为止，中西文化之交流蔚为巨观。西洋近代天文、历法、数学、物理、医学、哲学、地理、水利诸学，建筑、音乐、绘画等艺术，无不在此时期传入；而欧洲人开始翻译中国经籍，研究中国儒学及一般文化之体系与演进，以及政治、生活、文学、教会各方面受中国之影响，亦无不出现于此时。"② 由利玛窦而始的"西学东渐"，使中外文化的交流得到长足的发展。

---

① ［意］利玛窦、金尼阁著，何高济、王遵仲、李申译，何兆武校：《利玛窦中国札记》，北京：中华书局 1983 年版，第 279 页。

② 方豪：《中西交通史》（第 4 册），台北：华冈出版有限公司 1954 年版，第 2 页。

七、粤北古道域"四教并存"的宗教格局

由于粤北古道的开凿与修筑，古道域内的宗教文化发展具有多样性的特点，呈现出佛教、道教、天主教与基督教"四教并存"的宗教格局，这种格局构成了粤北地方历史文化的一个特色。

（一）佛教元素

唐以前，佛教早已传入粤北。唐以后，随着南禅宗在岭南地域的兴盛与发展，各地所建寺庙增多。余靖就言：韶州"一一城邑，一一聚落，一一川原，一一岩岫，未尝无刹也。俗无华裔［夷］，土无沃瘠，十室之居，万里之远，钟梵之声相闻，世人不厌其多"[①]。而当时"韶州，生齿登黄籍者三万一千户，削发隶祠曹者三千七百名，建刹为精舍者四百余区"[②]。可见，佛教之发展，盛况空前。

据清同治《韶州府志》所载关于韶州地域较有影响的佛寺情况，整理如下：

曲江仁寿光运寺："仁寿光运寺，在县西河。相传为始兴内史王导故宅，俗又称五祖寺，然非黄梅五祖也。隋时名仁寿台。唐天宝二年有僧道广居之，因建广界寺，南汉改曰仁寿。宋宝元年间重建。国朝康熙十一年知府马元重修。"知府马元有《重修光运寺疏》。

曲江南华寺："南华寺，在城南六十里曹溪，为岭外禅林之冠。梁天监元年，智药三藏自西竺来，过曹溪口，饮水香美。乃溯流而上，见峰岚奇秀，叹曰：'宛如西天宝林山，一百六十年后，当有无上法宝于此演法。'时韶州牧侯敬中奏请建寺，赐额'宝林'。至唐龙翔元年，六祖传黄梅衣钵，南归居此。因寺宇湫隘，谒里人陈亚仙求地广之。神龙元年，敕改为'中兴寺'，三年赐额曰'法泉寺'，元和七年，赐谥'大鉴禅师'，塔曰'灵照'。宋开宝元年，赐名'南华禅寺'，太平兴国元年，重建师塔七层，明成化三年重修。国朝康熙五年，平藩重建。寺内有降龙塔、伏虎亭、飞锡桥、卓锡泉、拜石、坐

[①] （北宋）余靖撰，黄志辉校笺：《武溪集校笺》卷七，天津：天津古籍出版社2000年版，第214页。

[②] （北宋）余靖撰，黄志辉校笺：《武溪集校笺》卷七，天津：天津古籍出版社2000年版，第214页。

石、避难石、花果院、苏程庵诸胜。真身与衣钵至今尚存。历代敕制、碑记，详载《曹溪通志》。郡人每逢岁旱，诣寺祈祷，辄沛甘霖。同治十一年，巡道林述训、总镇郑绍忠、知府额哲克、署知府张作彦、知曲江县张希京倡捐重修。"

曲江灵鹫山寺："灵鹫山寺在县北六里。晋义熙中，有天竺僧居之。《始兴记》'灵鹫山，台殿宏丽，面像巧妙，领海佛寺，此为最也'。"

乳源云门寺："云门寺，在县北云门山，五代时文偃禅师建。南汉赐名大觉寺。宋建中间僧绍资、明洪武初僧了偈俱具重修，成化五年僧法浩重建。"①

之外，较享盛名之寺，有位于曲江城南一百里许、岑水铜矿附近的月华寺，该寺为梁时天竺僧智药创建，是唐招提朗法师演法之地；乐昌西石岩泐溪庙，为六祖惠能弟子建于唐代，以纪念六祖往湖北省黄梅山求法曾憩于此，西石岩有"仙人石室"；建于唐贞观四年（630年）的始兴龙江寺；唐景龙元年（707年）初六祖弟子定慧大师所置的翁山寺；位于市区河西的报恩光孝寺，唐开元二年（714年）僧宗锡创建，初名开元寺，后更名为大梵寺，刺史韦宙请六祖说《六祖坛经》处，宋崇宁三年（1104年），诏诸州建崇宁寺，政和中改天宁寺，绍兴三年（1133年）专奉徽宗香火，赐额报恩光孝寺；月华山的花界寺，五代南汉僧清□建，宋咸平元年（998年）赐额花界；位于韶州府治南兴贤坊，宋绍定间转运使石不矜建的大鉴寺；以及建于韶州府辖内的延祥寺、新隆寺、建封寺、新兴寺、山泉寺、西峯寺、九峯寺、万寿寺、资福寺、南善寺、象山寺、白佛寺、佛陀寺、大岗寺、普济寺、平山寺、圣寿寺、善化寺、东华寺、西华寺，等等。

在与梅关古道、乌迳古道相接的南雄，建于东汉顺帝永和二年（137年）的延寿院是古代南雄已知的、迄今最早的寺院。明嘉靖《南雄府志》记："保昌延寿院，在里营村，汉永和二年建。"② 稍后，有唐代咸通年间建于平田村的宝成院、咸通六年（865年）建于新田村的临水院，宋代乾兴元年（1022年）建于上朔村的花林院。较出名的

① 广东省地方史志办公室辑：《广东历代方志集成·韶州府部（三）·（同治）韶州府志》，广州：岭南美术出版社2009年版，第546页。

② 广东省地方史志办公室辑：《广东历代方志集成·南雄府部（一）·（嘉靖）南雄府志》，广州：岭南美术出版社2007年版，第113页。

寺院还有云封寺，在梅关侧，唐时创建，宋大中祥符二年（1009年）赐此名，俗称"挂角寺"。相传梁时飞来寺自吴中飞来，触梅岭缺去一角，遂名。明嘉靖《南雄府志》记："保昌仁寿寺，在城东二里，宋景定壬戌（1262年），僧无范建。"① 又据《南雄市志》：宋代还添建延祥寺、沙水寺、龙泉寺、云峰庵和仁和院等31所寺院。所建寺院中，以珠玑巷之沙水寺最为著名。该寺建于北宋哲宗年间，有高僧住持，清咸丰年间被战火焚毁。元代添建西山寺、石桥寺、观音院等4所寺院。至明代嘉靖年间，全县有寺院、庵堂47所。至清道光四年（1824年），发展到99所。民国时期，佛教僧尼大都因兵燹而迁散。至1949年，全县有佛教徒50人。

现今，梅关古道与乌迳古道域内，历史上一些被毁的寺庙正在慢慢得到修复。

秦汉古道上的连州，南北朝时佛教始流入。历史上，最早的佛教建筑是南朝宋泰始四年（468年）建造的净慧寺塔，净慧寺于泰始七年（471年）全部建成开光，其创建时间比南华寺还早34年。明清时期，连州境内陆续建有白云寺（大路边镇马占村东南）、惠济寺（星子高屋桥畔）、宝梵寺（东陂镇卫民村）、刘公寺（古连州城朝天门外）、节孝祠（星子大水边）、惠宗寺（兴贤门外）、翠隆寺（古连州城朝天门外）、北山寺（连州中学）、上庐寺（丰阳村）、崩岗古寺（大路边镇）、白牛寺（白牛桥村）、三宝寺（九陂石寨村）、连州寺（距连州城20里）、万兴寺（潭岭镇）、出米寺（星子马渡坪）、福林寺（山塘河佳汉村里余）、兴福寺（丰阳夏湟村）、寿隆寺（星子黄村东）、仙林寺（丰阳村）等。

英德最早的佛寺是始建于南朝梁天监中的金龙岩寺，稍后的中大通五年（533年）建有果业寺，一名南山寺，北宋元丰七年（1084年）敕名圣寿寺。唐代，建有金山寺、西华寺（后毁），至明崇祯七年（1634年）雪山、雪坡两禅师从南岳来此再创梵刹，建有正佛殿、千佛楼、禅堂静室、厨寝门亭，庄严幽雅，每次开坛讲经，弟子云集，气派非凡。此后，境内佛寺越建越多，道光年间《英德县志》记载，先后出现了59座。

---

① 广东省地方史志办公室辑：《广东历代方志集成·南雄府部（一）·（嘉靖）南雄府志》，广州：岭南美术出版社2007年版，第113页。

（二）道教元素

韶州府域的道教传播始于东汉，之后于域内各地建有不少活动场所，但与南禅宗之寺相比，数目及规模均逊色不少。其较显者如下：

曲江芙蓉庵：清同治《韶州府志》记："芙蓉庵在芙蓉山，汉康容修炼处。明僧行俊修。"即说，芙蓉庵为东汉末年道士康容隐于曲江芙蓉山炼丹处，是韶州域内最早之道教场所。后人将半山的庙庵、古井和丹灶，作为康容修炼的遗址。

曲江元妙观：元妙观"在城南隅。宋郡守王为宝建于府治东额，曰'天庆'。元枢密院海刺重新之，改名真武庙，明宣德己卯以其地改营淮王府，迁于葛仙台旧址"①。此外，曲江一域还有仁寿庵、静室庵、龙华庵、接龙庵、会龙庵、圣果庵、宝林庵、西云庵、福田庵、紫薇岩庵、碧云庵、太平庵、青云庵、净土庵、西华庵、白鹤观、九皇宫、九子院等。

道教于东晋时传入南雄，至今已有 1600 多年的历史。南雄道场，较为知名者为洞真古观。洞真古观位于广东省南雄市的梅岭南麓的翠屏山中。翠屏山腹藏天然石灰岩洞，有一乳石笋悬吊洞中，形如吊钟，因石击之声如钟鸣，称之钟岩；又有一巨石笋，形如战鼓，以石击之，声如鼓响，谓之鼓岩；两岩合称钟鼓岩。唐贞观年间，道人在翠屏山创建洞真古观，初建时就占据整座翠屏山，建有山门牌坊、道观大门及太上老君殿、玉皇大帝殿、纯阳殿、三元殿等。明万历六年（1578年）全真龙门派第八代弟子李守仁，奉派来洞真古观住持，他重兴钟鼓、梳妆二岩，倡建万福洞、崆峒亭。《直隶南雄州志》载：相传东晋元帝时，道家葛洪曾在县城东境姮娥嶂采药炼丹，潜心修道。当地山民称之为道人岩。后葛洪南下罗浮山，仍有道人在此隐居。

南雄道场，除钟鼓岩之洞真古观外，还有唐贞观年间在县城建的元妙观，乾符二年（875 年）在邓坊村建的明净观，宋景祐四年（1037 年）在上朔村建的鹤鸣观，大中祥符时县城各街的天符宫，元至正元年（1341 年）在古城村建的真仙观。明洪武十五年（1382 年）县衙门设道会司，置道会一员，管理保昌县道教事宜。明嘉靖年间，

① 广东省地方史志办公室辑：《广东历代方志集成·韶州府部（三）·（同治）韶州府志》，广州：岭南美术出版社 2009 年版，第 541 页。

岭南文化书系

粤北古道与文化

全县有道教观坛 6 所；清乾隆十八年（1753 年）增至 8 所；道光四年（1824 年）为 10 所，以梅岭钟鼓岩洞真古观为著；同治二年（1863 年），南雄知州沈亨惠请南山道人程明善到钟鼓岩住持，重修钟鼓、梳妆二岩，修建洞真观、万福洞、灵台阁及崆峒、倚翠诸亭，至光绪九年（1883 年）仲春竣工，为南雄一胜景。1949 年全县观坛只剩 4 所，有道徒 100 人。新中国成立后，传道观坛多废，只存洞真古观 1 所。

连州静福山清虚观是道教第四十九福地，这是至今已知的最早由本邑人创立的道观，也是粤北最早的道观之一。南朝梁中大通三年（531 年），廖冲挂冠后隐居桂阳（今连州）保安静福山内，修炼 38 年。南朝陈光大二年（568 年），廖冲上升飞天，州人则以其居为观，称"清虚观"。唐末天台山道士杜光庭云游连州，驾临静福山观光布道。自唐代起，在静福山修道之士逐步增多，成为道家圣地。仙经《云笈七签》列静福山为"天下第四十九福地"。宋神宗赐号廖冲"灵禧真君"。明清时期，道教在连州发展较快，州城及乡村增设不少道教场所。清华观（夏湟村）、七星观（夏炉村）、朝阳观（东峇塘）、红岩观（星子红岩洞前）、沙水观（神堆坪）、东陂观（塘头坪）、青霞观（水口村）、天庆观（兴贤门外）、仙德观（朱岗）、真祺观（锦青山）、龙岗观（星子峰园）、龙津观（独角龙）、恢真观（雅瑶岗）、延真观（白鹤寨白云山）、玉虚宫（西溪河畔）、后天宫（镇江门外）、山川坛（后街北）、宗师坛（夏湟村）、兴隆庙（潭岭堆头坪）、城隍庙（城东孝感坊）、五龙庙（城西龙潭上）、关帝庙（乌梅巷）、北帝庙（北城楼上）等均是明清时期陆续修建的道教场所。

英德域内的道教主要是全真派和正一派。县境道士绝大多数属单干派，住观派很少。除金山祖庙外，还有两座道观：一座叫白鹤观，在今望埠镇的庵山峒；一座叫天庆观，在今沙口镇的洲西。

（三）天主教元素

天主教进入粤北，时间比较早。利玛窦于明万历十七年（1589 年）从肇庆转入韶州后，便开始了在韶州的传教活动。他吸取在肇庆传教失败的经验，不仅与商人瞿太素等交朋友，也拜会韶州通判吕良佐等地方官员，并注意与地方民众处理好关系，致使他能在韶州传教达 6 年之久。利玛窦在得到韶州府的批准后，在河西光孝寺旁买地建

造起教堂和住宅。万历二十年（1592年），通过瞿太素介绍南雄商人葛盛华加入天主教，一起参加的还有4人，他们是韶州（其实是南雄）最早的天主教徒。利玛窦在韶州6年的时间里，共发展教徒700多人。

清康熙二十七年（1688年），法国天主教马神父到南雄传教。此后，意大利、匈牙利和南斯拉夫等国传教士受慈幼会派遣，相继到南雄传教。雍正九年（1731年），柯加禄等人先后在荆岗、黎口桥、杨梅坑、龙陂塘、长浦桥等村和县城龙勾巷建立了6座天主教堂；在黎口的里坑、城郊的莲塘、水口的大岭背、油山的平林等地设立了4间传教公所；在龙勾巷设立了1间医务所；在荆岗、黎口桥和龙勾巷各创建一所晓明小学。1949年，天主教共有教徒148户630人，以荆岗、黎口桥为多。

天主教传入连州，始于清同治十三年（1874年）的马神父（法国人）。光绪二十四年（1898年），法籍德、杨两神父再到连州，并购买中山南路土地巷10号民房，设传教所（爱德堂），连州天主教正式开堂活动。光绪二十九年（1903年），由美籍神父主持教务，在县城东山街兴建天主教堂。民国八年（1919年），由郭恬雅神父（意大利人）在东陂买地建一座天主教堂（若瑟堂）。民国十年（1921年），设连阳教堂（称连阳总堂），管理连阳4县教务。同年又在丰阳湖江建一座天主教堂（大圣堂），并开办广仁小学、励群中学和诊所。民国二十四年（1935年），教堂规模扩大。尔后，创办宣道学校三期，培植传教士26名（其中连阳5名）。这些传教士被派往东陂、湖江、朱岗、雅料堂、过水塘、三江、泥潭、泽梓潭等地设堂传教。神父来自意大利、美国、南斯拉夫、匈牙利、波兰等国。连州境内的天主教信徒一度达1067人。

而在英德，清光绪六年（1880年），法国慈幼会于神父到浛洸镇岭南村传教，建立起县内第一座天主教堂。民国七年（1918年），英国神父施麦马到县城传教，先在城楼基内设教堂，后迁到新街。民国十七年（1928年）又在今陵园路购地兴建洋式教堂，外筑灰沙围墙，内设客厅、圣堂、学习室和医疗室，围墙内北段为园林圣山，是埋葬逝世教徒的地方。当时，县内还陆续兴建了连江口教堂、水边教堂、青坑教堂和大湾蕉湾教堂。

（四）基督教元素

基督教在粤北的传播主要通过循道会、信义会、浸信会、安息日会等。韶州的基督教活动场所位于韶州风度中路 110 号（今 35 号），是光绪二年（1876 年）建造的中华基督教循道会粤北分会会址。光绪四年（1878 年），英国循道会派英国籍牧师斯多马来韶传教，受到群众的抵制，斯多马一直住在停泊在老东门外的大货船上，不久后离开。

南雄的基督教有中华信义会和浸信会 2 个教派。1880 年 2 月，德国牧师雷起力、何迈贤在修仁建巴陵会德华福音堂。1915 年杨牧师在教堂设立南雄第一间西医诊所。此后，相继有德国牧师陶威治、韩范士等到南雄传教，兴办德华小学。1937 年，福音堂迁至县城，改名中华信义会。1945 年 9 月，美国传教士接管中华信义会，至 1949 年，已发展教徒 124 名。南雄浸信会于 1923 年由美国山德士牧师传入，至 1949 年，已发展教徒 19 名。1951 年 3 月，该会因经济困难，与信义会合并。

清同治十一年（1872 年），美籍牧师那夏礼到连州传播耶稣教，不久便回广州。光绪四年（1878 年），美国西差会牧师香卞文来连州传教，在连州光裕街设基督教布道所。光绪二十三年（1897 年），美籍传教士麻义士在城西菜园坝设教堂、学校和医局。光绪三十一年（1905 年）冬，菜园坝乡民因教会干涉打醮活动，又因历年对洋人的积怨，激起民众愤怒，发生焚毁教堂和医局事件。光绪三十四年（1908 年），美籍传教士将教堂和医局转至正河村背岗岭，重建学校、医院和礼拜堂。民国元年（1912 年），在连州城内故衣街建立新民社，作为传教场所，在东陂、星子等地举办"义学"。民国三年（1914 年），在连州楚清街增设福音堂。

而进入英德地域的基督教，主要是英国的循道会、美国的浸信会和德国的信义会，其中英国的循道会的传教士最早踏进该地进行传教活动。这些教会及传教士的活动在一定程度上使当地的社会文化发生了很大的变化。

总之，粤北古道不仅是军事政治之道、移民之道，也是文化交流之道，其中宗教文化的交流与古道关系相当紧密，这不仅受到南禅宗在岭南发展的影响，也受到历代与海外交流的影响，其"四教并存"格局的形成有其历史原因。

第七章　粤北古道与书院

粤北古道不仅是中原政治力量对岭南的统治之道，也是中原文化向岭南的传播之道。随着古道的发展、南北交流的增多，中原文化不断地在岭南地域得到传播和发展。粤北古道域内出现了诸多的书院，它们在传播中原文化、吸纳西方文化方面，具有特定的历史作用。

下面就古道域内各地历史上曾经建立过的书院及其情况进行相关分析。

一、韶州书院

古代韶州，人文蔚起。不仅府有府学、县有县学，同时还有诸多的官办、民办、官民合办的书院和社学。这些学校是古代韶州推拓儒家思想的主要阵地，也是文化发展的主要渠道，它们在"明人伦、厚风俗、兴科贡"等方面起着重要作用，而书院则是其中比较具有地方文化特质的办学形式之一。

（一）韶州的书院

据明嘉靖《韶州府志》载，韶州有濂溪书院和翠峰书院。

1. 濂溪书院与相江书院

濂溪书院源于濂溪祠，距今有 800 余年历史。

濂溪祠，在韶州府学东，建于南宋乾道六年（1170 年），为纪念北宋理学家周敦颐，知府周舜元主持兴建。南宋淳熙十年（1183 年），时韶州教授廖德明将濂溪祠改为"濂溪书院"。南宋淳祐六年（1246 年），杨大异提刑韶州后，扩大了其规模。南宋宝祐二年（1254 年），吴遂提刑韶州时，为弘扬与赓续张九龄之风度、余襄公之风采，遂将

193

濂溪书院改名为"相江书院",使之与番山书院、禹山书院和丰湖书院并列,成为当时广东四大书院之一。

关于濂溪书院,朱熹在《韶州州学濂溪先生祠记》中有较为详细的记载:"先生熙宁中,尝为广南东路提点刑狱公事,而治于韶。洗冤泽物,其兆足以行矣,而以病去。乾道庚寅,知州事周侯舜元,仰止遗烈,慨然永怀,始作祠堂于州学讲堂之东序。而以河南二程先生配焉。后十有三年,教授廖君德明至,视故祠颇已摧剥,而香火之奉,亦惰弗供。乃谋增广而作新之。明年,即其故处,为屋三楹,像设俨然,列坐有序,月旦望率诸生拜谒,岁春秋释奠之明,日则以三献之礼礼焉。而犹以为未也,则又日取三先生之书,以授诸生。曰:'熟读精思而力行之,则其进而登此堂也。'不异乎亲炙之矣。又明年,以书来告曰,韶故名都,士多愿愨,少浮华,可与进于善者,盖有张文献、余襄公之遗风焉。然前贤既远,而未有先生君子之教,以启迪于其后,虽有名世大贤,来官其地,亦未闻有能抠衣请业而得其学之传者,此周侯之所为惓惓焉者,而德明所以奉承于后而不敢怠也。今既讫事,而德明亦将终更以去矣。夫子幸而与之一言,庶几乎有以卒成周侯之志,是亦德明之愿,而诸生之幸也。廖君尝以其学讲于熹者,因不获辞,而辄为论著。先生倡明道学之功,以示韶人,使因是而知所以用力之方,又记其作与本末如此,使来者有考焉。淳熙十年癸卯岁五月丁卯,新安朱熹记。"①

周敦颐,理学开山鼻祖。朱熹评价言:在"天理不明而人欲炽,道学不传而异端起"的时候,"九嶷之下,春陵之墟,有濂溪先生者作,然后天理明而道学之传复续"。这充分肯定了周濂溪在道学发展中的地位与作用,而且对周濂溪在韶州的政绩也给予了充分肯定,从其《韶州州学濂溪先生祠记》中窥一斑而观全貌。

明嘉靖《韶州府志》也载:"濂溪书院,旧在府学东。宋淳祐乙巳,提刑杨大异改建于笔锋之麓,(而自为之记)。宝祐二年,提刑吴遂创,请理宗赐额'相江书院'。"②《广东省志·教育志》则记:"相江书院在曲江县帽峰之麓,相江之滨。宋代已建立。但后来历代都停

---

① 朱熹:《朱子文集》(中)卷十,上海:商务印书馆1937年版,第402—403页。
② 广东省地方史志办公室辑:《广东历代方志集成·韶州府部(一)·(明嘉靖)韶州府志》卷四,广州:岭南美术出版社2009年版,第71页。

岭南文化书系

粤北古道与文化

办过，原因是曾 3 次毁于兵火。到清康熙十年（1671 年），知府马元重建；同治十三年（1874 年），张铣又重修一次，并且加以扩大，延聘名师主讲。当时发动各方面捐款，经费大大增加。曲江人钟鼎深，别字璞园，有道德学问。他关心相江书院的建设，书院越办越好。"①

相江书院建于宋代，至光绪三十三年（1907 年）左右，成立六邑劝学所，在相江书院办公，相江书院历史从此结束。

2. 翠峰书院

地处韶州府治所的书院，还有翠峰书院。据明嘉靖《韶州府志》载："翠峰书院在府城西北五里许，皇岗舜峯寺东。嘉靖十九年庚子冬，合郡士民为知府符锡建。以韶士少习礼经，公自判及守，每游寺，中辄集业礼经生讲解，士民咸德之。因地有胜迹，出资鼎建。正堂三间，后堂三间，东西偏房各三间，门楼一间。"②

除了濂溪书院、翠峰书院外，古韶州州治还办有西隅和北隅社学，他们为韶州文化、教育的发展做出了很大的贡献。而府治各地的县学、书院也发展很快，成为当地教育发展的主渠道。

（二）仁化的濂溪书院与锦石书院

仁化之学校教育，兴起也早，其义也大。清同治《仁化县志》之《学校志》言："化民成俗，莫大乎学校，所以作养人才也。国家崇儒重道，登贤进良，必以学校为本。宫墙巍焕，祀典攸隆。德行本也，文艺末也；实胜善也，名胜耻也。其闻风兴起者，彬彬乎有邹鲁之余风。书院、社学、义学之设，即古之党庠术序也，藏修有地，乐育有资，以期乎人文之蔚起焉。"③

仁化濂溪书院在县南，建于明嘉靖元年（1522 年），知县于祥改建；至清康熙年间为知县李梦鸾重修，建为义学。明嘉靖《仁化县志》载，仁化濂溪书院"在县南城外，旧真武阁，嘉靖元年，知县于

① 广东省地方史志编纂委员会编：《广东省志·教育志》，广州：广东人民出版社 1995 年版，第 60 页。
② 广东省地方史志办公室辑：《广东历代方志集成·韶州府部（一）·（明嘉靖）韶州府志》卷四，广州：岭南美术出版社 2009 年版，第 72 页。
③ 广东省地方史志办公室辑：《广东历代方志集成·韶州府部（六）·（清同治）仁化县志》卷二，广州：岭南美术出版社 2009 年版，第 359 页。

祥改为濂溪书院。前堂一间，耳房上有阁，后堂三间，内廊、大门三门"①。清康熙《仁化县志》载，濂溪书院"在县治南，嘉靖元年，知县于祥以真武阁改建，已废。今迁建于南门内，左为文昌阁。康熙二十五年，知县李梦鸾重修，建为义学。有记"②。

锦石书院在县东。清康熙《仁化县志》载，锦石书院"在县治东，嘉靖二十年，合县士民建。主事欧阳绍说记，久废"③。对于仁化书院的建立与发展，知县李梦鸾曰："寓内罔不有学，而化不行，俗不美者，盖无师也。仁邑社学鞠为茂草矣。予修文庙，后复设义学，延质直之士，教习诸生。不徒工咕哗其务，明圣道以不负右文之世乎?"

（三）西京古道上的书院

西京古道不仅是商贸与移民之道，也是文化的传播之道，坐落于古道域内的书院对文化的传播与文明的开发具有重要的作用。文献有记载的书院如下：

1. 仰止书院

明嘉靖《韶州府志》载，乳源"仰止书院，在县东半里，旧为崇宁观。嘉靖三年，通判符锡拆□淫祠，遂改为书院。祀韩昌黎、周濂溪二先生"④。该书院开办于嘉靖三年（1524 年），距今约有 500 年的历史。由其所祀的韩昌黎、周濂溪可知，仰止书院承继着理学文风。

2. 文风书院

文风书院在今乳源大布镇牛婆洞村，明成化（1465—1487 年）间李本琛建，清咸丰七年（1857 年）该村村民重修。距今有 500 余年的历史。

书院建筑为砖木结构围楼式布局，坐北向南，高两层，四角做成高出四边房顶的望楼式，硬山顶双坡滴水，占地面积约 470 平方米，

---

① 广东省地方史志办公室辑：《广东历代方志集成·韶州府部（六）·（明嘉靖）仁化县志》卷三，广州：岭南美术出版社 2009 年版，第 15 页。

② 广东省地方史志办公室辑：《广东历代方志集成·韶州府部（六）·（清康熙）仁化县志》卷上，广州：岭南美术出版社 2009 年版，第 108 页。

③ 广东省地方史志办公室辑：《广东历代方志集成·韶州府部（六）·（清康熙）仁化县志》卷上，广州：岭南美术出版社 2009 年版，第 108 页。

④ 广东省地方史志办公室辑：《广东历代方志集成·韶州府部（一）·（明嘉靖）韶州府志》，广州：岭南美术出版社 2009 年版，第 75 页。

天井前门额镌"望重南江"4字。

3. 观澜书院

观澜书院在今乳源大桥镇新书房村，清乾隆五十八年（1793年）许氏十四世列贡生许景发建。

书院紧邻大桥河，正门前方的大桥河水波澜起伏，故取名"观澜书院"。书院为砖木结构两层楼房，四进院落布局，占地面积1000多平方米，大小房间50间，保存较为完好。2012年书院被列为广东省文物保护单位，2016年广东省人民政府拨专款全面修缮。

4. 云门书院

史料记载：云门书院，砖木结构的数进宫殿式建筑，始建于清嘉庆五年（1800年），门外4口水塘，塘基铺设青石板砌成的大甬道，大石阶曲折直通书院大门，门内中央是主殿，安放孔子牌位，左右礼门。主殿两旁为学衙、厢房、院墀、花圃，西北廊有古井1口，中厅设考场，后栋厢房。云门书院屡拆屡建，历经200多年风雨，虽建筑多次重修，称谓数易其名，但校址在今县城解放中路却从未他移，一脉相沿至2012年。

其名称变更为：清嘉庆五年（1800年）"云门书院"，清光绪三十三年（1907年）"乳源县立高等小学"，民国十八年（1929年）"乳源县立第一小学"，民国二十七年（1938年）"云峰镇中心小学"，1951年"乳源小学"，1971年"县直属小学"，1978年"乳源小学"，1992年"乳源第一小学"，2013年（迁新址朝阳路）"乳源第一小学"。

（四）翁源县的书院

1. 翁山书院

翁山书院在翁源城东，建于明嘉靖十九年（1540年），用途多有变化，但也是韶州地域建立较早的书院之一。

清乾隆《翁源县志》载："翁山书院在城东翁山寺左，明嘉靖十九年建，后改书院为公署。万历四十一年，知县林自芳建造文昌楼，复改为书院。有记。崇正（应为"祯"）十一年，知县朱景运启梦花社，捐资月会。今废。"①

---

① 广东省地方史志办公室辑：《广东历代方志集成·韶州府部（十三）·（清乾隆）翁源县志》卷二，广州：岭南美术出版社2009年版，第22页。

2. 耽石院

《翁源县志》载："耽石院，在县北三十里新塘铺九曲岭绝顶，巨石倚空，飞泉泻落。唐大中三年，僧法光耽玩焉，因名耽石院。宋天圣中，住持慧周同檀越进士巢迪重建，余襄公靖尝寓此读书、作记、勒壁，故，院有余襄公祠，明洪武间毁，成化间重建。"①

耽石院，因宋代名臣余靖曾在此求学而名，余靖于皇祐元年（1049年）曾为耽石院作记。

余靖（1000—1064年）本名希古，字安道，号武溪。韶州曲江人，天圣二年（1024年）进士。历官集贤校理、右正言，使契丹，还任知制诰、史馆修撰、桂州知府、集贤院学士、广西体量安抚使，以尚书左丞知广州，卒谥襄，有《武溪集》二十卷遗世。

余靖于皇祐元年（1049年）曾为耽石院作记，即《韶州翁源县净源山耽石院记》。记曰："古之学佛者，内乐空寂以照自性，外作饶益以济群动。故行修于已而功施于物。虽岩居穴处，草衣木食，委去浮累，超然独往，而万家之城，十室之聚，率有信向，仰为开导。由是攀萝蹑霭，栈险梁深，异人所居，必立精舍。耽石院者，翁川之列刹也。山川葱郁，杳绝纷嚣，泉石幽奇，足以耽玩。唐大中三年，有僧法光爱此剪茅，众为筑室。去华撼实，遂以'耽石'为名。刘氏瓜剖，乱离斯瘼，钟呗之声几乎息矣。开宝初，因其故号迁于上潭。香火仅在，风幡无托。不有废也，其何以兴？天圣中，今住持慧周同檀越巢迪等相与谋曰：佛之示权也大矣，人之起信也久矣！察荣悴者知其果，视祸福者存乎应。崇善者有精进以笃其修，畏罪者有忏悔以寡其过；多藏者有布施以破其惑，念往者有追奉以广其孝。是知民之闾井，不可一日而违塔庙也。既而同焉者募，异焉者劝，富焉者资，巧焉者力。其相土也，则迭岫宾揖，澄溪带附；其度材也，则百堵云构，四阿翚飞；其设像也，则金璧晬容，天龙善卫；其据境也，则珍木弥望，佳气袭人，真崇福之秘宇，绝尘之幽致也。苟非智者创谋，善人协规，孰能与于此哉？巨石如屏，泉淙于下，可以爽精灵，可以涤尘虑，命名之始，其在兹乎？就崖耆琢，传之不朽。皇祐元年八月

① 广东省地方史志办公室辑：《广东历代方志集成·韶州府部（十三）·（清乾隆）翁源县志》卷二，广州：岭南美术出版社2009年版，第38页。

日记。"①

余靖的记不仅描述了该处幽静的环境，而且回忆了其读书时受慧周和尚监读的情况。"庆历新政"失败后，余靖以将作少监分司南京，但他回到韶州"负谤闲居"，重游故地，心情忧闷，所以记中较多地抒发了禅意。

对于余靖与耽石院的关系，多有诗人记述。其中王大用《耽石院》表意深刻，说："襄公笔力高崖古，三绝人间见此碑；精舍已随陵姑改，文光犹并斗星垂；尘沙兴世开心目，剥落凭谁补阙遗；读罢怀贤欲涕泣，龙潭云暗雨丝丝。"②

3. 书堂石和书堂僧院

书堂石，位于翁源县三华镇罗江水（即翁江）上游，地形独特，得天独厚，巍巍巨石屹立江中，石山上修筑书院，书院下江水悠悠，因晚唐诗人邵谒在此截髻悬门，筑室攻书而得名。

书堂院也称书堂僧院，清乾隆《翁源县志》记，在翁源县三华镇。该志载："县东八十里，在三合渡。唐邵谒读书处，宋迁上流落钟潭，明万历丙子迁今处筑刹，僧众设邵主于佛座西偏，有记。崇正（应为"祯"）十一年知县朱景运重立主于前室正座，题其栋云：'青云半壁疑悬髻，明月中流尚读书'，又刻其诗集行于世。"③ 该志有《重修书堂院记》，载："书堂僧院，旧筑三华镇山下流二里江心。书堂石即晚唐邵先辈谒读书处。开山者能祖师之裔孙道显也。宋季，值水灾，迁上流落钟潭；迨明嘉靖季年，又值水火继灾，寺僧流离别徙。万历丙子，僧性圆悯先师遗迹不可失，沿河稍上三合渡高陇，筑寺塑像。前堂门第，缭垣广于数亩，佛像西偏，设邵先辈主其上，四时崇祀之，益辉煌焉。又买田数十亩为赡后计，落成十三年矣。性圆恐后湮没无纪，请于罗江山人黄子为制碑文树之，以垂不朽。"④

很明显，书堂院是后世为了纪念晚唐诗人邵谒而建的。邵谒，新

① （北宋）余靖撰，黄志辉校笺：《武溪集校笺》，天津：天津古籍出版社 2000 年版，第212 页。

② 广东省地方史志办公室辑：《广东历代方志集成·韶州府部（八）·（清康熙）翁源县志》卷七，广州：岭南美术出版社 2009 年版，第 453 页。

③ 广东省地方史志办公室辑：《广东历代方志集成·韶州府部（十三）·（清乾隆）翁源县志》卷二，广州：岭南美术出版社 2009 年版，第 39 页。

④ 广东省地方史志办公室辑：《广东历代方志集成·韶州府部（十三）·（清乾隆）翁源县志》卷二，广州：岭南美术出版社 2009 年版，第 85 页。

旧《唐书》无传，仅在诗序及后世私人传记、方志传记留有简略生平资料。但是，邵谒之诗却有不小的影响，其诗有 32 首选入《全唐诗》。与邵谒同时的温庭筠，称其诗"识略精微，堪裨教化，声词激切，曲备风谣，标题命篇，时所难及"；而明代进士黄佐赞邵谒曰："五岭以南，当开元盛时，以诗文鸣者，独谒与曲江公巍然并存。"于翁源地域，邵谒被称为唐代"岭南五才子"之一。

关于邵谒，可查的有一定的记载的史料如下：

元代辛文房之《唐才子传》载："谒，韶州翁源县人。少为县厅吏，客至仓卒，令怒其不揩床迎待，逐去。遂截髻著县门上，发愤读书。书堂距县十余里，隐起水心。谒平居如里中儿未冠者，发鬖鬖，野服。苦吟，工古调。咸通七年抵京师，隶国子监。时温庭筠主试，悯揺寒苦，乃榜谒诗三十余篇，以振公道，曰：'前件进士，识略精微，堪裨教化，声词激切，曲备风谣，标题命篇，时所难及，灯烛之下，雄辞卓然。诚宜榜示众人，不敢独专华藻，仍请申堂，并榜礼部。'已而释褐。后赴官，不知所终。它日，县民祠神者，持幢舞铃，忽自称'邵先辈降'。乡里前辈皆至，作礼问曰：'今者辱来，能强为我赋诗乎？'巫即书一绝云：'青山山下少年郎，失意当时别故乡。惆怅不堪回首望，隔溪遥见旧书堂。'词咏凄苦，虽橡笔不逮，乡老中晓声病者，至为感泣咨磋。今有诗一卷，传于世。"①

《翁源县志》载："邵谒（生卒年月不详），翁源晚唐诗人。一生创作了大量诗歌，有诗十集，今不存，唯《全唐诗》存其诗 32 首，编为一卷。"②

以上两记都对邵谒的情况有一定的介绍。邵谒少时，"发愤读书"、精通古音律，诗作针砭时政，以致殿延举试屡试不第，但其好学精神对地方文化的发展有一定的影响。

此外，翁源还有一间崇德书院，"在县西门外，明万历年间建，今废"③。

---

① （元）辛文房著，王大安校订：《唐才子传》，哈尔滨：黑龙江人民出版社 1986 年版，第 157－158 页。

② 翁源县地方志编纂委员会编：《翁源县志》，广州：广东人民出版社 1997 年版，第 202 页。

③ 广东省地方史志办公室辑：《广东历代方志集成·韶州府部（十三）·（清乾隆）翁源县志》卷二，广州：岭南美术出版社 2009 年版，第 22 页。

（五）乐昌县的书院

1. 昌山书院

昌山书院，源于明洪武八年（1375 年）创办的濂溪书院，又名文昌书院。位于县城北门外众善寺左侧，道光八年（1828 年）迁至城内中街。

关于昌山书院的历史，有刻于清乾隆十二年（1747 年）的《昌山书院记》碑（后毁），碑文拓片现存县博物馆。御史欧堪善曾讲学于此。

欧堪善，字韶又，生卒年无考。乐昌黄圃人，清乾隆二年（1737 年）进士。幼年聪明、好学，进士及第后，在国史馆担任编修有十余年，后为御史。乾隆十五年（1750 年）升任刑科给事中、晋太仆寺少卿。后告病回乡，讲学于县南昌山书院。有《泷涯诗集》三卷。

2. 龟峰书院

龟峰书院，"明嘉靖十九年（1540 年），知县符锡于县城外古龟峰寺创建"①，书院内有洗心亭和砖塔（龟峰塔），为乐昌四大书院之一。龟峰塔和龟峰山也以"龟石吞流"或"龟石回澜"而载入乐昌古八景之一。

明万历九年（1581 年）知县张祖炳主持修建过院舍。清光绪十七年（1891 年），知事蒋星熙将龟峰书院迁至县城东门外重建。明苏葵游龟峰书院时曾题诗曰：三十年前鼓箧游，龟峰祠下看江流。重来季子未金印，前渡刘郎空白头。往事萧条同逝水，故人零落独悲秋。摩挲旧日题名处，烟雨苍苔不可求。而清欧堪善则在《龟石吞流》诗中称："高空塔影俯江流，楼阁参差一望收。龟石全吞泷水阔，笔峰双插海天秋。潭深应有蛟龙卧，岸远平看星斗浮。洛浦当年曾献瑞，图书好向此间求。"

3. 龙门第书院

据《乐昌文物志》载，乐昌龙门第书院位于庆云镇户昌山古村，建于清同治九年（1870 年），为乐昌私塾之典型。2011 年被公布为乐昌不可移动文物。

---

① 广东省地方史志办公室辑：《广东历代方志集成·韶州府部（三）·（同治）韶州府志》，广州：岭南美术出版社 2009 年版，第 256 页。

二、南雄州书院

南雄因其特殊的地理位置，大庾岭路自古就为交通要道，随着中原汉人的南迁，南雄地域也先得中原文明之先，书院发展较早。

（一）孔林书院

孔林书院，也称平林书院，在油山（今大塘镇）平林村，为孔氏后裔孔闰建于北宋建隆三年（962年）。《平林孔氏族谱》记，平林孔氏是孔氏后裔之南脉，平林乃岭南孔氏发祥地。开基祖为唐进士、尚书左丞孔戣之子孔温宪。

孔戣，《新唐书》有载。《新唐书》卷一百六十三《孔戣传》载："孔戣，字君严，擢进士第。"① 宪宗元和元年（806年）任谏议大夫，曾上疏论时政四事。元和十三年（818年）至长庆元年（821年）拜岭南节度使，在任四年，惠政颇多，深得民望。长庆四年（824年）卒。"年七十三，赠兵部尚书，谥曰贞。"随孔戣寓岭南的三子孔温宪，扶榇至雄，值藩镇乱，卜居平林。

关于孔林书院，最早见于明嘉靖《南雄府志》，后有关南雄各志均有记载。《南雄府志》载："孔林书院，平林村。唐孔戣为岭南节度使，卒于任，季子温宪扶榇至雄，闻安禄山乱，遂家焉。建隆三年（962年），裔孙孔闰因创书院。陈叔秀记。"清道光四年（1824年）修《直隶南雄州志·书院》记："孔林书院在平林邨。唐孔戣为岭南节度使，卒于任，季子温宪扶榇至雄，闻藩镇乱，遂家焉。裔孙闰因建书院。"该记载与县、府志同。对于孔温宪之孙孔闰，明嘉靖《南雄府志》记："孔闰，保昌人，聪明嗜学，年十九，举进士，官至朝散大夫，迁袁州刺史。"② 后因五代之乱，孔闰弃职寓居吉州泰和十年。

宋太祖平定岭南后的建隆元年（960年），孔闰挈家归隐平林，建隆三年（962年），创建平林书院。此"为南雄书院之始，亦是岭南已

---

① （宋）欧阳修、（宋）宋祁：《新唐书》（第16册）卷一百六十三《孔戣传》，北京：中华书局1975年版，第5008页。

② 广东省地方史志办公室辑：《广东历代方志集成·南雄府部（一）·（嘉靖）南雄府志》，广州：岭南美术出版社2007年版，第34页。

知第一所书院"①。书院创办后,孔闰登坛讲学,人文蔚起。所以,《南雄市志》言:"孔林书院不仅是南雄州而且是岭南创办最早的一所书院,对南雄乃至岭南的文化教育影响深远。"②

(二)新田文明书院

新田文明书院位于新田古村内。

《新溪李氏族谱》载,历史上的文明书院曾出过国子监和太学生26人。其中,李金马为佼佼者。李金马,唐元和七年(812年)进士,大中七年(853年)卒于官,是唐代南雄州两位进士之一。明嘉靖《南雄府志》记:唐宪宗元和,"李金马,保昌人,力学有大节,累官户部侍郎,金紫光禄大夫"。而清道光《直隶南雄州志》卷二十五记:"李金马,字庆霄,号南峰,保昌新田里人。晋正议大夫耿之孙,唐赠金紫光禄大夫。培次子明,广西全州知州,俊芳之祖也。公生而醇笃、孝友性、成言行,为乡党师法。且家贫力学,才识兼优,开南雄人文之首。年二十四,举宪宗元和三年(808年)贤良方正直言极谏科,为考官杨于陵、韦贯之所器重,与牛僧儒、皇甫湜、李宗闵等同登上第……大中七年卒于官。上嘉其才节,晋阶尚书、金紫光禄大夫。"③ 不能否定,兴办于乡村的新田文明书院带动了古代南雄的人文之风。

三、连阳书院

唐贞元十九年(803年),时为监察御史的韩愈,因上《论天旱人饥状疏》而遭谗害,被贬为连州阳山县令,贞元二十年(804年)春,韩愈抵达阳山县就职。在《送区册序》一文中,他认为阳山是一个远极遐荒、交通不便、生存环境险恶之穷地,谓之为"天下之穷处

---

① 南雄市人民政府地方志编纂委员会编:《南雄市志》,北京:方志出版社 2011 年版,第604 页。

② 南雄市人民政府地方志编纂委员会编:《南雄市志》,北京:方志出版社 2011 年版,第604 页。

③ 广东省地方史志办公室辑:《广东历代方志集成·南雄府部(二)·(道光)直隶南雄州志》,广州:岭南美术出版社 2007 年版,第 454 页。

也"①。相反，较之迟一年，即贞元二十一年（805 年）因"八司马事件"而贬连州的刘禹锡，则对连州之山水情有独钟，称连州为"荒服善部，炎裔凉地"，他在《送曹璩归越中旧隐》诗中写道："剡中若问连州事，唯有千山画不如。"② 明代弘治年间连州知州曹镐撰《旧志序》，认为连州风气之变，"乃自韩昌黎、刘梦得两公始"，在一定程度上肯定了二人尤其是刘禹锡对连州文明开发的作用。

（一）连州的书院

1. 天衢书院

天衢书院，位于连州城北三十里保安静福山，为五代时期南汉朝诗人黄损读书处，约907—922 年间创建。

清同治《连州志》卷三《学校》载："天衢书院在静福山，五代时州人黄损读书处。"③ "静福山在城北三十里，峰峦环抱，桧柏森郁，为七十二福地之一。廖冲尝栖息于此，景为'静福寒林'。"④ 该志卷七《人物》也载："南汉黄损，字益之，连州高良人。少慷慨有大志，筑室静福山，额之曰：'天衢'，读书、吟啸其中，罕与俗接，以绩学闻于时，尤工诗。……所著有《桂香集》。其为人赅博多能，性轻利重义。尚捐资筑高良之耶陂，灌田甚广，乡邦赖之。"⑤

黄损，连州（今广东省连南瑶族自治县三江镇）人，后梁龙德二年（922 年）登进士第，仕南汉刘龑，官至尚书左仆射（宰相）。黄损家族是较早迁入连阳地区的客家人。

而关于黄损捐资筑陂、造福乡梓一事，《广东省志·水利志·大事记》有载："连州耶陂，南汉时（917—971 年），大臣黄损在其家乡连州（今连县）'捐资筑高良之耶陂灌田，乡里赖之'。"⑥

① （唐）韩愈撰，马其昶校注：《韩昌黎文集校注》，上海：上海古籍出版社1986 年版，第266 页。

② （唐）刘禹锡撰，《刘禹锡集》整理组校：《刘禹锡集》，北京：中华书局1990 年版，第568 页。

③ 广东省地方史志办公室辑：《广东历代方志集成·韶州府部（十三）·（同治）连州志》卷三，广州：岭南美术出版社2009 年版，第77 页。

④ 广东省地方史志办公室辑：《广东历代方志集成·韶州府部（十三）·（同治）连州志》卷二，广州：岭南美术出版社2009 年版，第39 页。

⑤ 广东省地方史志办公室辑：《广东历代方志集成·韶州府部（十三）·（同治）连州志》卷七，广州：岭南美术出版社2009 年版，第175 页。

⑥ 广东省地方史志编纂委员会编：《广东省志·水利志》，广州：广东人民出版社1995 年版，第21 页。

由此可见，五代时的黄损不仅在静福山筑室读书，开连州人文之先，而且捐资筑陂、造福乡梓。虽然其晚年未得到南汉刘䶮政权的重用而过着隐居生活，以诗酒自娱，直到终年病逝，但其在连州一域的影响却是长远的。

2. 南轩书院

因理学家张栻及其学术的发展，全国多地建有南轩书院。而处于粤北秦汉古道上的南轩书院，则是因为张栻曾随其父张浚谪居连州而名。

连州南轩书院位于广东连县（今连州市），雍正五年（1727 年）州牧朱振基废署改建而成。清同治《连州志》卷三《学校》载："雍正二年，裁连州守御所，五年州牧朱振基即废署改建书院。头仪门内甬道直达大堂，再进为讲堂，额曰：培风堂；又再进为后座，座上祀仓圣、沮圣张南轩、韩昌黎、周濂溪。座左右厢房各二间，左为馆师下榻处，右为诸生肄业所，座顶建楼五间为厩舍，讲堂左右厢房各一间，左厢侧为庖厨，右厢侧为菜圃，甬道两旁，厢房十二间，俱为诸生肄业处，头门右侧小屋三间，住院役。嘉庆二十五年州牧黄锜重建。"该志《南轩书院田》记中指出，书院建立之初，"雍正五年，州牧朱振基捐谷二千石，遴选绅士邱锡礼等，经理生息，至十一年置买粮田一百一十五丘，岁收谷一百三十三石六斗，勒碑书院纪其事。"而在《南轩书院膏火》记中则载："乾隆四十一年，州牧张利仁捐廉银一百两，并合州绅民捐签汇得本银一千两，发交连阳埠商生息，每月收息银二十两，遇闰照加，以作书院正课生童膏火。"[①] 书院在得到一定资金的前提下，维持着一定的规模。

说到连州南轩书院，当然要提及张栻与连州的关系。张栻与连州的关系由其父张浚始。

张栻（1133—1180 年），字敬夫，号南轩，南宋理学家，学者称南轩先生。张栻的父亲张浚，张九皋（唐相张九龄之弟）之裔孙。《宋史》载："张浚字德远，汉州绵竹人，唐宰相九龄弟九皋之后。"累官至宰相，死后赠太保，谥号"忠献"。绍兴十六年（1146 年）七月，张浚上奏，备战抗金，与秦桧有隙，"秦桧大怒，令台谏论浚，

---

① 广东省地方史志办公室辑：《广东历代方志集成·韶州府部（十三）·（同治）连州志》卷三，广州：岭南美术出版社 2009 年版，第 77 页。

岭南文化书系

粤北古道与文化

以特进提举江州太平兴国宫，居连州。二十年，徙永州"①。也就是说，绍兴十六年，张浚谪居连州（今广东连县）时，张栻十四岁，随父居连州，并从王大宝游学。王大宝，字元龟，潮州海阳（今广东潮安）人，曾知连州，后召为礼部尚书。在连州5年，张栻不仅从王大宝学，而且张浚还亲自教授张栻《周易》，可见，张栻自小受到其父张浚传授的儒家思想的教育。绍兴二十年（1150年）至绍兴三十年（1160年），张栻十八至二十八岁，随父移居永州，这段时间，张栻主要是从父学习儒家仁义之道。绍兴三十一年（1161年），张栻前往衡山拜"五峰先生"胡宏为师，并继续研习"二程"理学思想。

张栻于南宋孝宗乾道元年（1165年）讲学岳麓书院，从学者时达千余，为湖湘学派的建立做出了很大的贡献。南宋孝宗淳熙七年（1180年），迁右文殿修撰。其学说，自成一派，与朱熹、吕祖谦齐名，时称"东南三贤"。于孝宗淳熙七年卒，年四十有八。

为了纪念张栻，连州府在儒学内建有"张南轩祠"。清同治《连州志》载："张南轩祠，旧在儒学内，明知州林应昌改祀北山寺，雍正五年知州朱振基建南轩书院于内城大街西，又与韩昌黎合祀于崇圣祠右。"②

由此可见，连州南轩书院的创建，不仅对张栻具有纪念性的意义，而且对理学思想传承也具有重要的作用。

3. 星江书院

星江书院，位于广东连县星子镇徐屋后岗，清乾隆十七年（1752年）建，现为星江中学所在地。

清同治《连州志》载："乾隆十七年，州牧周儒率绅民建于峯园堡剑水地。前为大门，藩宪石柱题额曰：星江书院。中为讲堂，制军杨应琚、中丞鹤年共题额曰：立诚堂。后为川堂，祀唐昌黎伯韩愈。后为魁星楼，州牧蔡煜题额曰：'腾蛟起凤'。楼之下为后堂，学使刘星炜题额曰：克广德心楼。房两间，厅房两间，左右书舍十二间，为馆师下榻及诸生肄业之所，头门左右侧庖厨四间，为馆中炊□之所，院左为塔岭，义□塔，象文笔，今已筑基。"该志在《星江书院田》

---

① （元）脱脱：《宋史》（第31册）卷三六一·列传第一百二十《张浚》，北京：中华书局1977年版，第11306页。

② 广东省地方史志办公室辑：《广东历代方志集成·韶州府部（十三）·（民国）连县志》卷二，广州：岭南美术出版社2009年版，第527页。

记："乾隆十八年，星子绅民捐置粮田二百七十一工零，计二百一十三丘零。州牧蔡煜详请拨定实粮三石五斗七升零。嗣后续有添置，合计前后粮田共三百二十三工六分，岁收租谷为递年馆师修脯膏火之费。"①

4. 西溪书院

西溪书院位于广东连县东陂街之南，清乾隆三十二年（1767 年）建，现为西溪中学所在地。

清同治《连州志》载："乾隆三十二年，州牧顾芝率绅民建于东陂观巡检司署左侧，前为大门，中为讲堂，后为后楼，上下共五间，厅左右书舍十余间，头门两侧耳房两间，馆师下帷、诸生肄业各有斋宇，以及庖厨福室，靡不悉备，其规制与南轩、星江两书院称鼎峙云。"该志《西溪书院田》载："乾隆三十三年，东陂观绅民谢文炜、谢文煜、谢学渊、黄耳铀、黄裔裴、黄兴耀、黄朝矜、邓经圆等共捐置田一百一十五工七分，拨定实粮一石六斗八升零，嗣后续有添置，合计前后粮田共一百九十一工五分，粮米三石六斗八升四合零七抄，岁收租谷为递年馆师修脯膏火之费。"②

5. 燕喜书院

燕喜书院是因韩愈《燕喜亭记》而名的书院。《连县志》载："燕喜书院位于广东连县城东北巾峰山麓。清光绪八年（1882 年），知州曾纪渠倡建，原名巾峰书院。二十年，学政徐琪改称燕喜书院。前为大门，中为讲堂，后为斋舍。名胜燕喜亭在焉。后为燕喜小学、燕喜中学使用。"③ 书院今为连州中学用。

连州之地还有一个"丞相书院"。此书院建于古连州的后街嘉鱼坊，为宋张魏公浚所建，"有魏公四德铭石刻在内，今圮"④。

（二）阳山的书院

阳山地域，众山丛积，土瘠而陋，陈隋以降，民犹鸟语，夷面言

① 广东省地方史志办公室辑：《广东历代方志集成·韶州府部（十三）·（同治）连州志》卷三，广州：岭南美术出版社 2009 年版，第 78 页。
② 广东省地方史志办公室辑：《广东历代方志集成·韶州府部（十三）·（同治）连州志》卷三，广州：岭南美术出版社 2009 年版，第 78 页。
③ 广东省地方史志办公室辑：《广东历代方志集成·韶州府部（十三）·（民国）连县志》卷二，广州：岭南美术出版社 2009 年版，第 524 页。
④ 广东省地方史志办公室辑：《广东历代方志集成·韶州府部（十三）·（同治）连州志》卷三，广州：岭南美术出版社 2009 年版，第 77 页。

语不通，画地作字。自唐贞元间，监察御史韩愈因言事被贬谪至阳山，始教之诗书礼义，开启文化。古阳山有书院二，一为杨溪书院，二为通儒书院。

1. 杨溪书院

民国《阳山县志》载："杨溪书院，一名回龙书院即义学，在县东元帝宫之左，南向。清康熙初，知县裴振李设东西二塾以居学者。二十二年，王永倓合二塾为一，皆僦民居为学舍。二十七年，永倓率众捐资购地，筑屋三楹，外为门，谓之义学。四十九年，知县孟宏范又捐俸于屋后买地一区，拟建阁三楹，东西房二间，正室三楹，西房二间。其砖石、木料、工用之费俱已捐给，动工未及成，而宏范去，遂中止。五十四年署知县管世宁至，复延师设学，犹然僦民居也。复与教谕冯震、训导张式玉、典史李育麟、城守胡应龙等捐资补成之中，建阁三楹，左右厢房三间，外为门，二重厢房二间，阁下镌永倓、世宁像，岁时祀之。"① 书院有学田若干。

2. 通儒书院

通儒书院在七巩圩，新社学之旁。清同治十一年（1872 年）彭灿然等捐建。

（三）连山书院

《广东省志·教育志》载：连山书院，"建于清康熙四十三年（1704 年）。当时河南襄城人李来章，别字礼山，是康熙年代举人，他到连山当知县时，见文教落后，便兴办连山书院，并撰《连山书院志》。院址在西郭大塘之上。冼玉清写《连山书院》一文，当中说：'书院广六丈，深倍之，开堂列庑。定学规，置书籍，教以为学次序，读书次序，而以圣贤之道为归，于是连人始知问学。'"②

连山地域，古时交通、经济和文化相对落后，所设书院不多。

---

① 广东省地方史志办公室辑：《广东历代方志集成·韶州府部（十六）·（民国）阳山县志》卷六，广州：岭南美术出版社 2009 年版，第 121 页。

② 广东省地方史志编纂委员会编：《广东省志·教育志》，广州：广东人民出版社 1995 年版，第 60 页。

四、英州书院

清康熙《英德县志》①载，英州有涵晖书院、龙山书院、会英书院、复所书院、桃溪书院、南山书院及文英书院。

涵晖书院：设立比较早，建于北宋景德年间。《英德县志》载，涵晖书院，"在南山涵晖谷。前景德间，郡守王仲达建，元末废；天顺年，知县杜宥建，嘉靖元年，张慎重修。昔隐士石汝砺常结庵于此"。它与北宋建隆年间建于南雄的平林书院，均是粤北地域创办较早的书院。

龙山书院："在县北龙山下。嘉靖元年，知县张慎建。"院前竖有坊表，次立大门，拾阶而进，有步月台，方宽丈余，两旁书舍，共240间，聚东西乡名士，会文讲艺，弦歌之声，昼夜不辍。历110余年，崇祯十一年（1638年），因火灾而废。

会英书院："在通达街，旧为浈阳驿地，久为民间拆摅。嘉靖丙辰，知县谌廷诏查复建书院。前为大门，中为文会堂，后为祠。祀郑公重威。各三间，东西为号舍、亭台。举人罗梦鹤、周子造，乡官主簿苏一中，监生林如珪、董其成，耆民邓亿，募工建。前建未成，主簿邓德仪兴工同知县林高冈捐俸助成。"

复所书院："在张公祠侧，复所杨公，归善人也。欲倡道英德，贸民人木苍空地一所，建书院，朝夕集诸生讲学于此。"

桃溪书院：在"步月台东，崇祯十二年，知县吴永澄奉直指公檄，遂捐俸择胜于斯，僚属与通邑绅士、耆民，欣然助建，仍置田地、房租"。

南山书院：在"圣寿寺后。嘉靖九年，合境士民建"。

文英书院：建于清光绪戊戌（1898年），位于大湾镇西南的金山坡上，其背后就是"金山祖庙"。书院今存额刻"文英书院"，额右为"光绪戊戌孟春日谷旦"，左为"黔南邹翼清敬题"。

---

① 广东省地方史志办公室辑：《广东历代方志集成·韶州府部（十）·（康熙）英德县志》卷一，广州：岭南美术出版社2009年版，第37页。

五、粤北书院的发展及其特点

伴随着古道的开通，中原文化不断地向岭南传播，尤其是北宋时期州县学的不断扩大，理学不仅以其独特的思维传承着儒家的传统思想与文化，而且以新颖的形式拓宽着思想文化传播的渠道，使理乐文明传播到岭南各地。与全国各地一样，粤北的书院发展，其形式也有官方设立的书院和私人创建的书院两种，与官立的太学、郡县学不同，它们在书院的设立和教育教学制度、方法等方面有着自身的特点，对岭南文化、社会教育的发展产生过重要的影响。

（一）古道域内书院概览

为了更好地了解古代粤北书院的发展状况，笔者根据各地史料所载对书院情况进行了初步整理，详见表 7-1。

表 7-1 粤北书院一览表

书院名称	创建时期	所在地	性质	备注
濂溪书院	南宋	韶州	官立	淳熙十年，时韶州教授廖德明将濂溪祠改为"濂溪书院"。淳祐乙巳，提刑杨大异迁建于帽峰之麓；宝祐二年，提刑吴遂请朝赐额"相江书院"
翠峰书院	明	韶州	民立	嘉靖十九年庚子冬，合郡士民为知府符锡建
濂溪书院	明	仁化	官立	嘉靖元年，知县于祥改真武阁为濂溪书院
锦石书院	明	仁化	民立	嘉靖二十年，合县士民建
仰止书院	明	乳源	官立	嘉靖三年，通判符锡改崇宁观为书院
文风书院	明	乳源	民立	成化间，李本琛建
观澜书院	清	乳源	民立	乾隆五十八年贡生许景发建
云门书院	清	乳源	民立	清嘉庆五年建
翁山书院	明	翁源	官立	嘉靖十九年建

书院名称	创建时期	所在地	性质	备注
昌山书院	清	乐昌	官立	乾隆十一年，知县冯龛建
孔林书院	北宋	南雄	民立	建隆三年，孔闰建
天衢书院	五代（南汉）	连州	民立	五代时期南汉朝诗人黄损读书处
南轩书院	清	连州	官立	雍正五年，州牧朱振基废署改建而成
星江书院	清	连州	合建	乾隆十七年，州牧周儒率绅民建
西溪书院	清	连州	合建	乾隆三十二年，州牧顾芝率绅民建
燕喜书院	清	连州	官立	光绪八年，知州曾纪渠倡建，原名巾峰书院；二十年，学政徐琪改称燕喜书院
杨溪书院	清	阳山	官立	康熙初，知县裴振李建
连山书院	清	连山	官立	康熙四十三年，知县李来章建
涵晖书院	北宋	英德	官立	景德间，郡守王仲达建
龙山书院	明	英德	官立	嘉靖元年，知县张慎建
南山书院	明	英德	合建	嘉靖九年，合境士民建
会英书院	明	英德	官立	嘉靖丙辰，知县谌廷改浈阳驿地建书院
桃溪书院	明	英德	合建	崇祯十二年，知县吴永澄捐俸，僚属与通邑绅士、耆民助建

（二）书院的特点

1. 创建时间较早

粤北古道域内的书院，其创建的时间比岭南地域的其他书院要早。

在粤北古道域内的韶、雄、连、英四州书院中，创建时间最早的是连州天衢书院，约907—922年间创建，它与五代时期南汉朝诗人黄损的读书处直接相关。其次为南雄孔林书院，创建于北宋建隆三年，为孔子南支后裔孔闰所建。《南雄市志》指出，孔林书院"为南雄书院之始，亦是岭南已知第一所书院"①。而英德的涵晖书院是宋景德年间建。它们均比创办于康熙三十三年的惠州丰湖书院、康熙四十九年的广州越秀书院、乾隆二十五年的广州越华书院、雍正十年的端州端溪书院、明初的梅州培风书院及康熙四十九年的海南琼台书院要早。

2. 官立与民立相结合

从书院的创办看，粤北古道域内各书院的创办者多是主政一方的地方官员，如知府、知县，但也有由士民集资修建的，如表7–1中的韶州翠峰书院、仁化锦石书院等。各书院都有供师弟子廪膳的学田，官立学院的学田、膏火费用均由政府拨给，民立者则由私人捐赠，书院规模也要比官立的小，组织机构也较简单。

3. 以儒家文化为主体

书院的教育内容以儒家思想尤其是理学思想为主，并紧紧围绕儒家文化这一主线而展开，讲究明礼、明经，而且均以参加科考为目的。这一点从书院所祀对象也能看出。南雄孔林书院祀至圣、亚圣及其弟子，这主要是因为平林孔氏乃孔子后裔之南支；韶州濂溪书院祀周濂溪及河南二程先生，则是因为周濂溪倡明道学，"以示韶人"，二程、张横渠、邵雍与周濂溪并称北宋"五子"，开创了宋代儒学的新风；而连州的南轩书院，很明显是纪念理学家张栻的。

4. 书院与禅的结合

在这些书院中，书院与禅的结合不仅体现于办学形式方面，也体现于学问及思想的传授之中。粤北不仅多禅院，而且各禅院之禅师早年大多对儒家思想有所研究，学问颇深。就翁源耽石院住持慧周和尚而言，他就极有文才。他不仅监读余靖、王式、黄正、梅鼎臣等学子研习儒家思想，而且教授禅学及其他知识。这些人在进士及第后均能发挥更大的作用。所以，欧阳修就认为余靖"自少博学强记，至于历代史记、杂家小说、阴阳律历，外暨浮屠、老子之书，无所不通"，故日后成为一代名臣、"岭南第二人物"。

---

① 南雄市人民政府地方志编纂委员会编：《南雄市志》，北京：方志出版社2011年版，第604页。

第八章　粤北古道与古村落文化

　　秦统一北方六国后便开始南征百越的战争，自此也开启了中原汉人向岭南移民的潮流。自秦以降的历代北方移民沿粤北古道而卜居岭南地域，以至在粤北古道域内形成了以血缘为基础、以族姓为纽带、既传承中原文化又有融合与创新的诸多客家村落，在长期的生产与生活中，这些村落逐渐沉淀出具有一定特质的古村落文化。

一、以姓氏节文化为主体的乌迳古道域古村落文化

　　以姓氏节文化为主体的古村落文化是乌迳古道域内古村落文化的典型代表。

　　乌迳古道是始辟于西晋愍帝时期的粤赣水陆联运古道，古道域内散居了自西晋以来的李、叶、杜、赖、董、王、邓、赵等20余姓的历代移民，他们聚族而居，乃至形成了以姓氏节传统文化为主体的古村落文化。

　　姓氏节是乌迳古道域内各姓族人在生活中形成的一个传统节日。乌迳古道域内各姓族的姓氏节，是指同姓同宗的族人所认同的、以家族形成中的某一时间，如家族中某一显要人物的生辰或忌日为特定庆贺的时间，并得到族人承继而延续下来的传统民俗，它具有祖先崇拜的典型特征。姓氏节，简单而言就是"以姓为节"的传统民俗，也是一种节庆文化，不同的姓族有不同的节庆时间。但是，乌迳古道域内的节庆文化有别于流传至今的西南某些少数民族的姓氏节庆文化。由于乌迳古道域内各姓族人，有的迁入时间较早，所保留的古建筑较多，以致形成了较为稳定的生活习俗，并形成了以血缘和族姓为基础的古

村落群，影响也较大。至今为止，南雄境内为广东省文联、广东省民间文艺家协会所认定的乌迳新田、南亩鱼鲜、黄坑溪塘和百顺黄屋城四个古村落中，前三个均位于乌迳古道域内，而乌迳镇内杜屋、水城、松溪、孔塘、白胜，界址的赵屋、黄坑等村也都是具有一定历史的古村落，以致形成了具有一定文化底蕴的古村落文化。

1. "一姓三乡""杜姓为大"的杜屋古村

乌迳杜氏唐天授元年（690年）自端州迁入并建村，至今已有1300余年。乌迳杜氏是较早迁入乌迳古道域内的姓族，村名为杜屋。

乌迳杜氏本自唐杜如晦之孙杜正宇。据1995年《中国江南杜氏联修族谱》（甲编卷），杜屋建村，追溯至唐代。明嘉靖五年（1526年）冬，丙戌科进士伍箕，曾为乌迳杜氏重修族谱作序，其《如晦公愉公房序传·明南雄保昌乌迳杜氏重修族谱序》云："杜姓派衍京兆，唐名相为晦之后嗣，刺史端州遂分居此地，代有历年，人文蔚起，载入邑志，诚凌江望族也。"同年冬，杜如晦之三十三嗣孙绍总、绍园作《明杜氏重修族谱序》亦云：唐贞观十九年（645年），蔡国公杜如晦之三子杜愉悦任端州太守，后卒于任，此杜姓入岭南之始。杜愉悦生二子，长正宇，次正宸。杜正宇文武双全，智慧过人，继任太守。"宸公未经拔擢仍留端州，迄今杜姓繁衍于广肇属邑者，皆宸公苗裔。"

唐天授庚寅元年（690年），唐武后临朝称制，举国选拔人才，正宇"奉诏入京"，至南雄便遇家人南下报信，曰："武后打杀李唐旧臣，家里面临大祸，望公子好生为之。"接报后的杜正宇"托病不前"，向东"走马散心"。行至乌迳，见该地后龙山郁郁葱葱并有七棵松树呈北斗七星状，顿生爱慕。于是下马叫家人在此安顿，以图日后北上。但事件并未转机，杜正宇只好选择了长居这里。从此，他在乌迳开基创业，并把此地命名为杜屋村。"名杜屋，盖不忘所氏也"，"宇公为浈昌杜宅之始祖也"。由此可见，唐代的杜屋村是乌迳圩最早开基居住的古村落。《杜氏族谱》载：乌迳杜氏，"虽与端州山河阻隔，省郡相连"，"盖不忘所氏也"。此"宇公为浈昌杜宅之始祖也"。杜氏五修族谱《序》亦云："我祖由京兆而入岭南端州，由端州而雄，而闽，入豫而南。"① 笔者查阅杜氏一、二、三、四、五修族谱，乃至

---

① 《中国江南杜氏联修族谱》（1995年），第235页。

214

联谱，未见有乌迳杜氏后裔迁入珠三角地域之记载，相反，杜氏后裔就近卜居乳源、乐昌，迁江西南安、龙南、南康、吉水、万安，福建建宁等地者多。

杜屋杜族是乌迳古道域内迁入时间较早、人口繁衍较多的宗族，又因杜族于宋、明时期的"兴旺"，以致后来有以"杜姓为大"的"一姓三乡"之说。据乌迳杜姓老人及周边各村的老人说，明清及后，每年年初乌迳舞狮"开市""出行"，四乡之"狮"均先到杜屋祠堂行礼后，才能到各村各家去"舞"，杜姓受到尊重，可见一斑。

但是，不知何故，乌迳杜屋并没有收入相关的古村落名录，实属遗憾！

2. 七星树下村与"七星世镇"水城

七星树下村（今山下村），唐乾符元年（874 年）广东崖州都督叶浚开创，至今有 1100 余年。因卜居地之北山有七颗松树似天上北斗七星分布，故名为七星树下村。

七星树下村叶姓是乌迳古道内较大的族群。《叶氏联谱》称：叶氏受姓始祖诸梁一世，周楚大夫，居南阳郡。传七十世乾昱，居浙江松阳，后裔先后有八支迁来南雄，大部分卜居乌迳古道域内七星树下。乌迳叶姓以叶崇义（名浚）为开基祖。叶浚，唐乾符元年（874 年）初授广东崖州都督，年老告归，至南雄，闻黄巢乱，乃卜居乌迳七星树下，开创叶氏基业。叶浚生三子，三子雨时（字云兴）仕南汉以军功授千夫长，戍守乌迳，保境安民。后晋时，贼兵犯境，云兴接战于白石岗，阵亡，敕封护国都统。其后裔播迁乌迳、坪田、新龙、孔江、界址等地，有的远迁珠三角等地。

水城，为山下村村民的分支于明嘉靖二十八年（1549 年）所建之村，位于乌迳圩东南约 1 公里处。城似椭圆形，南北稍长，面积 2.25 万平方米，城外有一条 5 米多宽的护城河，直通昌水，故名"水城"。该城只有一门，高 2.34 米，宽 1.46 米，深 1.37 米，城门外架石桥 1 座，是进出城的唯一通道。城墙用青砖砌成，高 8 米，有城楼及瞭望口（炮口）。城门上有石匾 1 块，刻有"七星世镇""明嘉靖己酉知府周南立"。今城墙部分已倒塌，但城门保存完整。

该城主要为防盗防兵而建，现今仍有少数叶姓村民居住，但城内整体破败，多数住户选择于城外开基另建住房，有的因外出务工、谋生而举家迁往外地。

3. "古晋名家"的鱼鲜古村

鱼鲜古村位于南雄市东部南亩镇的南亩水边（南亩水入昌水处），是乌迳古道之分支入江西龙南等地的水口——南亩古道上的古村落，2008 年鱼鲜村被列为广东省首批古村落之一。

鱼鲜村《王氏族谱》记载，该村建于南宋乾道五年（1169 年）。鱼鲜王姓，世居福建上杭，南宋乾道五年，三槐后裔王德显在广州任教谕满归家，途经南雄，看见这里山川秀美，就此卜居立祠，被誉为"古晋名家""江左名家"。走进鱼鲜村内，能看见保留下来的宋朝至明清时期的古建筑。有堂匾题"驷马荣登"的先祖堂、以"古晋名家"为誉的世盛堂等祠堂及诸多石雕、雕版（雕版未能很好保护，所剩无几）及牌坊。村里有一口至今还保存完好的 300 多公斤重的明代古铜钟，高悬于花林寺的房梁上，并较好地保留与传承了体现村民风俗的活态民间文化，如茶花灯、舞鸳鸯狮等。

4. "先有新田李，后有浈昌县"的新田古村

新田古村地处南雄市东部乌迳镇的昌水边，开村于西晋愍帝建兴三年（315 年），开基祖为西晋愍帝时太常卿李耿，距今有 1700 多年历史。由于唐光宅元年（684 年），唐政府把始兴县东北部的化南、横山二乡划出而另置"浈昌县"，新田开村比建浈昌县要早 300 多年，故南雄民间有"先有新田李，后有浈昌县"之说。

2009 年，新田村被广东省文联、广东省民间文艺家协会认定为广东省第二批 37 个古村落之一，被广东省住房和城乡建设厅、广东省文化厅认定为广东省第二批 15 个历史文化名村之一，2013 年被国家住房和城乡建设部认定为第二批中国传统村落。

新田古村，其开基祖为西晋愍帝时太常卿李耿。1997 年《新溪李氏十修族谱》记载：李耿后裔，中唐户部侍郎、金紫光禄大夫李金马，曾请当时颇具盛名的太尉、卫国公、同中书门下平章事李德裕为李耿作《晋太常李公介卿传》，传云：介卿公，古秣陵后街人也，赋性忠纯鲠直，为晋愍帝太常。公见朝政危乱，国事日非，乃叩陛出血，极言直谏，愍帝弗纳，而廷争不已，帝遂怒，左迁公始兴郡曲江令。"于是，李耿于"建兴三年（315 年）乙亥秋，奉上曲江之遣，挈家之任，由虔入粤，道经新溪，环睹川原幽异，可卜筑以居，因浩然叹曰：

'晋室之乱，始于朝士大夫崇尚虚浮，废弛职业，继由宗室弄权，自相鱼肉，以致刘聪乘隙，毒流中土。吾既屏居远方，官居末职，何复能戮力王室耶。'于是遂隐居新溪之岸，肆志图书，寄情诗酒，悠然自得，而付当世之理乱于罔闻焉。"之后，"子孙蕃衍，人文蔚起，遂成一方望族"。唐宣宗大中年间户部侍郎李金马，为李耿之十一世孙。明嘉靖《南雄府志》记：唐宪宗元和，"李金马，保昌人，力学有大节，累官户部侍郎、金紫光禄大夫"。李金马举贤良方正、直言极谏科，开南雄州人文之首、科举之先。

李耿南迁的直接动因，乃因其被贬为曲江县令，而"八王之乱""五胡乱华"的动荡局势则是其弃官定居新溪的社会因素。李德裕为李耿所作《晋太常李公介卿传》，虽有同姓后裔光耀先辈之嫌，但所记则是研究新田建村历史及古代南雄历史的重要资料。

新田古村自开村后，历隋、唐、宋、元、明、清诸代，保留有较为完好的古建筑，尤其是祠堂。新田村保留下来的祠堂有爱敬堂、叙伦堂、玉域祠、玉珊祠和玉监祠，在这些祠堂的石柱或木柱上均镌刻具有深厚文化底蕴的对联，下面摘录其中部分，以飨读者。如：

爱敬堂的对联："粤东不乏良才观太常孙子轶后超前卓荦无殊骥北，岭南亦多望族仰户部门楣连科及第声名尤重陇西"；"创业自何年晋之卿唐之相真是善能继述，作新于此日燕有桂郑有兰皆当着意栽培"。

叙伦堂的对联："气流同浈水蟠雄郡衍虎城万宝福星，才高并洪崖登瀛洲掌民部一天甘雨"；"节凌霄汉直言极谏司徒事业耀南洲，学究天人茹古涵今光禄声名高北斗"。

玉域祠的对联："为当时学侣所仰宗立品无殊唐凤间，以天下名教作模范登堂还拟汉龙门"；"当年原属簪缨风雨历沧桑恢宏庙貌承光绪，此日宁输科第云霄翘沆瀣荟萃冠裳奠丕基"。

玉珊祠的对联："攀桂乘云驰骏烈唾拭龙中美调凤座人家世泽衍千秋，斫砮镌石展弘规栋隆鸾革采壮辇飞秀聚新溪绵百代"；"祖功宗德积当年垂葛树槐忠孝传家绵世泽，子肖孙贤启后裔脱靴捧砚文章华国流芳名"。

玉监祠的对联："堂上祖宗昭赫濯佳儿气□缅想当年兴骏勋，门前山水看清晖钟灵毓秀仁看此日起龙文"；"设膳租以烈书香起凤腾蛟云仍荟萃衣冠盛，报宗功而恢庙貌悽霜惕露奕潩绵延俎豆长"。

217

《南雄府志》及《新溪李氏族谱》载，新田村在清代还开设有"文明书院"，文明书院曾出过国子监和太学学生26人。清乾隆庠生里人李应麟，以诗描述了新溪李氏之"新溪十景"，其中"西窗月影入帘虚，夜半青灯光有余，着意提名休怠惰，潜心勤读圣贤书"便是"十景之一"，被称为"西窗夜读"。

之外，明嘉靖《南雄府志》有关寺院的记载中载新田村建有临水寺。"临水，新田村，唐咸通六年创。"①

除上面介绍的之外，古道域内还有其他具有一定历史和影响的古村落，如乌迳孔塘村、白胜村、官门楼村，界址叶坑村、赵屋村、洋街村、黄坑村等，它们不仅建村历史悠长，而且村落文化繁荣，如祠堂文化、景观文化、宗教文化等。

二、大庾岭新路与珠玑巷姓氏文化

大庾岭新路有别于大庾岭路。大庾岭路始辟于秦，最初主要服务于秦、汉征岭南之军事需要；大庾岭新路为唐玄宗开元时左拾遗张九龄奉诏开凿之路，宋代在古道上设有"梅关"，今称梅关古道。

珠玑巷在沙水村，是大庾岭新路通往南雄州城中的一条古巷，为历代中原移民逾岭后的第一个落脚点。

珠玑巷得名，始于唐张昌之"孝义"。清屈大均《广东新语》载："珠玑巷得名，始于唐张昌。昌之先，为南雄敬宗巷孝义门人。其始祖辙，生子兴，七世同居。敬宗宝历元年，朝闻其孝义，赐与珠玑条环以旌之，避敬宗庙谥，因改所居为珠玑巷。"②巷名沿用至今。

古巷为南北走向，南起驷马桥，北至凤凰桥，全长2.5公里，宽3~4米。珠玑巷有三街四巷、三楼一塔，即珠玑街、棋盘街、马仔街，洙泗巷、黄茅巷、铁炉巷、腊巷，北门楼、中门楼、南门楼，元代石塔。巷内石塔又称贵妃塔，传说该塔为纪念南宋流落于珠玑巷的胡妃而建。《南雄县志》载，石塔为"平面八角形，七层，实心，全塔共用17块红色砂质岩雕刻后垒叠而成。石塔通高3.36米，基座直

---

① 广东省地方史志办公室辑：《广东历代方志集成·南雄府部（一）·（嘉靖）南雄府志》，广州：岭南美术出版社2007年版，第113页。

② （清）屈大均：《广东新语》卷二《地语》，北京：中华书局1985年版，第59页。

径 1.2 米，高 24 厘米"。整座石塔柱体共刻有 36 尊罗汉浮雕，并刻有"南雄路同知孙朝列重立，元至正庚寅孟冬十月"字样。这座石塔"具有元代石塔特点，是广东省唯一有绝对年代石塔"①，该石塔 1984 年建有护亭加以保护，也是珠玑巷保存年代较久的文物，贵妃塔已列为省重点文物保护单位。

珠玑巷，因其自秦以降便开始接纳中原的军事移民、避难移民和商业移民，故古巷成为过百余姓族的"驻足地"和"中转站"，他们来到珠玑巷后，或卜居于此，或在此修整后又转迁他处。而南宋咸淳年间，因"胡妃事件"而引发的罗贵率 33 姓 97 户南迁潮，他们沿浈江、北江漂流而下，有的中途上岸而居，而大部分则散居珠江三角洲地域，以至他们的族谱中都载有"来自珠玑巷"的族源说明。所以说，珠玑巷既是中原南迁氏族驻足和发祥之地，也成为现今珠三角南迁汉族寻根问祖之地。现今的珠玑巷已建有上百姓族的祠堂百余间，古巷南门楼拱门南面有蒙志于民国十八年（1929 年）所题的石刻匾额"珠玑古巷，吾家故乡"，今存。

珠玑巷的移民所体现的文化就是一种姓氏文化，凸显出客家文化中团结、开拓的精神特质。

三、城口古道的恩村古村和石塘古村

城口古道位于今广东省仁化县境内。城口在仁化之北端，与湖南汝城三江口相接，是湘粤边境古道的交通咽喉。沿城口古道北行出三江口、过汝城，然后经耒水可至湖南长沙；或出三江口西北行，可至湖南郴州；而沿古道南下则与浈水相通，出北江，可远至广州；沿古道东北行可至大庾岭之梅关古道、乌迳古道，通江西等地。

唐、宋以降，城口古道地位日显。明洪武七年（1374 年），曾设恩村巡检司于城口。明清及之后的广盐北运，其中有部分经古道而至湖南各地。城口古道是古代连接粤湘、粤赣的重要通道，古道上的恩村，历史悠久、文化厚重。

1. "一门三进士"的恩村

恩村，蒙姓。恩村紧依恩溪，恩溪是仁化锦江的一大支流。恩村

---

① 南雄县地方志编纂委员会编：《南雄县志》，广州：广东人民出版社 1991 年版，第 716 页。

位于仁化县城口圩南 7 公里处，是粤湘古驿道之城口古道上的古村落，明洪武年间于恩村设有巡检司。2009 年，恩村被收入广东省第二批古村落名录。

恩村源于恩溪之传说。明嘉靖《仁化县志》卷一《山川》载："恩溪水，在县北八十里，发源桂阳县九龙江。相传，吴王子孙避地经此溪，失路，逢一老妇导之而去。乃以金帛报其恩，故曰恩溪。"①清同治《韶州府志》载："恩溪，县北七十里，源出桂阳屋岭。相传，吴王子孙避地，经此迷道，逢老妪引之，报以金帛。故名。其村曰：'恩村'，沿用至今。"②

恩村建于宋神宗元丰七年（1084 年），开基祖为蒙念四公。其先民远溯秦代蒙恬。《蒙氏族谱》载，宋神宗元丰七年，先祖念四公从江西于都到此做生意，卜居恩村。……念四公，居韶州府仁化县清化乡之恩溪，为韶州蒙姓始迁之祖，而祖先发祥于齐鲁的东蒙山地域。

由于恩村人恪守耕读传家古训，代有人才。《城口镇志》载："从宋、元至明、清，数百年来，蒙氏家族子孙繁衍，冠缨济济，代有精英，在这个偏僻的山村里飞出 5 位进士、16 位举人，由科举贡授走向官场的就有 52 位。"③"一门三进士""叔侄亚魁"都是对恩村蒙氏家族人才辈出的赞誉。

"一门三进士"：蒙氏恩村始祖，蒙念四从江西于都南来韶州，卜居仁化恩村，传至第三代蒙天民时，他首开科甲，于南宋庆元五年（1199 年）登己未特奏科一甲第十二名进士，被宋宁宗封为文林郎，于庆元六年（1200 年）诏敕其为仁化县知事（县令）。任后，建城堡、修关隘，办学馆、重农桑、振桑梓，清正廉明，后病卒故里，时江西提刑兼赣州知府文天祥为其作记。敕封圣旨现仍悬挂于祖祠"蒙氏家庙"。《仁化县志》有记。蒙天民以下的子侄孙辈，又相继出了蒙应龙、蒙英昂、蒙渊龙等进士（蒙英昂登南宋丙辰科五甲第三十九名进士，与文天祥同榜），故有"一门三进士"之称。

"叔侄亚魁"：明永乐二十一年（1423 年）岁贡，28 岁的蒙思齐

---

① 广东省地方史志办公室辑：《广东历代方志集成·韶州府部（六）·（嘉靖）仁化县志》，广州：岭南美术出版社 2009 年版，第 4 页。

② 广东省地方史志办公室辑：《广东历代方志集成·韶州府部（三）·（同治）韶州府志》，广州：岭南美术出版社 2009 年版，第 294 页。

③ 《城口镇志》编纂组编：《城口镇志》（仁新出准字第 002 号），2007 年版，第 313 页。

参加科考，15 岁的侄子蒙正也跟到考场，考官问他来干吗？蒙正说："我来这里搞（'搞'，方言，意思为'玩'）"，考官听成了"考"，就让他参加考试。考试结果是：蒙正第一，蒙思齐第二。皇帝闻之，乃赠"叔侄亚魁"之匾，今存。由于恩村自古人才辈出，历代所记古迹亦多，有"仁化功名坊表有十，恩村独占其五"一说，事实上也是，恩村单就以科第而立之牌坊就有 7 处。清嘉庆《仁化县志·古迹》载：恩村，建七大功名牌坊，其中有"进士坊""观光坊""五马坊""登选坊""登第坊""都台坊"和"维新坊"。这些牌坊说明了恩村人耕读传家的历程和人才辈出的荣耀，成为蒙姓恩村江南第一仕家的标志。

恩村，不仅建村历史悠久、人才辈出，而且在革命战争年代，也为革命做出了一定的贡献。1934 年 11 月，朱德和陈毅带领中国工农红军第一方面军，从赣入粤，经恩村，红军积极宣传革命思想，开展打土豪、分田地活动，点燃革命火种，今仍存红军书于墙壁的 10 条标语，恩村所在的城口镇域被确认为革命老区。2017 年 4 月，中共中央批复同意在韶关市仁化县城口镇设立红军长征粤北纪念馆，这对进一步梳理和保护红军在粤北的文物、遗迹、遗存具有非常重大的意义，也成为广东省内唯一一个以长征为主题的爱国主义教育基地。因此，如何"把红色资源利用好、把红色传统发扬好、把红色基因传承好"，是摆在我们面前的一个崭新的时代课题。

时代久远，历史沧桑。恩村这个粤湘古驿道之城口古道上的古村落如何再现昔日辉煌，有待于后人的努力。

2. "千家村"——石塘古村

石塘古村，李姓，位于仁化县城西南 19 公里处，是仁化城口古道通往乐昌乐宜古道上的古村落。古村自明洪武年间李可求从福建移居此地，至今已有 640 多年的历史。由于迁入古村的人数较多，他们分居于村域四周，形成一个大古村落，民间称之为"千家村"。2009 年，石塘古村被收入广东省第二批古村落名录。2010 年又被收入第五批"中国历史文化名村"的名录，是韶关市唯一入选"中国历史文化名村"的古村，2012 年被评为"广东十大最美古村落"。

石塘古村保存下来的古建筑较多，双峰寨是石塘古村保留下来的众多古建筑中具有一定特色和历史意义的古寨堡。双峰寨又名"石塘寨"，位于村南，始建于光绪己亥年（1899 年），历时 12 年建成，古寨雄伟壮观、敦实坚固，保存完好，是石塘村的地标式建筑之一。大革命时期的"双峰寨保卫战"，成为石塘古村的红色记忆。

月姐歌是石塘古村流传下来的独特的传统音乐，演唱主体为该村女性，演唱方式是无伴奏演唱，时间为中秋节期间（约一个月），传承方式是"口传心授"。古时每年中秋节，石塘古村妇女从设置"月姐坛"开始，到"接月姐""迷月姐"，直到八月十五晚"送月姐"，歌唱结束。相传，月姐歌源于唐代一个叫月姐的宫女，她流落石塘村后，把宫里的一些曲调传授给该村的妇女。此后，每逢中秋节，该村妇女各自从家里拿来番薯、大米、糍粑，聚在一起唱歌、游戏。从此相沿成习，流传至今。2009 年月姐歌被广东省文化厅列为广东省第三批省级非物质文化遗产名录（传统音乐）。

在生活习俗上，石塘村历来有酿酒的习惯。石塘米酒（也叫石塘堆花酒），历史悠久。据村民口述，清光绪年间，石塘村有酒庄 80 多间，石塘堆花酒，成为销往乐昌、曲江等地的重要农产品。

四、乐宜古道与户昌山古村

乐宜古道是岭南经韶州乐昌连通湖南、江西的水路联运的古道，西北方向可接西京古道。

户昌山古村是乐宜古道上较具代表性的古村之一，为广东省第三批所认定的古村落。

户昌山村，李姓，位于乐昌市庆云镇东北 3.5 公里处。该村开基祖为李伯伦、李大万父子二人。南宋末年，他们从湖南郴州秀才乡迁来乐昌黄圃新屋场（今新元村），后再卜居于户昌山，至今约有 750 年历史。黄圃《李氏族谱》载，户昌山村李氏源于黄圃李氏，自称为道教创始人——李耳的后裔。

据说，原居乐昌黄圃新屋场的李大万，有一天边放牛边割草，待捆扎完草，牛却不见了，他沿迹一路寻找到户昌山之地才找到。他细察此地，山环水抱，叠嶂青峦，乃欣然曰："此地可以建村创业，长吾子孙也。"遂举家迁入，先于老屋田搭棚以暂时安居，后得一风水先生指点，便在现今户昌山所在之处开基建村，初名为"长富村"，

后正式定名为"户昌山村"。

　　户昌山村李姓秉承耕读传家的传统，明清以来又受黄圃凤山书院的影响，以至在村里建起了五所私塾，如龙门第书院、吐凤楼书院、观音阁书院、云从书院（又称柳叶书院）、八角楼书院（又称华峰书院）。其中，有文字记载、可考的龙门第书院，原是重玉公宗祠，占地 400 多平方米，后改为书院，建于同治九年（1870 年），民国三十年（1941 年），庆云乡政府设于此。各书院培养出一批进士、举人、贡元以及"六品军功"等人物，从而成为附近的望族，有"人文蔚起、科甲联登"之誉。村前有多对"功名石"（也称桅杆石），这是继承中原传统、崇尚文化的标志，也是激励后人努力攻读、光宗耀祖的榜样。由于读书人多，故所留诗文亦多，"户昌山村八景"诗就是其中的代表。"户昌山村八景"，即睡狮望月、松潭浴日、梅溪樵唱、江山览胜、南华晓钟、蔚岭积雪、炉峰烟霭、龙颈瀑布。

　　村中的李氏宗祠，是纪念开基祖大万公的宗祠，规模虽然不大，却是户昌山村李氏族人 700 多年来宗族、宗教、民风、民俗文化的聚集点。宗祠大门匾额刻有"李氏宗祠"，天井壁上写有"腾蛟起凤"，祠堂后厅正中神龛上有"李氏列祖列宗神主牌位"，神龛里写"问礼堂"三字，意为"孔子问礼与老聃"。而厅柱中有"西汉将军府，南唐宰相家""户族多贤良家珍国粹，昌山毓俊秀纬武经文"。村西北廊原有"李陈氏节孝坊"，为清道光九年（1829 年）所建的牌坊，今存残迹。

　　乐宜古道紧依古村而过，古道旁的"云梯"摩崖石刻记录着清代维修乐宜古道的状况。古道上还保存了部分唐末黄巢军、清末太平军及民国时期北伐军经过的痕迹，具有重要的历史文化意义。

五、西京古道与古村落

　　西京古道，史称"西京路"。它南起英德浛洸、北接骑田岭道，通往中原。原是秦朝向岭南用兵的重要通道，东汉建武二年（26 年），卫飒任桂阳太守，为了加强对南岭地区的统治，方便海外诸国遣使贡献，卫飒督民凿山开道 500 余里，列亭传、置邮驿，从而使之成为梅关古道开通以前的南北重要通道。古道沿途，有较多的古桥、古亭、

古村，深源古村和大桥古村是其中的代表。

1. "风采"后裔之深源古村

深源村，余姓，位于乳源县大桥镇北8公里处，是西京古道上的古村。村名"深源"，取其"藏于深山，聚有水源"之意。为韶州籍北宋名臣余靖后裔建于明成化年间，距今有550多年的历史。

余氏族谱载，深源余氏的开基祖为余靖的第三个儿子，他为官潮州后，播迁福建上杭沈孟里鸡陇关，后人于明成化乙酉年（1465年）迁至乳源县深源乡定居，繁衍生息。因此，余靖在深源村得到尊崇。北宋工部尚书余靖，从政四十一年，为国家竭智尽忠，建策匡时，抚民治吏，三使契丹，两平蛮寇，是继唐代张九龄之后岭南地区又一位历史文化名人，被后人称为"异代九龄"。深源余氏以"风采"为家族堂号，供奉余靖画像，并从韶关市区风采楼请回余靖石像，于2016年9月11日奠基并开始修建余靖公纪念馆。

深源村现存余氏宗祠、炮楼、古墓、古桥等古建筑。

2. 大桥古村与观澜书院

大桥村，许姓，位于乳源县西北50公里处的大桥镇，该村建于明宣德年间，距今有590多年的历史，是西京古道旁的古村。

大桥村名，源于明正德七年（1512年）在大桥圩所建的通济桥。《乳源县志》载："大桥圩旁有通济桥，乡民称之为大桥，大桥圩因而得名。"大桥圩乃乳源置县前之新兴乡与崇信乡及南北村民聚集而成，大桥古圩形成时间无考。因村紧依古圩，故名大桥村。圩中原有一条"老铺街"，后名长兴街。街北端岔路口处有一块立于清代的指路碑，碑上镌刻着"左走梅花，右走乐昌"，为过往商客提供方向指示。

前文有述，大桥村有观澜书院。书院始建于清乾隆五十八年（1793年），由大桥许氏十四世列贡生许景发出资兴建。由于书院对人才的培育，清代的大桥村人才辈出。据清光绪《大桥许氏族谱》和许氏祠堂门匾，至清末，大桥村许姓族人考取功名者多，其中七品以上的官员达数十人，这从村前所保存的功名石可以得到证明。由此看出，大桥村尤其是观澜书院，有丰富的人文底蕴。

从大桥村的历史来看，该村自古以来秉承着中原崇尚文化的优良传统，尊孔推儒，读书风气盛行。村中先后建成"石溪""步蟾""观澜"三间书院，观澜书院是其中面积最大的，也是至今仍保留完好的

一间书院。

观澜书院 2005 年被确定为县级第五批文物保护单位，2012 年被确定为省级文物保护单位。观澜书院也成为今天人们考察西京古道上文化传播情况的窗口。

六、连州秦汉古道与古村落

前文曾提到，连州一地，位置险要，为了适应战争及对岭南的统治需要，秦后便相继开凿了连通粤湘的古道——顺头岭秦汉古道，它与星子古道、东陂古道及南下番禺的湟川（连江）古水道，共同构成了古代粤中西北连通粤湘的交通网络。秦汉古道，成为秦汉及唐初岭南通往京城的第一通道，史称"荆楚走廊"，连州也因之而成为重要的水陆中转枢纽，而且得中原文明风气之先，成为岭南较早得到开发的地区之一。历史上的连州，曾因其商贸繁荣、人口增加，与广州、韶州并称"岭南三州"。

古道不仅为战争而开辟，它的存在对促进岭南岭北的商贸发展、移民迁徙、文化交流均具有重要的意义。就移民而言，自秦而降，历代的湘、江南及中原汉人或荆楚瑶、壮诸族多经此道进入岭南而卜居连州地域，由此也就形成了一些各具特色的古村落。至今，连州古道域内被认定为省级以上受保护的古村落达 18 个，彰显出厚重的历史文化底蕴，下面择其特点作一简介。

1. 星子古道与"八卦"黄村

黄村位于连州星子镇北 20 公里处，是秦汉古道上的古村落。因其先祖卜居此地按"八卦"之局而建村，俗称"八卦村"或"八卦"黄村。

黄村，黄姓。1996 年连州丰阳《夏湟史志》称，黄村于宋末元初建村，开基祖为元登、元桂、秀实三人，系黄庭坚的第 7 代裔孙，与入境较早的丰阳夏湟黄氏、星子油田黄氏等同宗。古村距今已有 700 多年的历史。

有"八卦村"之称的黄村，建于南宋末期。村中各屋按"八卦"之位修建，纵横巷道由麻石（也有青石）板构成。正北主横巷与乾卦"☰"相应，三条横向的短巷与乾卦"☷"相应，正南面六条短巷与坤卦"☰☰☰☰"相应，乾坤卦位确定之后，村中所有的大小巷道均按"八卦"方位排列，加之村中水井，全村成完整的"八卦"布局。村正中央的大水井，代表道教的"阴阳鱼"。而在每间屋子的门栋上都刻着乾坤符号，目的就是震慑邪恶，免除天灾，体现了人与自然的和谐关系，其实质也是道教文化在生产、生活中的凸显。

"八卦"黄村的结构还具有一般的古城堡的防盗、防抢、防灾的防御功能。因村庄位于古道旁，为防兵、匪的抢掠与骚扰，建村时，于东、西、南、北四个方向均建有一座大门和城楼（碉楼），城楼之间有高达8米多的城墙相连。城墙用加厚的青砖砌成，厚厚的城墙上分布了很多供瞭望、射击的墙孔。这是待敌人靠近大门时对敌人射击的一道防线。黄村的先人把城堡修建得如此坚固，目的是要依靠城堡来抵御兵、匪所带来的"人祸"。

"八卦"黄村，除了其建筑的特色外，村民所传承的"十样锦"的古老音乐也颇具地方特色。顾名思义，"十样锦"主要是指十种乐器组合而演奏的音乐。黄村的"十样锦"则是由鼓、锣、钹、铜顶子和唢呐五种乐器成双组合而进行演奏。"十样锦"的曲牌主要是赣南采茶戏和湘南的祁剧中的一些精彩曲调，或从赣、湘南地区的山歌、灯调、茶曲、民间音乐衍变、组合而成，全套乐谱共为十曲，第一曲即赣南茶腔名曲"十样锦"，之后还有湘南祁剧中的"拜五方""闹严府""行山调""五方仔""坐车"等。"十样锦"是以黄村为主的地方性音乐，也是星子地区传统的、颇有特色的地方性音乐，是古代荆楚文化与岭南文化在连州的结晶。

时至今日，虽然古村周围出现了不少具有现代特色的建筑，但古村内的建筑依然保存完好，2016年被认定为广东省第五批古村落。

2. 星子古道与保安卿罡"北斗七星"古村

卿罡村，位于星子古道上，距连州市区约12公里，由西巷、中桂、仁寿、镇龙四个自然村组成，杂居着唐、黄、胡、江、邓等姓族，其中以唐、黄两姓人数居多。村中《黄氏族谱》记："始祖宋评事黄公讳盖，字维林。"南宋末年，原籍福建的黄氏二十兄弟，为避战乱，经南雄珠矶巷迁居于岭南山区，其中一支在此扎下根，人丁兴旺。而据《唐姓族谱》及村中老人讲述，古村始建于宋末元初，距今有700多年的历史。

卿罳村原名"青冈""卿冈",即建于青石冈上的村落,后改名为"卿罳"。原因有二:其一,古村建立时按"北斗七星"状布局,其东、西、南、北四座门楼就是"天枢""天璇""天玑""天权"四个斗星的位置,而村子西面逶迤绵长的三座山冈,就是北斗星座的"长柄",即"玉衡、开阳、瑶光"星。其二,村中唐氏,其先祖于宋代连续三代有进士及第且任高官,得朝廷赐"金马世第"牌匾。古代称做官者为"卿"。所以,卿罳的先人们便将原来的村名"青冈"改为了"卿罳",为一方望族与大村。

古村于清代还修筑了城墙和城楼,城墙上有铳眼和瞭望台,清咸丰九年(1859年),连州直隶州知州周振璘(字彬叔,号莲蒲,贵州都匀人。道光二十七年进士,咸丰年间任广东连州直隶州知州)曾为门楼题写的"天枢""紫气"匾额。今门楼尚在,城墙仅剩残垣断壁,村中古老的建筑有所保留。

仁寿唐氏宗祠是古村中保留比较好的古建筑。唐氏,郡望晋阳,约于明永乐年间从连州西岸镇马带迁来,拥有着祖上北宋公孙三进士"金马世第"的显赫辉煌。清道光二年《广东通志》及同治九年《连州志》点注本记:"唐元,宋雍熙二年(985年)进士,连州人,静父,尚书,屯田员外郎,中散大夫";"唐静,宋大中祥符八年(1015年)进士,连州人,元子,大理寺评事";"唐炎,宋景祐元年(1034年)进士,连州人,静子,太子右赞善大夫"。马带唐氏祖先,可谓一门三秀,一时传为美谈。故仁寿村的唐氏宗祠内,还高高悬有"金马世第"的牌匾[①]。唐氏宗祠百米开外有一座化字炉,高260厘米,旁有清咸丰年间的《鼎建化字炉碑》。毋庸置疑,字和纸都是古代读书人的圣物,读书人用后的纸不可胡乱丢弃,更不可践踏、玷污,而应入炉焚之。该炉的建立彰显了村庄重视书香文风、重教尊师的传统。南雄油山的孔林书院旁也有一座惜字塔,其义相同。

2008年,卿罳古村入选广东省第一批古村落名录。

---

① 《连州市志·人物传》载:唐元(生卒年月不详),连州韶浦(今西岸白鹤寨)人,北宋雍熙二年(985年)进士,历任渝州、韶州、峡州、光化四州知州,累官至尚书屯田员外郎。卒后,葬于故乡西岸陈达塘,碑铭"金马流芳"四字,正文刻"宋赐进士屯田员外郎唐公讳元府君之墓"。唐静(生卒年月不详),唐元之子。大中祥符八年(1015年)进士,历秘书省校书郎、韶州判官试大理寺评事,卒后,葬于泉水乡新塘村。唐静子唐炎,景祐元年(1034年)中进士,官至太子右赞善大夫。

七、东陂古道与古村落

东陂古道位于连州西北方向的东陂镇，是清代重修的连通湖南蓝山与连州的古道，因其经东陂茶亭村，也叫"茶亭古道"。它从界山关至东陂，长约 10 公里。中分两路：北路经东陂、丰阳、三水、南风坳往湖南蓝山，西路经西岸、清水、广东坳往湖南江华，是明清时期连接湘粤的主要干道之一。

1. 丰阳古村

丰阳古村，吴姓，位于连州市西北通往湖南蓝山的东陂古道旁。该村始建于南唐末年，祖始为南唐末年征南元帅吴敬元，建村至今已有 1000 多年的历史。

吴敬元，南唐李煜时被封为征南元帅。975 年，南唐为赵匡胤所灭，于是，吴敬元弃甲归田，隐居于广东连州丰阳村，成为连州丰阳吴氏之祖。北宋咸平三年（1000 年）吴敬元之孙吴世范进士及第，官至太子中丞、河南御史、朝散大夫，自此吴氏兴旺，成为一方望族。吴敬元在丰阳立下了"崇文尚武，文武兼修"的家训，使吴氏家族不断壮大，人才辈出。丰阳吴氏族人将吴敬元的生日（农历四月十四），列为每年最大的节日。

丰阳古村现在还遗存着较多的宋代人文景观和完好的明、清建筑。其中，一间古庙、二条古街、三间祠堂、四座门楼，是丰阳古村的代表。一间古庙即"丰溪古庙"，它是丰阳吴氏的家庙，始建于宋，重修于明、清，古庙整体保存完好；二条古街均为鹅卵石铺砌而成，长约一公里，为村中的主要通道；三间祠堂即吴氏宗祠、学忠公祠、胜求公祠。其中吴氏宗祠为大祠，称大祠堂，纪念开基祖吴敬元，所以，祠堂大门两旁的木刻对联是："敬祖崇宗传万代，元兴枝盛接千秋"；四座门楼即村子四个方向所建的门楼，包括东门楼、南门楼、西门楼和北门楼。其中东门楼建有神坛，供奉孔子与关羽。据村中老者介绍，"丰阳村始祖吴敬元是征南元帅，靠的是武功，到了三世祖吴世范，他高中北宋进士，官至太子中丞、河南御史、朝散大夫，凭的又是文治。所以后人就将文武二圣一起供奉了"。丰阳古村将至圣先师孔子和神武圣君关羽的神位并立，既有对先祖功名的追念，也寄

托了对吴氏子孙文武双修的美好愿望。

2008 年，丰阳古村被认定为广东省第一批古村落，2017 年列入中央财政支持范围的中国古村落。

2. 塘头坪古村

塘头坪村，黄姓，位于东陂—丰阳古道旁。因村前有平坦而肥沃的良田，村后三面环山，如巨龙环绕，昔时曾称为"龙城坊"。塘头坪村黄姓乃五代南汉黄损①之后，距今有千年的历史。塘头坪村 2016 年被认定为广东省第五批古村落。

该村保存较完好的、具有百年以上历史的古屋有 100 余间，其中以"桂香里""黄尚书祠"为标志性建筑物。

桂香里为该村村民公共场所，坐东北朝西南，为二层楼建筑格局。

黄尚书祠位于村子中间，始建于清乾隆年间，是黄姓村民纪念先祖黄损的宗祠，曾名"桂香书院"。有联，大门联："尚德贻世代，书香振家声"，内联："桂香世泽高良支派启千秋，仆射家声汉史英名传万代"，明确地表述了塘头坪黄氏为黄损后裔中的分支之一。黄尚书祠左侧 50 米处，有一古井名曰"龙泉"，古井上方竖有石碑，碑文记载这口古井已有 500 多年的历史，初掘时因泉水涌出处有石头酷似乌龟，故最初称为"金龟井"；清朝同治年间，康有为祖父康赞修在连州任训导，曾在西溪（东陂）设帐讲学，每到暑天夜晚，康老先生一定要饮此泉水才能解暑入睡。有康赞修《龙泉井序》碑刻，今存。

连州古道主要由东线的秦汉古道与西线的东陂古道构成，它与其他古道一样，具有多重的文化意蕴与价值，它是连州地域珍贵的文化遗产，更是广东历史文化中不可或缺的组成部分。

八、古道域内的古村落文化特质

粤北古道不仅是当年的军事之路、商旅之路，也是民族迁徙、文化融合之路，在古道域内各姓族所聚居而成的古村落，具有特定的移民文化特质，彰显出客家文化的包容性与创新性。

---

① 该村老者所述及之《连州黄氏族谱》载，黄损在永州淡塘归隐后，其 4 个孙子回到粤北，其中 1 人在连南三江，2 人在连州西岸，1 人在连州东陂塘头坪，4 个后裔分支中，又以塘头坪为众，至今该村还保存着建于清乾隆年间的"黄尚书祠"。

1. 传承文明基因与开拓创新精神的统一

相关考古资料显示，在远古时代，岭南地域就有着人类生活的痕迹。在古南雄州、连州、英州及韶州境内各地，先后发现和出土的新石器时代、青铜器时代的文物及遗迹可以证实，它们与岭南其他地区一样，早在四五千年前便有先民生活于此，马坝人遗址的发现就是一个有力说明。而"百越杂处"及其与中原汉人的融合，说明了在多元的中华文明之源中，岭南文明也是其中重要的一源。

《史记·五帝本纪》载：舜受禹，"披九山，通九泽，决九河，定九洲（州），各以其职来贡，不失厥宜。方五千里，至于荒服。南抚交趾，北伐西戎"①。这说明，商周以来，岭南越族及其先民就开始了与中原华夏族，特别是长江流域越族之间政治、经济、文化等方面的往来，也说明了当时北方中原政权对岭南的政治影响。虽然，早期的北方移民数量较少，但这些早期的北方移民却为岭南带来了先进的生产技术与文明元素。他们的到来，对岭南地区的早期开发和"中原化"起到了极大的推动作用。

而就粤北而言，"枕楚跨粤，为南北咽喉"。自秦以降，北方政权对岭南的军事活动及北方的战乱所导致的中原士族南迁，多先驻足南雄、连州、韶州以休养生息，或继续南进。他们以执着坚毅的开拓精神，或一户，或一族，或一群，或一帮，千里跋涉来到这里寻找生活的乐土。定居者，散布境内各地，代代繁衍，形成了同宗相聚的村落。就以承载较多移民脚步的梅关古道与南雄州而言，其人口的变化反映出了当地社会的发展。中原汉人来到粤北地域，不仅带来了生存与生产必需的资金，也带来了中原的先进生产技术，更带来了开拓进取的精神品质。他们驻足于斯，生存于斯，也发展于斯，他们开荒垦地、采集养殖、通货经商以发展社会经济，成为开拓粤北地域的一支重要的生力军。

根据古道域内部分姓族族谱对其族源的记载，时间上均可上溯至春秋时期，而脉源则是炎黄的子孙。就此而言，这些人是中原汉人，南迁岭南后，成为岭南客家的主体，因而其以语言、风俗、饮食和建筑为特征的村落文化中，传承着众多的中原文化基因。这些基因又与百越的文化基因相碰撞，融合出更大的动力，推动着岭南社会的发展。

① （西汉）司马迁：《史记》（第1册）卷一，北京：中华书局1963年版，第43页。

2. 聚族而居与讲求和谐的建村格局

在迁入古道域内而建的古村落中，村民聚族而居、同源同宗，村庄依山傍水、功能齐全、格调和谐。

在对古村落的调查中我们发现，大多数古村的村民都来自同一个迁出点，若续族谱，他们同源同宗，乃至形成了以血缘为纽带的家族村落，这在长期的以自然经济为基础的社会中，起到了集家族力量维系家族利益的作用，如南雄新田古村、仁化恩村、连州星子黄村等。

同时，我们还发现，这些聚族而居的村民，其建村格局也有颇多的相似。根据笔者对相关古村村貌的观察，注重村庄的"风水"是他们建村的一个共同理念，"风水好"可保本村人丁兴旺、人才辈出。一般而言，这些古村在建村的方位上，均选择坐北朝南，村后有山、村前有水，左青龙、右白虎。村后之山要多树尤其是大树，意味"荫及子孙"，并以村规的形式规定任何人不得私自砍伐后山之树，否则将会受到惩罚；村前要有河或池塘，水为财，有水便有财，河水的流动意味财源滚滚，池塘为聚财之地。这种依山傍水的选择，体现了人与自然和谐相处的意蕴。村中住房的布局，讲究以祠堂为中柱，对称分布。村内建有祠堂、村门、炮楼等，村门与炮楼起到了防御自然和外族入侵的功能，而祠堂则发挥了处理纠纷、统筹生产、团结族人、教育子孙的作用。当然，有些从福建迁入者，所建的村庄仍保留着围楼的风格，如始兴的客家满堂大围，围内的生活功能齐全而强大。

3. 祖先崇拜与多神信仰相统一

客家人的迁移，筚路蓝缕，甚至背负先祖之"金骨"前行，而一旦卜居，其首要的任务就是安置先祖神位与"金骨"，并进行祭拜，祈求先祖的庇佑，"敬祖孝先"是客家人的一个共同情结，也是传承祖先崇拜之根源。这种祖先崇拜的突出表现是：第一，崇拜性。它将本族的祖先神化为"菩萨"，并予以祭拜，如清明的祭祖活动。第二，庇佑性。相信祖先的神灵具有神奇超凡的威力，祈求得到祖先的庇佑。第三，感应性。认为后人通过某种感应与祖先沟通，可以得到祖先的某种帮助、启示或警示。

由于受到儒、道、佛思想的影响及万物有灵观念在生活中的渗透，加之古道域内山高林密，万物有灵观念具体强化到与生活紧密相连的某些方面，从而使客家人既相信天上神也相信地上神及地下神的存在，"鬼"的观念强烈。由此，生活中，他们诸神皆敬，祈求平安。遇有生、老、病、死，其心更诚。

　　总之，卜居于粤北古道域内的客家人传承着中原文明的基因，其以族群、村落为单位所沉淀出的文化，是粤北文化的花朵，是岭南文化的重要组成部分，意义深远。

第九章　粤北古道的历史功能与现实价值

五岭山脉是中国的地理分界线之一。五岭不仅使岭南岭北的气候有着不同的特点，也影响着岭南岭北社会经济的发展。而穿越这些崇山峻岭的孔道则成了沟通南北的重要通道。无疑，这些穿越五岭、连接南北之道，其历史功能不仅体现在军事用兵、政治统治、社会管理方面，也体现在南北的商贸往来、文化交流及承接北方移民等方面。而且，古道的功能是强大的，其所蕴含的价值是厚重的。时至今日，如何对古道进行活态保护，任务则是艰巨的，意义也是重大的。

一、粤北古道是军事之道

岭南地域是古代南越（百越）各族的生息之地，自古就有了人类的活动，其与岭北、中原各部族的交往也早在商、周时期便已开始。尽管如此，但它与岭北的社会发展相比，仍显得非常的落后，被称为"蛮荒""化外"之地。岭南地域正式纳入北方政权的控制，当由秦代对岭南的用兵开始。古道的开辟，其最初的功能主要体现在军事用兵方面。可以说，粤北古道是一条军事之道。

（一）秦征南越设三郡

在秦统一北方六国后，秦始皇便先后发动了对百越的战争，而具有真正"道路"意义上的通"南越道"，是由统一中原后的秦王朝开辟的。

据史料记载，公元前219年，秦始皇首命屠睢为主将、赵佗为副将，率领50万大军，分五路南征百越，然而，没有想到的是，居于岭

南山中的越人，宁可"与禽兽处，莫肯为秦虏"，并"相置桀骏以为将，而夜攻秦人"，抗击秦军的"入侵"。他们利用山地优势，切断秦军供粮的"岭峤道"，并不断偷袭秦军，致使秦军疲惫不堪，加之岭南丛林"毒瘴弥漫、蛇虫遍地"，使许多秦军难忍其苦。就这样，秦始皇的第一次"统一百越"战争，以秦军最高统帅屠睢被越人杀死而告终。《史记·平津侯主父列传》是这样记载的："使尉屠睢将楼船之士南攻百越，使监禄凿渠运粮，深入越，越人遁逃。旷日持久，粮食绝乏，越人击之，秦兵大败。秦乃使尉佗将卒以戍越。"①

　　第一次征战百越的失败，使秦始皇认识到，要统一岭南，结束征战，必须解决粮草的运输问题，于是，当秦始皇再次兵发南越时，征发了数十万"刑徒罪犯"，"自北徂南，开岭峤、辟水道"，水陆并进，建构起较为发达的交通网络。水路方面，秦始皇"使监禄凿渠运粮"，开凿运河，灵渠便是当时所修筑的、最为著名的"运粮道"工程之一；陆路方面，秦始皇"辟岭峤、筑驰道"。由此，五岭上开始有了具有军事用途的"驰道"（或称"通南越道""新道"）。

　　同时，为了保证所辟"驰道"的畅通，秦王朝在各"驰道"所经的岭口、要隘，修筑关防以加强对"通南越道"的军事控制。

　　据有关史料记载，在当时五岭的许多通南越的重要关口地区，秦始皇都筑起了秦关。其中，较为著名的秦关有：广西灵渠上的秦城与严关，北江流域的湟溪、阳山、洭浦三关，在大庾岭上设横浦关；并在五岭"通南越道"旁，筑起"佗城""万人城""任将军城"，以助"关防"。这从粤北乐昌、仁化、英德等地方志的记载中，都可得到证明，赵佗分别在乐昌、仁化筑"赵佗城"，以壮"湟溪、横浦"，在英德浛洭筑"万人城"，以守"湟溪、阳山"二关。由此，往来于五岭上的"通南越道"，"关防"更加完备。

　　平定南越后，秦王朝在南越地区采取了三大治理措施以加强对南越的治理与开发。其一是在南越实行郡县制，将五岭以南地区，划分为南海、桂林、象郡三郡，任嚣被委任为南海郡尉，赵佗被委任为龙川县令；其二是大量迁徙人口，"发诸尝逋亡人、赘婿、贾人略取陆梁地……"与越人杂处，以加强对南越的融合与开发；其三是加强

────────

① （西汉）司马迁：《史记》（第 9 册）卷一百一十二·平津侯主父列传第五十二，北京：中华书局 1959 年版，第 2958 页。

"通南越道"的"辟筑"。这些措施的实施，在一定程度上加强了对岭南地域、百越诸族的控制与管理。也正是因为如此，五岭上才有了真正意义上的"通"南越之道。

（二）汉平吕嘉设九郡

秦末，南海郡尉任嚣死，龙川县令赵佗代为郡尉。秦亡，赵佗控制了桂林郡和象郡，并在汉高祖四年（前203年）自立为南越武王，建都番禺（今广东广州）。自此，南越与西汉关系，变化不定。汉高祖十一年（前196年），赵佗向汉高祖刘邦称臣。吕后时，因限制向南越输入铁器及商贸活动，"两国"关系恶化，赵佗趁势称"帝"。至汉文帝元年（前179年），赵佗又臣服于汉文帝刘恒。至汉武帝元鼎四年（前113年），南越王赵兴以其母（樛氏）意，上书汉武帝，请许废除边关，废除南越旧有的黥、劓刑，设置丞相、内史、中尉、太傅等职官，以巩固这种内属关系，但是，遭到南越丞相吕嘉及其部属的反对而引发内乱。当汉武帝欲派遣韩千秋率兵讨伐时，越相吕嘉便杀死赵兴、举兵反叛，并击杀韩千秋。元鼎五年（前112年）秋，汉武帝为平吕嘉之乱，兴兵十万，分五路征讨南越。《史记》载：汉武帝命"卫尉路博德为伏波将军，出桂阳，下汇水；主爵都尉杨仆为楼船将军，出豫章，下横浦"①。与其他三路大军，"咸会番禺"，于元鼎六年（前111年）冬，一举平定吕嘉之乱。

吕嘉叛乱被平定后，汉武帝即在南越设置南海、郁林、苍梧、合浦、儋耳、珠崖、交趾、九真、日南九郡，以加强对岭南的统治。

（三）汉光武帝渡海南击交趾

东汉光武帝平岭南，伏波将军马援功不可没。《后汉书·马援传》载，马援是在平陇西之乱后，应光武帝之诏命，南击交趾，继而平定岭南。

《后汉书·马援传》言："又交趾女子征侧及女弟征贰反，攻没其郡，九真、日南、合浦蛮夷皆应之。寇略岭外六十余城，侧自立为王。于是玺书拜援伏波将军，以扶乐侯刘隆为副，督楼船将军段志等南击交趾。军至合浦而志病卒，诏援并将其兵。遂缘海而进，随山刊道千

---

① （西汉）司马迁：《史记》卷一百一十三·南越列传第五十三，北京：中华书局1959年版，第2975页。

235

韶文化研究丛书

第九章　粤北古道的历史功能与现实价值

余里。十八年春，军至浪泊上，与贼战，破之，斩首数千级，降者万余人。援追微侧等至禁溪，数败之，贼遂散走。明年正月，斩征侧、征贰，传首洛阳。封援为新息侯，食邑三千户。"① 这则史料说明，光武帝于建武十八年（42 年）遣伏波将军马援、楼船将军段志，发长沙、桂阳、零陵、苍梧万余兵，南击交趾。次年正月，马援斩杀征侧、征贰，一举平定岭南。

在岭南，马援每到一处，为郡县修治城郭，并开渠引水，灌溉田地，便利百姓，从而加强了东汉对岭南的管控。

二、粤北古道是移民之道

自秦而降，中原人口向岭南的迁移就没有停止过，最初是与军事活动紧密结合而开始的。他们卜居于粤北地域后，开发粤北，但是，也有部分人由于各种原因而继续南迁，其中，以珠玑巷罗贵率众南迁为显。中原人口向岭南的迁移不仅促进了南北民族的融合，也促进了岭南地域的社会经济发展，而这种迁移在一定程度上是通过粤北古道得以完成的。

（一）粤北古道承接了北方移民的脚步

1. 粤北古道域内移民的族群认定

对于经粤北古道而南迁至古道域内的族群，学界多称之为"客族"或"客家"，即汉族客家。其实，这个庞大的族群中还应当包括散居于粤北古道域内的瑶、壮、畲等少数民族族群。

就姓族分布而言，谭元亨的《广东客家史》等相关资料载，韶关市现有姓氏达 200 多个（不计各县区的相同姓）。至 2020 年底，人口超过 1 万的姓氏有 20 多个，他们分布于韶关古道域内各地。《韶关年鉴（2021）》② 载，截至 2020 年末，韶关户籍人口 336.75 万，常住人口 286.01 万，其中城镇人口 153.69 万。全市人口中大部分为汉族，而散居着瑶、畲等 43 个少数民族，少数民族人口约 5.5 万，占全市总人口的 1.6%。瑶族主要集中于乳源，其他少数民族散居于始兴、曲

---

① （宋）范晔：《后汉书》（第 3 册）卷二十四，北京：中华书局 1965 年版，第 838 页。
② 韶关年鉴编纂委员会编：《韶关年鉴（2021）》，北京：方志出版社 2021 年版。

江、仁化、乐昌、南雄、翁源等县（市、区）。《清远年鉴（2021）》①载：截至 2021 年末，清远市户籍总人口 449.9 万，常住人口 398.28 万，城镇人口 220.65 万。全市人口中大部分为汉族，散居着瑶、壮等 41 个少数民族。少数民族户籍总人口 22.21 万（瑶族 13.85 万，壮族 7.6 万），分别占全市和民族地区总人口的 4.93% 和 57.15%。又根据相关调查统计和《清远市志》载，清远市现有姓氏达 849 个，至 2021 年底，人口超过 1 万的姓氏有 67 姓，其中，陈、黄、李、刘、张、邓、梁、罗、何、朱，列前 10 位。

从以上数据中我们能明显地看到，定居于粤北古道域内的居民中大部分为汉族，其中散居着部分瑶、壮、畲等少数民族。关于这一点，从本书第三章和第四章对古道域内移民族姓的分析中也能得出同样的结论。

2. 粤北古道移民的时期与路线分析

从相关资料的记载来看，具有一定规模和数量的移民南迁，当始于秦汉，历经魏晋、南北朝、隋唐及明清各代，其中当以唐宋、明清时期为显。

粤北古道的移民首先是秦代的军事移民。秦始皇二十四年（前 223 年），秦命尉屠睢率 60 万大军灭楚，其获胜后屯兵于湘桂赣粤边，并以数万之众渡岭击越。屠睢战死后，任嚣、赵佗统领 5 万士卒，沿着先秦入粤的三条山路南进：一路过大庾岭，下浈水；一路过骑田岭，下连江；一路过萌渚岭，下贺江，终于抵达广州，平定了南越之乱。《史记·淮南衡山列传第五十八》载：秦二世时，赵佗"求女无夫家者三万人，以为士卒衣补，秦皇帝可其万五千人"。这批具有军事性质的移民，成为第一批进入岭南的移民，他们的到来及其与当地土著的结合，成为开发岭南的一支新生力量。而梅鋗一族，"筑城浈水上，奉其王居之"②，不仅使大庾岭具有了"梅岭"之名，梅鋗一族及其后裔也成为入岭的重要移民。梅鋗后裔迁徙，分布于广东翁源、曲江、英德等地，但留居南雄域者少。

自秦之后的北方汉族的南迁，延至明清。其历史大致可以分为：

---

① 清远年鉴编纂委员会编：《清远年鉴（2021）》，北京：中国文史出版社 2021 年版。

② （清）屈大均著，李育中、邓光礼、林维纯等注：《广东新语注》，广州：广东人民出版社 1991 年版，第 62 页。

秦汉时期、两晋时期、隋唐时期、南宋时期、明清时期及清朝后期。在多次的移民迁徙中，中原汉族由近而远，逐步南迁，最远者到达雷州半岛或海南岛等地。

至于北方移民的南迁路线，可以从北宋余靖《武溪集·韶州真（浈）水馆记》中得出结论。余靖言："凡广东、西之通道有三：出零陵下离（漓）水者，由桂州；出豫章下真（浈）水者，由韶州；出桂阳下武水者，亦由韶州。无虑之官峤南，自京都沿汴绝淮，由堰道入漕渠、溯大江、度梅岭、下真（浈）水至南海之东、西江者，唯岭道九十里为马上之役，余皆篙工楫人之劳，全家坐而致万里。故之峤南虽三道，下真（浈）水者十七八焉。刘氏之自王也，割韶之壤置英、雄二州，壤虽减而道如故，韶于岭外为剧郡，宜矣。"① 所以说，北方移民经粤北古道者多。

（二）粤北古道是珠玑巷人南迁的通道

粤北古道域内不仅接纳北方的移民迁入，同时域内也有不少姓族出现南迁与外播的情况。

宋代珠玑巷移民的南迁是客家人南迁的重要表现。正如有学者指出的那样："南雄在唐五代时所吸收的内地移民，开启了两宋岭南移民运动的序幕。此一时期定居南雄的移民，成为日后珠玑移民的一个主要来源。"② 随着北方移民渡长江、翻越大庾岭，过梅关而至珠玑巷的人口数量的增加，致使南雄珠玑巷域不堪其负，加之该时代珠玑巷域自然灾害的频发，以致就有了以"天灾人祸，民不堪命，十存四五，犹虑难周，及今奉明旨颁行筑土设寨所，因思近处无地堪迁，远闻南方烟瘴，地广人稀，堪辟住址"③ 为由的"罗贵南迁"事件。正因为如此，加上由"胡妃事件"所引起的恐慌，导致了原居珠玑巷中田坊（也有文献记为牛田坊）人罗贵，在得到官府批准的《流徙铭》后，立号编甲，率领珠玑巷 33 姓 97 户人南迁。

至于这次南迁的姓族有多少？陈乐素教授考证后指出："综合黄

---

① （北宋）余靖撰，黄志辉校笺：《武溪集校笺》，天津：天津古籍出版社 2000 年版，第 180 页。

② 曾祥委、曾汉祥主编：《南雄珠玑移民的历史与文化》，广州：暨南大学出版社 1995 年版，第 13 页。

③ 陈乐素：《求是集》（第 2 集），广州：广东人民出版社 1984 年版，第 263 页。

慈博先生遗稿收集到的家谱族谱所载姓氏，先后从南雄南迁的，除上述《流徙铭》中的三十三姓外，还有庞、唐、邝、丁、石、雷、孔、邓、孙、司徒、邵、任、朱、魏、程、侯、鲍、缪、房、容、潘、冼、祁、袁、姚、蓝、萧、韩、甘、林、杨、梅、吕、严、刘、关、屈、余、简等四十姓，连前合计有七十多姓。而七十多姓中，有不少是同姓而异宗的，如黎、麦、李、陈、张、何等。这样加起来就接近一百姓。这近一百姓人家，先后南迁，散居各地。"①

这些姓族从珠玑巷出发，携老扶幼，坐上竹排，沿浈江水道向南飘去。途中，上岸者有之，病死者有之，溺水者也有之，经近一个月的颠簸，他们下至番禺（今广州），然后散居于珠三角各地。"广州之有巷名珠玑，显然是为了纪念南迁人来自南雄的珠玑巷，因为他们从北江南下，大多数是先到广州，然后散居各县，或者就定居于广州。"② 所以，对于南迁珠三角的珠玑巷人而言，珠玑巷就是故乡的象征，是桑梓之地、发祥之乡。

"罗贵南迁"是北方移民南迁的延伸，也可视为珠玑巷人南拓珠三角乃至海外的开始。

除此之外，经西京古道而南迁至英东佛北、经骑田岭秦汉古道而迁入连州地域的客家人数量也不少。

三、粤北古道是商贸之道

海陆丝路是海上丝绸之路与陆上丝绸之路的简称。海上丝绸之路是中国古代从日南障塞、徐闻、合浦出发，通往东亚、东南亚而至欧洲的海上贸易通道；陆上丝绸之路是中国古代从长安出发，经中亚通往南亚、西亚以及欧洲、北非的陆上贸易通道。在古代，两条道路的节点区域是南岭，因而说，沟通岭南岭北的粤北古道是连接海陆丝路的重要通道，它在沟通中国与世界的经济、文化交流中有着非常重要的作用。那么，海上丝绸之路和陆上丝绸之路在粤北地域是如何对接，又是如何促进商贸发展的呢？

对接，实际上就是沟通。粤北古道在沟通岭南与岭北的政治、经

---

① 陈乐素：《求是集》（第2集），广州：广东人民出版社1984年版，第268页。
② 陈乐素：《求是集》（第2集），广州：广东人民出版社1984年版，第268页。

济、文化等方面起着重要的作用。

岭南地区与其他内陆地区相比，其突出特点是濒临海洋。广州与海外的联系十分紧密，海外贸易十分发达，出洋的船只和航海的来舶频繁，各种珠宝、香药和山珍海货皆由此入。海上获利极巨，这就极大地促进了岭南乃至中国海外贸易的发展。而粤北所处的地理位置决定了其自古以来就成了南北之交通要塞。

千余年来，经过历代各族人民的艰苦努力，粤北古道的相继开通，使古代粤北的韶州成为岭南沟通中原、江南，沟通珠江水系与长江水系的重要交通枢纽，粤北古道也成了对接海陆丝路的重要通道，是商贸之道。

四、粤北古道是文化之道

纵观粤北古道之历史，它在沟通岭南岭北的联系中，其功能不仅体现在北方政权对岭南的军事用兵和政治管控方面，也体现在与海陆丝路的对接与文化交流之中，因而，它还是一条文化的传播之道。

（一）中原文化的南播

远古的南越之地，虽然早有人类的活动，但与中原文明的发展相比，南越则被视为是"刀耕火种""人畜不蕃"的"瘴疠之乡"和"声教不及"之地。而伴随自秦以降的历代移民的到来，中原先进的文化促进了南越社会的发展。

1. "衣冠南渡"与文化传播

历史上的三次"衣冠南渡"，不仅加快了岭南的开发，并以先进的生产力和文化影响了越人。学界所言的三次"衣冠南渡"，一般是指西晋末年的"八王之乱"导致的首次"衣冠南渡"，唐末"安史之乱"后的"衣冠南渡"和宋代"靖康之乱"后的"衣冠南渡"。西晋末年"八王之乱"，使原来世居中原的士族豪强和一般汉人纷纷背井离乡，迁徙江南。这些阖族南迁的中原士民，主要迁至江淮流域，其"远者已达赣省的中部南部，其近者则仍淹滞于颍淮汝汉诸水间，浸至隋唐，休养生息"①。唐末"安史之乱"，使"中夏不宁，士子之

① 罗香林：《客家源流考》，北京：中国华侨出版公司 1989 年版，第 15 页。

流，多投江外"。这次的"衣冠南渡"同样导致了大量中原人口向南方迁移，远者已播迁岭南各地。而"靖康之乱"后出现的"衣冠南渡"，使中国文明的中心进一步南移。三次的"衣冠南渡"使移民的脚步从中原到江南、从中原到岭南。经梅关古道落脚珠玑巷者不计其数，而从珠玑巷南迁者也有很多。这些移民的入粤通道，除沿浙闽沿海进入粤东，陆路主要有两条：一是经洞庭湖，沿湘、漓，进入连州或粤西地域；二是经鄱阳湖，沿赣江进入粤北各地。南迁的汉人不仅带来了先进的农耕技术，还输入以"孝悌""贞节"为基本内容的儒家伦理道德，"其流风遗韵，衣冠习气，熏陶渐染，故习渐变而俗庶几中州"。加上唐开元年间张九龄奉诏开凿大庾岭新路，使其成为连通岭南岭北的主要通道。"兹路既开，然后五岭以南之人才出矣，财货通矣，中原之声教日近矣，遐陬之风俗日变矣。"对此，清代屈大均于《广东新语》也说："梅岭自张文献开凿，山川之气乃疏通，与中州清淑相接，荡然坦途，北上者比皆由之矣。"① 由此可见，伴随中原汉人向岭南的迁移，其带来的文化影响是巨大的。

2. 书院与文化

虽然岭南书院的兴起迟于中原及长江中下游地区，但在中原文化的南播过程中，岭南书院的开办不仅使中原"声教日近"、岭南"风俗日变"，而且也为当地培养了诸多的士人。

在粤北古道域，开书院之先者，当是南雄油山的孔林书院。关于孔林书院，最早见于明嘉靖《南雄府志》，后有关南雄各志均有记载。宋太祖平定岭南后，孔闰于建隆元年（960年）挈家归隐平林，建隆三年（962年）创建平林书院，此"为南雄书院之始，亦是岭南已知第一所书院"。《南雄市志》记："孔林书院不仅是南雄州而且是岭南创办最早的一所书院，对南雄乃至岭南的文化教育影响深远。"② 此外，粤北古道域内的书院还有韶州府的濂溪书院与相江书院。濂溪书院源于濂溪祠，濂溪祠，在韶州府学东侧，韶州知府周舜元建于南宋乾道六年（1170年），是为纪念"北宋五子"之一的周濂溪在韶州的就学与讲学而建；淳熙十年（1183年），韶州教授廖德明将濂溪祠改

---

① （清）屈大均：《山语·腊岭》，《广东新语》（上），北京：中华书局1985年版，第67页。
② 南雄市人民政府地方志编纂委员会编：《南雄市志》，北京：方志出版社2011年版，第604页。

为"濂溪书院"。南宋宝祐二年（1254年），吴遂提刑韶州时，为弘扬与赓续张九龄之风度、余襄公之风采，遂将濂溪书院改名为"相江书院"，使之与番山书院、禺山书院和丰湖书院并列，成为当时广东四大书院之一。而处于秦汉古道上的天衢书院是五代时连州名士黄损在保安静福山之读书处，南轩书院则是因为理学家张栻曾随其父张浚谪居连州而名，于雍正五年（1727年）州牧朱振基废署改建而成。

古道域内书院较多（详见"粤北古道与书院"章），古道上各书院的创建时间，大凡宋明时期，又多与理学名家如周敦颐、张栻等有关。书院所供奉的儒家先师及向弟子所传授的儒家思想，既传承了儒家文化又开启了岭南之文明。

3. 刘禹锡、韩愈与连阳文化的发展

刘禹锡（772—842年），中唐杰出的政治家、哲学家、文学家。21岁时和柳宗元一同考中进士，后入朝当了监察御史，结识了志在革新的王叔文，并参与王叔文主导的永贞革新，于贞元二十一年（805年）因"八司马事件"而贬连州（途中改谪往湖南朗州当司马）。元和十年（815年）获赦后，与柳宗元一并被召回长安。后又因《元和十年自朗州承召至京戏赠看花诸君子》之"紫陌红尘拂面来，无人不道看花回。玄都观里桃千树，尽是刘郎去后栽"① 诗句，被当朝认为"语涉讥讽""挟邪乱政，不宜在朝"，把他贬到连州任刺史。元和十四年（819年）因母丧离开连州，长庆元年（821年）冬，刘禹锡任夔州刺史。刘禹锡沿顺头岭秦汉古道至连州后，很钟情于连州之山水，称连州为"荒服善部，炎裔凉地"，他在《送曹璩归越中旧隐》诗中写道："剡中若问连州事，唯有千山画不如。"② 在连州期间，刘禹锡深入了解和关心少数民族，与瑶族人的关系融洽，为此写下了《莫瑶歌》《蛮子歌》《连州腊日观莫瑶猎西山》等诗，对瑶族人的外貌、服饰和狩猎活动以及他们的勤劳神勇大加称赞。同时，刘禹锡在连州还编成了《传信方》医书，惠及百姓。更重要的是，刘禹锡在连州刺史任上能重教兴学，开创了连州重文兴教的传统，并吸引了荆楚吴越的儒生纷纷来连州求学。自此，连州文风迭起，人才辈出。据相关资料统计，在唐代，广东共有48名进士，连州就有12名；到了北宋时期，

① （唐）刘禹锡撰，卞孝萱校订：《刘禹锡集》，北京：中华书局1990年版，第308页。
② （唐）刘禹锡撰，卞孝萱校订：《刘禹锡集》，北京：中华书局1990年版，第568页。

岭南文化书系

粤北古道与文化

广东共有 127 名进士，连州就有 43 名，时称"连州科第甲通省"。

韩愈（768—824 年），中唐杰出的文学家、哲学家，政治家。贞元八年（792 年）进士，累官监察御史。贞元十九年（803 年），时为监察御史的韩愈，因上《御史台上论天旱人饥状》疏而遭谗害，被贬为连州阳山县令。贞元二十年（804 年）春，韩愈抵达阳山县。贞元二十一年（805 年）春，韩愈获赦免，于夏秋之间离开阳山县，八月，获授江陵法曹参军。韩愈对阳山的印象并不好，认为阳山是一个远极遐荒之穷地，交通不便，生存环境险恶，他在《送区册序》中谓阳山为"天下之穷处也"①。尽管如此，韩愈在阳山的一年时间里，行仁政、兴文教，使百姓识诗书、知礼仪，开启了文明进化之风气。阳山地域至今还留下较多关于韩愈的故事。如位于城郊东北 1 公里处的"贤令山"，就因韩愈是"贤令"而得名。《新唐书》说他在阳山"有爱在民"：一是把中原文化带到阳山，促进了当地人的知识开化；二是把中原先进的农耕技术带到此地，改变了阳山以狩猎为主的生活方式，促进了当地经济的发展。

韩愈之后，连阳之地，不乏名人贤者。所以，明代弘治年间连州知州曹镐撰《连州旧志序》，认为连州风气之变，"乃自韩昌黎、刘梦得两公始"。现今，阳山县还建有韩愈纪念馆。同治《连州志》也载："连自伏波下湟水而南越版图始入于汉，厥后名贤踵至，风会日开，南轩之道学，武穆之战功，尤大彰明。"②

对于粤北各地文明之进化，明嘉靖《广东通志初稿》卷十八有一些记载："韶州其民短力弱，材不能勤作。习朴而不杂，淳而不漓。……盖自谭必、邓隅、黄裳□，委身殉国，忠义之气，至今凛凛，而仕者多尚风节矣。岂其山川秀气，发为聪明，故衣冠文物比他州为盛。"黄佐《广东通志》也载："自汉末建安至于西晋永嘉之际，中国之人，避地者多入岭表，子孙往往家焉。其流风遗韵，衣冠气习，熏陶渐染，故习渐变而俗庶几近乎中州。"这些评价都说明了中原文明对粤北、岭南的影响。

---

① （唐）韩愈撰，马其昶校注：《韩昌黎文集校注》，上海：上海古籍出版社 1986 年版，第 266 页。

② 广东省地方史志办公室辑：《广东历代方志集成·韶州府部（十三）·（同治）连州志》卷六，广州：岭南美术出版社 2009 年版，第 161 页。

（二）"西学东渐"及海外文化的北传

"西学东渐"是指西方学术思想向中国传播的历史过程。

1583 年 9 月，意大利传教士利玛窦与罗明坚进入中国，在肇庆建立了第一个传教驻地。由于肇庆当地百姓对"蕃鬼"的抵制而引发了明末天主教传入中国后的第一起教案——"崇禧塔事件"。1589 年广东新任总督把传教士驱逐出肇庆。经过多方努力，利玛窦得以被派往韶州，在韶州建立了他的第二个传教驻地。在韶州，当地百姓于 1591 年春和 1592 年 6 月底，举行反对传教士的活动，引发"韶州教案"。不久，利玛窦越过梅岭，先后到达南京和北京，开始了他长达 28 年的文化传播之旅。

尽管利玛窦的传教活动一再受阻，但以他为代表的传教使团给中国带来了一股清新的西洋文化之风。首先，刊印世界地图。1583 年利玛窦从澳门来到广东肇庆，他在一次展览中所展示的用外文标注的世界地图，特别引人注目。1602 年，他应邀再次修订了旧图，内容绘成 6 条合幅的"坤舆万国全图"，从而打开了中国人的视界。其次，传播天文知识。1601 年利玛窦定居北京后，与中国学者李之藻合作摘译了西方天文学著作《乾坤体义》三卷，使西方的天文学理论与中国的天文学理论进行了互补与融通，从而促进了世界天文学的发展。再次，翻译《几何原本》数学著作。《几何原本》是公元前 4 世纪到公元前 3 世纪古希腊著名数学家欧几里得的几何教本。1606 年秋，由利玛窦口述，徐光启记录，合作翻译取得成功，该书内容填补了我们传统几何学方面的空白。由利玛窦带来的数学对我国明代的历法修订和几何体测量等方面确实起到了重要的作用。此外，利玛窦还编写中西文字字典、教授西洋画法，等等。可以说，在此期间，西洋近代天文、历法、数学、物理、医学、哲学、地理、水利诸学，以及建筑、音乐、绘画等艺术，不断传入中国。与此同时，利玛窦还不断地向欧洲介绍中国之情况。其中，他花了差不多四年的时间把《四书》翻译成意大利文介绍给欧洲，其所撰写的回忆录《中国札记》，比较全面地向欧洲及世界介绍了中国的政治、经济、文化及民风民俗，成为欧洲人深入了解中国的助推器。

由利玛窦而始的"西学东渐"，使中外文化的交流得到长足的发展。其传播路径主要以利玛窦的活动路径为中心而扩展。利玛窦的活

动路径是：澳门—广州—端州—韶州—南雄州—虔州—南昌—南京—北京。所以说，粤北古道也是来自海外的西方文化向中原传播的重要通道，是"西学东渐"之道。

（三）梅关古道的咏梅文化

说梅关古道有特色的咏梅文化，一是因古道，二是因梅花和咏梅诗。

梅关古道在梅岭，梅岭因梅而名。唐张九龄开大庾岭新路后，各朝派往岭南、贬官岭南者，多取道梅关古道南下或北归。他们途径梅岭，多留下了与梅有关的诗作，这些诗作高标气节，彰显情怀，成为粤北古道中独具特色的古道咏梅文化。

梅岭之梅与江南之梅比，特色明显。《直隶南雄州志》记："庾岭有梅，古昔已然"，那就说明了梅岭之名与梅有关。该志又引《郝氏通志》曰："庾岭梅花，微与江南异。花颇似桃而唇红，故名红梅"，"亦有纯红者。岭上累经增植，白者为多"。王巩《闻见近录》记："大庾岭……南北州里，红白梅夹道，行者忘劳，仰视青天如一线。"这就说明了梅岭之梅的特色，加之南北气候的差异而形成了"南枝先开，北枝后放"的独特景观。"庾岭寒梅"不仅成为古南雄州的八景之一，其也是我国的十大著名梅景之一。与此相连，历代诗人、骚客途经梅岭都留有不少咏梅之诗、感路之叹，计有200余首。

下面据相关史料所载的诗作，择其一二以记之。

赠范晔

三国吴·陆凯

折梅逢驿使，寄与陇头人。

江南无所有，聊赠一枝春。

梅岭花

唐·张说

塞上绵应折，江南草可结。

欲持梅岭花，远竞榆关雪。

245

却赴南邑留别苏台知己

唐·刘长卿

又过梅岭上，岁岁此枝寒。落日孤舟去，青山万里看。

猿声湘水静，草色洞庭宽。已料生涯事，惟应把钓竿。

赠岭上梅

宋·苏轼

梅花开尽杂花开，过尽行人君不来。

不趁青梅尝煮酒，要看红雨熟黄梅。

赠岭上老人

宋·苏轼

鹤骨霜髯心已灰，青松合抱手亲栽。

问翁大庾岭头住，曾见南迁几个回？

登梅岭

宋·朱熹

去路霜威劲，归程雪意深。往还无几日，景物变千林。

晓磴初移屐，密云欲满襟。玉梅疏半落，犹足慰幽寻。

南安军

宋·文天祥

梅花南北路，风雨湿征衣。出岭同谁出？归乡如此归？

山河千古在，城郭一时非。饥死真吾志，梦中行采薇。

除以上所列，历代在梅岭留有咏梅之诗者，还有许多骚人、墨客，他们感梅关、叹梅岭、咏梅花，所留下的传世佳作，构成了古道"庾岭寒梅"独特景致的梅文化，它是粤北古道文化的重要元素。

五、粤北古道的活态保护

穿越南岭山脉而进入岭南的古道较多，其中穿越大庾岭、骑田岭

而至粤北境内的古道，不仅开通的时间早，而且历经数代的修筑，使之成为不同历史时期沟通南北的主要通道，其历史功能是重要的，且影响深远。而于今日之社会，在构建"一带一路"、建立人类命运共同体的新时代下，挖掘粤北古道沉淀已久的文化内涵及其价值，对粤北古道进行活态保护，使之在传承历史文化、促进当代社会经济发展中发挥出应有的作用，从而使粤北加速融入珠三角，服务大湾区的功能得到进一步的强化，这是研究地方历史文化的应有之义。

（一）以古道为纽带实施粤北大旅游发展新战略

以古道为纽带实施粤北大旅游发展新战略是现今韶关和清远两市促进经济发展的重大战略。韶关实施大旅游发展战略，主要是建设"大丹霞、大南华、大南岭、大珠玑"四大旅游区；而清远实施大旅游发展战略，活化秦汉古道也是重中之重的举措。

（1）韶关建设"大丹霞、大南华、大南岭、大珠玑"四大旅游区，实施大旅游发展新战略。

大丹霞旅游区是以自然景观为主题，以历史人文景观为依托，涵盖古道域内古村落文化，集景观观赏、生态休闲于一体的旅游区域。丹霞山（也称中国红石公园），位于广东省韶关市仁化县境内，东南依浈江古水道，西北靠城口古道。丹霞山主峰景区分"观日亭""别传寺"和"锦石岩"上、中、下三个景观层；已经开发的景区则分为丹霞、韶石、巴寨、仙人迹与锦江画廊游览区等6个景区。丹霞山现今为国家AAAAA级旅游景区和世界地质公园。丹霞山以其"色如渥丹、灿若明霞"的特点而成为世界"丹霞地貌"命名地。"丹霞地貌"的提出者，当为冯景兰等考察组，1928年，他们在丹霞山考察时首先提出，后历经曾昭璇、黄进、彭华等几代学者的研究，成为中国地学界杰出的研究成果。"丹霞地貌"以赤壁丹崖为特色，是世界已发现的1200多处丹霞地貌中发育最典型、类型最齐全、造型最丰富的丹霞地貌集中分布区。其中，已得到开发和利用的丹霞景区有长老峰、阳元石、翔龙湖等。锦江画廊和巴寨景区则以自然山水观光为主。因此，实施大丹霞旅游区域的开发可以带动该区域社会经济的发展。

大南华旅游区主要是以南华寺禅宗文化为主题的旅游区。南华寺坐落于广东省韶关市曲江区东南的曹溪之畔，紧依韶州通翁源的"羊径路"和北江水道。南华禅寺，始建于南北朝梁武帝天监元年（502

年）。天监三年，寺庙建成，梁武帝赐"宝林寺"名。后又先后更名为"中兴寺""法泉寺"。至宋开宝元年（968年），宋太宗敕赐"南华禅寺"，寺名沿用至今。因禅宗六祖惠能在此弘法，也称六祖道场。

大南岭旅游区主要是以南岭国家森林公园生态文明为主题的粤北生态发展区。南岭国家森林公园位于广东省与湖南省交界处，覆盖了广东省的乳源县、阳山县、乐昌县和湖南省宜章县的大部分地区，公园内的石坑崆，海拔1902米，是"广东第一峰"。南岭国家森林公园是广东省最大的自然保护区，是珍稀动植物宝库，是国家AAAA级旅游景区。景区内有小黄山景区、瀑布群景区、亲水谷景区、石坑崆景区。大南岭旅游区的建设是广东省打造粤北生态特别保护区战略的重要内容。广东省规划建设粤北生态特别保护区，就是要在韶关市及清远市的北部地区打造连片的、规模较大的南岭生态保护区。保护好原始生态风貌，进行生物多样性保护，维护生态系统的完整性和稳定性，从而筑牢粤北生态屏障，推进粤北生态发展区的建设。

大珠玑旅游区主要是以珠玑巷移民与姓氏文化为主题的旅游区。珠玑巷位于南雄市区北部偏东的珠玑镇（古为沙水镇）之沙水村，该巷南起驷马桥，北至凤凰桥，是古代五岭南北梅关古道的必经之路。它既是历代尤其是唐后中原汉族沿新大庾岭路南下进入岭南的第一站，也是宋代珠玑巷人南迁的起点。南宋咸淳年间，因"胡妃事件"而迫使珠玑巷33姓97户人在罗贵的带领下，顺浈江、漂北江，南迁至珠三角地区。至明、清时期，南迁之姓族日多。所以，珠三角地域客族视珠玑巷为"吾之故乡""七百年前桑梓乡"。现今珠玑巷内建有100多姓的祠堂，承载着南迁客族认祖追宗的情结，凸显了珠玑巷移民与姓氏文化的特质。

由此可见，韶关规划发展"大丹霞、大南华、大南岭、大珠玑"四大旅游区，实施大旅游发展战略以促进韶关经济的发展，正是历史赋予的新机遇。

（2）连州以秦汉古道为主体，打造全域旅游模式，成为旅游战略发展的新定位。

秦汉古道位于连州之北，连接粤湘，是沟通中原与岭南的最早官道之一，也是古代海上丝绸之路与陆上丝绸之路的交会点。古道为秦时开辟、汉时修拓，路宽约2米，多以青石板铺就，或依照山石原型

凿平成台阶，古道上建有不少供人休息之凉亭。南天门是秦汉古道中保存较为完好的一段，由古道、南天门凉亭、怀清亭等三部分组成，是秦汉时期沟通五岭南北的重要古道。沿古道南下，经星子古镇，可达保安静福山景区，再南下至连州，通东陂古道，至连州地下河、湟川三峡景区，由此可开发旅游产业园、旅游度假小镇、特色主题公园、乡村民俗、少数民族风情部落等特色项目，形成一条旅游经济带，从而改变了过去单一的景点旅游模式，使之转变为融多个项目于一体的全域旅游模式，推进连州从小旅游格局向大旅游格局发展。连州旅游的发展，进一步促进了清远市"亲情温泉、激情漂流、闲情山水、奇情溶洞、热情民族、浓情美食"六大旅游品牌的成型。

总之，无论是韶关发展"大丹霞、大南华、大南岭、大珠玑"四大旅游区，抑或是清远提出的念好"山字经"、做好"水文章"、打造"清远蓝"，大力实施乡村振兴新构想，都是一种旅游战略的调整，是融入广东省"一核、一带、一湾、一区"全域旅游格局的新定位。这种调整与新定位是根植于粤北地理环境和历史文化而迸发的新动力。

（二）以古道为载体推进粤北的历史文化名城建设上等级

粤北的韶、雄、连、英四州及清远（中宿），不仅具有一定的发展历史，其文化底蕴也很厚重，申报或继续加强其历史文化名城建设，意义重大。

根据各地城市的特点，可以把历史文化名城划分为历史古都型、传统风貌型、一般史迹型、风景名胜型、地域特色型、近代史迹型、特殊职能型七个类型。其中，地域特色型历史文化名城主要体现于它的地域特色或由独特的个性特征、民族风情、地方文化构成城市风貌的主体。

以此为标准，笔者认为，韶关市可归口对应为地域特色型历史文化名城。

首先，韶关是两千多年来粤北地域的政治、交通中心，其地域特色、个性特征明显。从历史来看，粤北地域自秦征岭南后就成为经大庾岭、骑田岭进入岭南的必经之地。自秦开岭南道后，"使尉佗逾五岭攻百越"，并置"南岭三关"和"秦城"以扼控岭南。汉武帝遣伏波将军路博德屯兵桂阳，次年，遣五路大军经湟水、浈水、漓水、苍

梧及牂柯江五条水道，齐会番禺，一举而平"吕嘉之乱"。东汉建武十八年（42年），遣伏波将军马援率兵渡海击交趾，其南下路线则是经过了其中一条古道。周去非的《岭外代答》有入岭通道"自江西之南安，逾大庾入南雄""自湖南之郴入连"之记载。北宋本籍名臣余靖于其《韶州真（浈）水馆记》一文中说："凡广东、西之通道有三：出零陵下离（漓）水者，由桂州；出豫章下真（浈）水者，由韶州；出桂阳下武水者，亦由韶州。就是说，自秦至宋，尤其是张九龄开凿大庾岭新路后，自北而南者，多取道韶关古道。至清，清政府禁海设关，把原设于南雄之太平关南移至韶州浈江河西岸，并增设遇仙桥关、旱关及在英德设洔洸关等税关，加强对南北商贸的管控，由此，催生了"韶关"之名的产生。而且，在现今中国的地级市中带"关"之城市名并不多见（带"关"字的地名较多）。由此可见，韶关具有粤北地域特色及古道交通意义上的个性特征。

其次，粤北一域不仅生活着诸多的汉族客家人，也生活着一大群瑶、壮等少数民族，民族风情独特。就汉族客家族群而言，他们传承着中原文化之基因，保留了诸多的非物质文化遗产项目，如传统戏剧类的"粤北采茶戏"，传统舞蹈类的"南雄龙舞（香火龙）""犁市镇'舞春牛'"和乐昌"狮舞（青蛙狮）"，民间文学类的"珠玑巷人南迁传说"，传统音乐类的"仁化石塘'月姐歌'"、乐昌"九峰山歌"和南雄"龙船歌"，传统技艺类的"仁化土法造纸技艺"及民俗类的"南华寺'南华诞'庙会"；而过山瑶族群，他们也传承了民间信仰类的"乳源'盘王节'"，传统美术类的"瑶族刺绣"，传统音乐类的"瑶族民歌"，民俗类的"乳源瑶族服饰"，等等。乳源是过山瑶集中居住的区域，饱含浓烈的瑶族风情。

最后，以古道为载体的古道文化，内含着由移民文化、禅宗文化、商业文化、革命文化和生态文化等地方文化构成的城市风貌显著。历史上的韶关是南北交通的节点城市，多条贯穿全境的古水、陆通道，沉淀出厚重的古道文化。韶关古道既承载着中原各族南迁的脚步，形成了以珠玑巷为代表的移民及姓氏文化；也承载着惠能六祖北上求法与南下弘法的脚步，惠能所创立的中国本土化的南禅宗派，不仅影响大江南北，而且远播东南亚诸地，南华寺成为南禅宗祖庭；浈江区东堤北路的广富新街，它由以南海、番禺、顺德为主体的广府人于1915

年所建，该街全长约72米，其整体建筑形式是仿广州西关大屋形制，因街中大屋皆为广府富商所建，是韶关城内最阔绰的一条街道，韶州人称之为"大老板街"。广富新街是韶关现存最为完整的一条老街道，折射出韶关商贸的繁华与辉煌。不仅如此，韶关还具有光荣的革命传统，韶关是孙中山领导北伐的大本营，梅岭是陈毅等领导和坚持南方三年游击战的根据地，犁市镇的犁铺头是朱德练兵的重要场地。抗战时的韶关，从南雄瑶坑，到始兴红围，再到市区五里亭，被称之为广东省委的"祖屋""祖址"，成为红色基因传承的重要载体。现今韶关，打造大岭南、建设韶关生态发展区的战略，为韶关创建历史文化名城提供了资源的支撑。

虽然，韶关具备了创建国家级历史文化名城的一些条件，但也存在着诸多的短板需要补齐。如梅关古道、西京古道等古道的修筑与古道文化资源的保护；集中成片历史文化街区的保护；浈江、武江和韶关市辖区北江段古码头的勘查；瑶族风情区域的扩大建设；以南华寺为核心的粤北古道域内各寺的查考与南禅宗文化的发展；粤北生态发展区的建设，等等，均存在保护不力、投入不足、宣传不够的问题，严重制约着创建国家级历史文化名城的进程，亟待解决。

除韶关以外，粤北的南雄、英德和连州三地的历史文化名城创建，均应根据其内在的历史文化特质去展开，从而达到创建的目的。

（三）以古道为抓手加速粤北融入珠三角、服务大湾区进程

如何抓住广东省打造古驿道、促进新农村建设的历史机遇，从而加速粤北融入珠三角、服务大湾区的历史进程，是摆在粤北四州面前的重要课题。

粤北在社会经济发展中以什么条件去融入珠三角、服务大湾区呢？一方面是加快产业的转型升级、建设高科技产业园区，尽快地提升粤北的经济实力。另一方面是以粤北古道为抓手，以古道沿线的生态资源优势为基础，开拓"古道——生态发展区"旅游新局面。

开拓古道——生态发展区旅游，就是要以古道的活化利用带动新农村建设，就是要以生态发展促进新农村建设。粤北北靠南岭，有丰富的古道和生态资源，但是粤北是山区，农业生产发展相对落后，农民收入普遍较低，富余劳动力人口较多，新农村建设进程缓慢，因此，保护和完善古道沿线交通基础设施，加强古道沿线农村人居生态环境

综合整治，培育古道域内农村的特色农产品，从而推动沿线村庄对口精准扶贫脱贫，促进新时代条件下的新农村建设，可以有力地推进古驿道沿线旅游服务水平，提高粤北社会经济及文化的发展水平，进而推进粤北融入珠三角、服务大湾区的进程。

其他如雄、连、英三州及清远的发展亦然。

岭南文化书系

第十章　粤北古道与文化

粤北古道是连接岭南岭北的过岭通道，历史上的粤北古道不仅是军事之道、移民之道、商贸之道，也是文化的传播之道。伴随着古道的开通、人口的聚集、经济的发展、城市的形成，突显区域文明进程的文化形态也就不断地呈现于世人面前。如何科学区分和深入认识以韶关为中心的区域文化，探讨粤北古道对文化的影响及两者的关系，成为当下粤北地方历史文化研究中的一个重要问题。

一、粤北文化主体的多元性

文化的实质就是人化的过程。文化是人类在改造自然、社会和人本身的历史过程中，赋予物质和精神产品全部总和以及人的行为方式以人化的形式的特色活动。人类改造世界和改造人本身的活动是文化的源泉和基础，由于地域、民族、社会发展程度不同，文化又是历史的、具体的，具有多样性，是多样性与统一性的矛盾统一。

粤北文化是形成于粤北地域的区域性文化，它的发展离不开该区域的文化主体的实践性活动。

（一）粤北文化主体的多元性

历史上，粤北古道域内的居民，不仅有原居于此的土著居民，也有历代南迁而卜居于此的中原移民，他们是创造、传承粤北文化的重要主体，他们在长期的物质资料实践、社会政治实践和科学文化实践中，不仅创造了丰富多彩的粤北文化而且推动了这种文化的发展。

1. 粤北古道域内移民分布略述

从相关资料的记载来看，具有一定规模和数量的移民南迁，当始于秦汉，历经魏晋、南北朝、隋唐及明清各代，其中当以唐宋、明清时期为显。

第一，梅关古道与秦汉时期的军事移民。在秦汉时经梅岭大庾岭路南迁移民，主要是三次较大的军事移民。其一，梅鋗居梅岭与移民。梅鋗本越王勾践后裔，避楚走丹阳，"自皋乡逾零陵至于南海，鋗从之，筑城浈水上，奉其王居之，而鋗于台岭家焉"①。"梅鋗的渡岭南迁，落籍南雄，是有名姓可考的最早的一批定居南雄的北方（江南）移民，也可视为北人南迁之始。"② 梅鋗后裔分迁粤北各地。其二，秦平南越之乱与移民。为平南越之乱，秦始皇于二十四年（前223年），命尉屠睢率50万大军征楚，后转征南越。任嚣、赵佗统领5万士卒，抵达番禺。南越赵佗曾"求女无夫家者三万人，以为士卒衣补，秦皇帝可其万五千人"③。秦朝对岭南的用兵所引发的向南方移民，是岭南有史以来第一次大规模的移民，他们是继梅鋗之后又一批落籍南雄的北方移民。其三，汉武帝平吕嘉之乱与移民。汉元鼎五年（前112年），南越王相吕嘉谋反，武帝命卫尉路博德为伏波将军，主爵都尉杨仆为楼船将军，会南海，平定叛乱。后于岭南设南海、苍梧等九郡。叛乱平定后，楼船将军杨仆的部属及子孙，留守梅岭，世居于此。

秦汉时期的军事活动所带来的移民，主要散居于大庾岭路域和浈水流域连州流域，他们有的与当地土著结合，或卜地开基，以至形成了粤北古道域内较早的客家族群，成为开发粤北的一支重要力量。

第二，乌迳古道与西晋李耿卜居新溪。乌迳古道是粤赣水陆联运古道，是"庾岭未开，南北通衢"。沿乌迳古道而卜居古道域内的有李、杜、叶、赖、董、赵等20余姓族，他们聚族而居，是韶关古道域内移民的重要代表。

新溪李氏是最早卜居于乌迳古道域内的姓族。新溪即今日之新田古村。新田古村地处昌水边，于西晋愍帝建兴三年（315年）开村。之后，"子孙蕃衍，人文蔚起，遂成一方望族"。由于唐光宅元年

---

① （清）屈大均著，李育中、邓光礼、林维纯等注：《广东新语注》，广州：广东人民出版社1991年版，第62页。

② 曾祥委、曾汉祥主编：《南雄珠玑移民的历史与文化》，广州：暨南大学出版社1995年版，第8页。

③ （西汉）司马迁：《史记》（第10册）卷一百一十八·淮南衡山列传第五十八，北京：中华书局1963年版，第3086页。

（684年），唐政府把始兴县东北部的化南、横山二乡划出而另置"浈昌县"，新田开村比建浈昌县要早300多年。故，南雄民间有"先有新田李，后有浈昌县"之说。新溪村自开村后，历隋、唐、宋、元、明、清诸代而不衰，其古建筑尤其是历代祠堂，保存完好。

第三，南宋卜居于城口古道域内的"一门三进士"的恩村蒙姓客族。恩村位于仁化县城口圩南7公里处，是粤湘古驿道之城口古道上的古村落，明洪武年间于恩村设有巡检司。古道域内的恩村建于宋神宗元丰七年（1084年），开基祖为蒙念四公。由于恩村人恪守耕读传家古训，代有人才。蒙氏第三代蒙天民于南宋庆元五年（1199年）首开科甲，登己未特奏科一甲第十二名进士；后又相继有蒙应龙、蒙英昂、蒙渊龙等进士及第，故有"一门三进士"之称。

第四，乐宜古道上的户昌山李姓客族。户昌山村，李姓，位于乐昌市庆云镇东北3.5公里处。该村开基祖为李伯伦、李大万父子二人。南宋末年，他们从湖南郴州秀才乡迁来乐昌黄圃新屋场（今新元村），后再卜居于户昌山，至今约有750年历史。黄圃《李氏族谱》载，户昌山村李氏源于黄圃李氏，自称为道教创始人——李耳的后裔。

第五，西京古道旁的大桥村许姓客族。大桥村得名，源于明正德七年（1512年）在大桥圩所建的通济桥。《乳源县志》载："大桥圩旁有通济桥，乡民称之为大桥，大桥圩因而得名。"大桥圩乃乳源置县前之新兴乡与崇信乡及南北村民聚集而成，大桥古圩形成时间无考。因村紧依古圩，故名大桥村。圩中原有一条"老铺街"，后名长兴街。街北端岔路口处有一块立于清代的指路碑，碑上镌刻着"左走梅花，右走乐昌"，为过往商客提供方向指示。大桥许氏卜居大桥镇距今有590多年的历史。

第六，连阳地域的移民也是粤北文化的主体。连阳地域，杂居着汉、瑶、壮各族，以汉为多。他们的先祖多数是从中原，经闽、赣（含粤东）和湖湘地区，沿秦汉古道而迁入的。

另外，自隋唐时期开始，乳源瑶族也是卜居于粤北地域的重要移民族群。乳源瑶族源于岭北。《瑶族简史》载：秦汉时期，瑶族先民主要集中在湖南的湘江、资江、沅江流域的中、下游和洞庭湖一带；而至隋唐时期，瑶族主要分居于长沙、武陵、零陵、巴陵、桂阳、衡山、澧阳、熙平等郡，即湖南大部分和广西东北部、广东北部等地区；

255

至宋，广东北部的韶州、连州等地都有瑶民的分布；元、明时期，瑶族被迫继续大量南迁，不断深入两广腹地，特别是明代，两广已成为瑶族主要分布地区，于是便形成了其"大分散""小集中"的分布局面。除此之外，在历代的移民迁徙过程中，畲族、壮族等少数民族及广东疍民中的粤北疍民等，他们在长期的生产、生活实践活动中也成为创造粤北文化的有生力量。

2. 北方移民南迁的路径

至于北方移民的南迁路线，可以从北宋余靖《武溪集·韶州真（浈）水馆记》中得出结论。余靖言："凡广东、西之通道有三：出零陵下离（漓）水者，由桂州；出豫章下真（浈）水者，由韶州；出桂阳下武水者，亦由韶州。"① 很明显，自唐开元时期张九龄奉诏开凿大庾岭新路后，逾梅岭下浈水成为过岭南下之常道，所以说，北方移民经粤北古道尤其是韶关古道者，多矣。

3. 粤北古道域内移民的族群认定

对于经粤北古道而南迁至古道域内的族群，既包括了学界称之为"客族"或"客家"的汉族客家，也包括了散居于粤北古道域内的瑶、壮、畲等少数民族族群。这些诸多族群的碰撞、融合，不仅为粤北创造了巨大的物质财富，也为粤北创造了丰富的精神财富。

就移民族群的分布而言，谭元亨的《广东客家史》等相关资料载，卜居于粤北古道域内的客家姓族达200多个（不计各县区的相同姓），至2020年底，人口超过1万的客家姓氏有50多个。在粤北古道域内的韶关、清远两市民族中，汉族客家人是该地域的主体，之外，便是瑶、壮、畲等少数民族。瑶族主要集中于韶关的乳源、清远的连南等地，壮族主要集中于清远的连山等地，而畲族则散布于韶关的南雄、始兴等地。

无疑，这些从北方不断迁入的历代移民成为在粤北地域进行生产、生活实践的主体，由此也就使粤北文化呈现出多元性与复杂性。

（二）粤北文化的主体特质

关于粤北文化的主体特质，主要是弄清楚两个问题：其一是粤北

---

① （北宋）余靖撰，黄志辉校笺：《武溪集校笺》，天津：天津古籍出版社2000年版，第180页。

文化的创造者问题，其二是粤北文化的认同与传承者问题，两个问题有机结合，不可分割。

1. 粤北历代移民是粤北文化的创造者

上文提到，粤北一域所居住人口包括汉、瑶、壮、畲等族及疍民，而其中主要是汉族客家人，这些"中原旧裔""岭北瑶人"，筚路蓝缕、聚居粤北，从而形成粤北地域的主体居民。他们在长期的生产和生活中创造了具有自身特质的文化，即粤北文化。可以说，粤北文化是指人们长期以来在粤北地域创造和形成的物质财富、思想行为、道德法律和风俗习惯等的总和。

粤北历代移民是粤北文化的创造者，他们在长期的生产和生活中创造并形成了构成粤北文化内涵的语言、建筑风格、风俗习惯和饮食特点。

首先，以客家话为通行语言的地域文化特质。在粤北地区，整个汉族客家大聚居区域通行客家话。而乳源、连南瑶族通行瑶语，连山壮族聚居区域通行壮语，但他们中绝大部分人知晓客家话。而畲族，由于其人口较少且杂居于南雄、始兴的汉族聚居区，通行客家话。

其次，融于山水之中的客家建筑。粤北客家人的建筑风格可以分为砖木结构的围屋式和府第式建筑，它们都是客家建筑文化的代表。围屋式建筑，分散于粤北各地，数量不多，现今保存得较为完整的则是始兴县隘子镇的客家满堂大围等。始兴客家满堂大围，始建于清道光十六年（1836年），竣工于咸丰十年（1860年），历时24年，费时耗工耗材，但生活功能齐全，毋庸置疑，这种大围屋沿袭了福建客家围楼的建筑风格，这也见证了客家人南迁的历史。至于府第式建筑则在粤北地区分布广泛，是粤北古村落的主要建筑风格。这些古村落讲究坐北朝南、依山傍水，以祠堂为中心，东西扩展。至于分散在深山之中的瑶族和壮族，因其生产、生活习惯的不同，其建筑则是相对简易的寨堡结构，人畜混居。

再次，多民族习俗，相映成趣。虽然说粤北地域既有汉族客家，也有过山瑶及壮族，但他们在长期的历史发展中并没有出现过大规模的种族械斗与冲突，相反，客家人以博大的胸怀包容着瑶、壮、畲等少数民族的生存与发展，乃至形成了一个独具特色的小聚居的区域。如瑶族的生产生活习俗，除了保留其自身的特色，更多的则是对汉族

客家的吸纳和接受汉化，如居住在柳坑、东坪的瑶族同胞可以入桂头、乳城等汉区进行商贸交流、观看节庆活动，甚至结亲，从而形成了汉瑶风俗习惯融通与共荣的社会局面。在宗教信仰方面，瑶族崇拜盘王，汉族客家则是典型的多神教，同时，在众多的节庆活动中都体现出自然崇拜和祖先崇拜的特点，以至保留了众多的节庆活动及禁忌。壮、畲等族在保留其民族习俗的同时，也吸纳汉族客家的元素，在其所居区域内，不同的习俗，相映成趣，乃至形成了独特的区域文化特质。

最后，因地制宜的饮食特点。粤北地区汉、瑶、壮、畲等各族的饮食习惯，均与山区的水土相适应。粤北一域处于南岭山脉的南侧，冬寒夏热，山多地少，但森林资源丰富，因此形成了"靠山吃山、靠水吃水"的耕种方式与饮食习惯。无论是汉族客家还是瑶族，均以水稻、玉米为主要农作物，兼植花生、黄豆、黄烟、油茶等经济作物，均以大米为主食，兼以杂粮辅之；喜辣、嗜酒、善茶，冬季善做腊肉、腌菜等。

2. 粤北历代移民是其传统文化的保护者和传承者

司马迁在《史记·五帝本纪》中说：舜"践帝位三十九年，南巡狩，崩于苍梧之野，葬于江南九嶷，是为零陵"。又据《韶州府志》等载，韶州之名也由于传说中的舜帝南巡于韶石奏韶乐而得。舜帝也是"三代之治"的贤君，其孝敬父母、恭谦礼让、以德治国、举贤任能的道德精神成为中华传统道德的典范。因此，由舜帝南巡而演化出以"韶"为义的"韶文化"成为粤北文化的主体内容，而真正创造和传承粤北文化者则是历代的粤北人民。

众所周知，由古道所衍生的文化类型较多，既有移民文化、商贸文化、交通文化，又有宗教文化、名人文化及生态文化等。其中古道移民及古村落文化，就是其中的一个典型代表。

如古道古村落文化中，不仅有被誉为"迁雄第一家"的南雄新田古村、"古晋名家"的鱼鲜古村，还有仁化"千家村"的石塘古村和"一门三进士"的恩村，以及乐昌的户昌山古村，这些古村落在不同程度上传承了中原文化的众多基因，也开拓出粤北文化的新貌。在众多反映粤北文化特征的非遗项目中，国家级项目有乳源瑶族的"拜盘王"。乳源瑶族"拜盘王"2006年被列入第一批国家级非物质文化遗产名录（民间信仰）。它沿袭于广东省乳源瑶族自治县必背镇、东坪

镇、游溪镇等瑶族乡镇，瑶人拜盘王，雏形于晋，形成于唐，完善于宋。瑶族盘王节源自农历十月十六的盘王节歌会，每逢这天，瑶民便汇聚一起，载歌载舞，纪念盘王。"拜盘王"是瑶族最具代表性的民间传统风俗礼仪，富有浓厚的宗教色彩和历史文化内涵。南雄香火龙（传统舞蹈）和粤北采茶戏（传统戏剧），2011 年被列入第三批国家级非物质文化遗产名录。南雄香火龙发源于百顺镇白竹片村，距今已有 300 多年的历史，村民每逢年初二到元宵节期间都要组织舞龙活动，当地人称"闹春"，现在主要在元宵节当晚举行；而粤北采茶戏是流传于粤北地区的戏曲剧种，是广东六大地方剧种之一，从历史渊源上看，采茶戏是由民间歌舞演变发展为有人物、故事、情节的综合性表演戏曲剧种。而广东省级的非遗项目则有犁市镇"舞春牛"（传统舞蹈）、新丰"张田饼印"（民间工艺），仁化石塘"月姐歌"（传统音乐）、南雄珠玑巷人南迁传说（民间文学）及仁化土法造纸技艺（传统技艺），等等。

当然，粤北一域历代先民所创造的各种文化，既是先民留给我们的宝贵精神财富，也是我们今天应该保护和传承的传统文化元素。这些根植于粤北大地的文化元素充分说明了历代民众是粤北文化的创造者、传承者和守护者。

二、粤北文化的内涵与外延分析

作为粤北的区域文化，如何较为科学地对其概念进行界定？其特征如何？对它的研究于社会经济发展有何意义？如果不能对这些问题有个明晰的认识，那么研究也就失去了意义。

（一）粤北文化的内涵分析

如何对粤北区域的文化进行科学的命题？粤北尤其是韶关地方文史研究者及学界有较多不同的意见：有以"州"的设置及其发展元素为特征而称之为"州文化"，有以"关"的设置及其历史作用为特征而称之为"关文化"，有以"舜"与"乐"为特征而称之为"韶文化"，或以历史上汉置曲江县为特征而称之为"曲江文化"，当然，更多的是从现代行政区域的划分及经济地理学的角度出发，认为粤北区域的文化当以"粤北文化"称之，等等。

韶文化研究丛书

第十章 粤北古道与文化

下面就以韶州为粤北古代交通枢纽和经济文化中心来分析粤北这一区域文化的内涵特质。

（1）以"州文化"称之者，是以韶州是古城重邑及韶州的建制为据，称之为"韶州文化"。

以韶州之前的古城而言，其城称谓有三：其一，"汉城"。汉城源于秦汉时期筑于"浈江东莲花岭下"的古城。莲花岭下的古城是秦汉时拱卫番禺之军事重地，汉高祖刘邦的"开关梁，弛山泽之禁"，曾一度使韶州古城，成为南北贸易的"关""市"。公元前112年，南越相吕嘉叛汉，汉武帝遣伏波将军路博德、楼船将军杨仆，经过一年的时间平定南越，公元前111年，汉武帝以岭南地置七郡，将原南越国所属曲江、浈阳、洭浈三县以北划入桂阳郡，属荆州，屈大均在其《广东新语》中评价为"所以扼粤之门户，为犬牙参错，意深哉！"由此，韶州莲花岭下古城入属"汉城"，直至三国吴孙皓于甘露元年（265年）分桂阳郡南部，置始兴郡，设治所曲江莲花岭下"汉城"。其二，"隋城"。隋大业年间（605—616年），邓文进任韶州刺史，在任"移州治于武水西"建州"隋城"；唐后，韶州"隋城"经数次较大规模的增建、扩建，唐贞元年间，徐申为韶州刺史，他"创六驿，新大市、二道、四馆"，又"大治垣屋厩，置市列道桥"，从而使韶州古城成为唐代岭南的"名城"和"商贸重镇"。后梁乾化元年（911年），武水西"隋城"被洪水冲毁，州录事李光册迁"州治"于"中洲"（今韶关市区），由此，古韶州城建设开始移向"小岛"。南汉白龙二年（926年）韶州刺史梁裴在中洲笔峰山（今帽子峰）下"始筑中洲城"。古郡韶州城的发展，定位在今韶关中心小岛上。其三，"沈将军垒"。"沈将军垒"位于"府城南官滩下十里"。据《韶州府志》等载，此城为东晋末徐道覆据始兴（郡）所筑。399年，东晋南朝爆发孙恩、卢循领导的农民反晋起义，元兴三年（404年），卢循破番禺，自称平南将军，遣徐道覆为始兴守，宋王象之《舆地纪胜》记，为保始兴，徐道覆"因险自固"，于城南十里官滩下古城增修"北岭门城守"。义熙七年（411年）初，宋武帝遣振武将军沈田子与右将军刘藩，攻讨始兴，沈田子在始兴古城旁设伏"亦筑一城"，与徐道覆对垒，二月，徐道覆据守的郡城被攻克，徐道覆被杀，此后，沈田子所筑城改称为"沈将军垒"，"后遂为郡治"所在地。

以韶州的建制而言，韶州一地，远在西汉元鼎六年（前111年）就设为曲江县，属桂阳郡，治所便在今韶关市区东南莲花岭下；三国吴甘露元年（265年）设始兴郡，曲江县地为始兴郡治；至隋开皇九年（589年）取州北韶石山之意，改东衡州为韶州，即为韶州之名的始称；唐后，为韶州治，治所仍称曲江，唐开元时宰相张九龄便有"张曲江"之谓；五代南汉时，移治今韶关市；此后诸代，为路、为府，治所未变，而州城则得到了很大的修筑与完善。

毋庸置疑，一种文化的形成，虽然影响因素很多，但人口的集中、商贸的繁荣当是文化兴盛之标志之一也。韶州古城历史悠久，而自设州始便逐渐发展为粤北地域的政治、经济、交通及文化中心，至今已有1400年，因而，以"韶州文化"称之，其意于此，不为过也。

（2）以"关文化"称之者，则取明清时期韶州地域所设的以太平关为代表的四个税关之意，称之为"韶关文化"。

太平桥关：随着商贸经济的发展，经由浈江水道——大庾岭路来往的商品种类和数量大增，明天顺二年（1458年），两广巡抚叶盛上奏朝廷，获准于保昌县（南雄府附郭）城南太平桥设厂征税，叫太平桥关。康熙八年（1669年），太平关从南雄迁到韶州城东浈水边，仍称太平桥关，又称东关。

遇仙桥关：为明嘉靖二十六年（1547年），于河西"湖广通粤要津"武水边开设的税关，主要对过往船舶征收货税和船税。为别于浈江河的太平桥关，遇仙桥关称西关。

浛洸关：又称"浛洸税厂"。明万历初年，设于英德县浛洸连江边，是连江水路的重要关口，是为太平桥关之"分关"。

旱关：旱关的设立，主要是为缓解太平桥关的急务，于清同治五年（1866年）在州城北门外增设（称太平北关），主要征收陆路过往商税。

于是乎，在韶州城的浈、武水边及英德的连江边就有了四个税收关口，四个关口由太平桥关总辖，控制了出入粤北的各主要水陆商贸运输通道，太平桥关成为清代广东最大的内河税关。

因太平桥关、遇仙桥关及旱关均在韶州城附近，因"关"之故，约定俗成，"韶州"之地名便由"韶关"所取代。《广东省志·地名

志》载，韶关，因"明、清在此设税关，故名韶关"①。此则是韶关地名由来的明证。

既然韶州因税关而更名为"韶关"，以此为据把韶州地域的文化称为"韶关文化"，可也。

（3）以"韶文化"称之者，则取远古时期舜帝南巡于州北韶石山奏韶乐之传说。

韶州、韶石、虞舜南游与韶乐，可见于诸多史料。《元和郡县图志》载："隋开皇九年，平陈，改东衡州为韶州，取州北韶石为名"②；宋周去非《岭外代答》卷十载："韶石山，在韶州东北，高七十丈，阔一百五十丈，昔虞舜登此石奏韶乐，因以州名。晋永和二年，有飞仙游其上。张循州《韶石图》有三十六石名。"③《太平寰宇记》曰："韶州，科斗、劳水间有韶石，永和二年有飞仙衣冠分游二石上，昔舜游登此石，奏韶乐，因名。"凡此，无不说明，粤北地域与"韶乐"有关。"韶乐"，史称舜乐，有 5000 多年的历史。它集诗、乐、舞为一体，是中国古代的一种宫廷音乐。该乐在《竹书纪年》《吕氏春秋·古乐篇》《汉书·礼乐志》《史记·孝文帝本纪》等书籍中均有记载。就此，有研究者认为粤北区域的文化当以"韶文化"称之。

以上三种观点，虽然从不同的角度揭示了粤北地域文化的特质，但它们均未能完整地、深刻地揭示粤北区域文化的内涵，有以偏概全之嫌，而且缺乏认同感。

而与此相对应，无论是从粤北的历史建制角度、经济地理学视角，还是从文化主体的认同感等方面来看，粤北区域文化当称为"粤北文化"。

（二）粤北文化的外延分析

虽然文化的形成离不开文化主体及其生活的自然环境，但是，由于文化具有自身的相对独立性，是一个"自己构成自己"的过程。根据区域文化的时空关系、主体变迁及其发展状况，粤北文化凸显出了

---

① 广东省地方史志编纂委员会编：《广东省志·地名志》，广州：广东人民出版社 1999 年版，第 201 页。

② （唐）李吉普撰，贺次君点校：《元和郡县图志》（上）卷三十四，北京：中华书局 1983 年版，第 900 页。

③ （南宋）周去非著，杨武泉校注：《岭外代答校注》，北京：中华书局 1999 年版，第 398 页。

多样性的特质。

1. 古道文化

何谓古道文化？就文化的形成机制而言，古道文化就是以古道为载体、以古道域内的文化元素为内容的文化，是古道域内的历史传说、历史遗迹及历史功能的有机统一。粤北古道，历史悠久，遗存众多，文化底蕴深厚，是构建古道文化的重要元素。

粤北古道开辟时间不一，究其原因，大凡都是为了政治统治的需要由政府征调民力而开辟。这种由政府主导、官民共建的古道，其实质就是北方政权为了加强对岭南的政治统治为之，因而，古道上"五里一亭、十里一驿"的驿传机制得以建立，古桥、古亭、古驿站构成了古道独特的风景；又因古桥、古亭、古驿站承载着历代文人的墨迹而深化了古道文化的内涵。

2. 移民文化

粤北古道不仅承载了历代移民的脚步，也凝结出移民文化之花。

秦汉时期的军事移民主要包括梅鋗筑城浈水上、秦平南越之乱与移民、汉武帝平吕嘉之乱与移民。伴随三次军事用兵而落籍岭南者，数量不少。他们主要散居于大庾岭路域和浈水流域，有的与当地土著结合，或卜地开基，以至形成了粤北古道域内较早的客家族群，他们与当地土著居民相融合，成为开发粤北的主体力量。

至宋，由于胡妃事件及北方的战乱，北方汉人取道珠玑巷南迁，规模浩大，其中罗贵率三十三姓九十七户南迁珠三角域，影响深远。对此，陈乐素先生就指出："北宋政权结束，高宗仓皇南渡。在战乱中，中原土民，一部分随高宗走东南，流寓于太湖流域一带；一部分随隆祐太后走赣南，在隆祐太后自赣南回临安后，土民在动乱中，更南渡大庾岭，寄寓南雄。这渡岭的一支，经过一段时期，又从南雄南迁，流寓于珠江流域一带。"[1] 所以，屈大均于《广东新语》中也言："吾广故家望族，其先多从南雄珠玑巷而来。盖祥符有珠玑巷，宋南渡时诸朝臣从驾入岭，至止南雄，不忘枌榆所自，亦号其地为珠玑巷。如汉之新丰，以志故乡之思也。"[2]

---

① 陈乐素：《求是集》（第2集），广州：广东人民出版社1984年版，第265页。

② （清）屈大均著，李育中、邓光礼、林维纯等注：《广东新语注》，广州：广东人民出版社1991年版，第43页。

当然，在历代的移民族群中，不仅包括了以汉族客家为多数的移民，同时，还包括有一定数量的瑶、壮、畲少数民族等移民。

在历史发展过程中，北方汉人为避政乱、战乱或自然灾害，筚路蓝缕，纷纷南迁，他们越过南岭山脉，卜居粤北一地，这种移民始于秦汉，历经魏晋、南北朝、隋唐及明清各代，其中当以唐宋、明清时期为显，从而使粤北地域的文化具有了显著的移民特征。

3. 商贸文化

通过粤北古道的商品，不仅种类多而且数量大。古道不仅是粤盐、赣粮、湘米的运输道路，而且也是香药的运输之道。唐宋以后，随着商贸中心的南移，中原及内地的丝绸、陶瓷、茶叶等商品可以源源不断运到番禺，再通过海上丝绸之路运往世界各国，同时，也把经海上丝绸之路而来的欧洲、波斯及美洲的货物运到内地。就梅关古道而言，"商贾如云，货物如雨，万足践履，冬无寒土"，岭南大量的金银、香药、犀象、百货等物品都是由此陆运到虔州，然后再水运至京师。

至明清时期，粤北古道在南北商贸发展中更是凸显出其历史地位。自明天顺二年（1458 年），由两广巡抚叶盛上奏朝廷，获准于保昌县（南雄府附郭）城南浈江河边太平桥设太平桥关征税，至清康熙八年（1669 年）移设在韶州城东浈水边后，韶州城浈、武水边便有了遇仙桥关、旱关，加之设于英德北江边的洸洸关，从而使太平桥关成为清代最大的内河海关。

与商贸发展相适应，韶州城浈、武水边建有多座码头，清平市场、广富新街等商品集散地及商人聚居地也应时而生，使韶州的商贸文化色彩更加浓厚，影响更为深远。

4. 禅宗文化

由于韶州特殊的地理条件，其所蕴含的宗教元素较多，不仅有葛洪在韶关古道域内的炼丹遗迹，也有利玛窦等传播的外来宗教文化，其中以惠能禅宗的影响为最显。

唐宋时期，韶州禅宗，信徒众多。余靖就说："六祖开发曹溪，而塔庙之兴布于曲江"，"韶州，生齿登黄籍也，三万一千户，削发隶祠曹者三千七百名，建刹为精舍者，四百余区。"这说明了当时韶州寺庙众多，信教者众。随着历史的发展，南禅宗成为影响大江南北及海内外的重要佛家宗派。

在禅宗文化发展中，由于惠能及禅宗祖庭——南华寺的影响，韶州禅宗的发展，不仅高僧多、寺庙多，而且影响很大，甚至波及东南亚等地。

5. 名人文化

韶州是粤北地域千年的政治、文化中心，又是岭南岭北沟通的交通枢纽，自古英才辈出，有"将相之乡""善美之邑"的美誉。

韶州既有以"风度"著称的唐相张九龄，以"风采"显世的北宋名臣余靖；又有在南陈时跟随陈霸先平"侯景之乱"的侯安都大将军，隋时的宿国公麦铁杖，明时抗倭平瑶的大将军陈璘，还有开创禅宗南派，对禅宗进行本土化、中国化的践行者六祖惠能，更有许多历代中原政要、贬官、诗人骚客，他们多取道粤北古道南下，乃至在古道域内留下了诸多事迹及诗句，凸显出名人文化之精神气象。

九龄风度。张九龄（678—740 年），字子寿，一名博物，韶州曲江人，其著作取家乡曲江河之意，有《曲江集》二十卷遗世。张九龄，景龙元年（707 年）进士，官至中书侍郎同中书门下平章事，后罢相，为荆州长史。卒后封"始兴伯"，谥"文献"，后世称"张文献公"，有"当年唐室无双士，自古南天第一人"之誉。张九龄是一位有胆识、有远见的政治家、文学家、诗人、名相。他忠于职守，秉公守节，崇礼尚义，注重民本；他上疏请行"郊祀"，奏"籍田躬耕"、《千秋节金镜录》；犯颜直谏"废太子瑛"、奏劾李林甫，请诛安禄山；认为天下公器，以德为先，选贤任能，主张"正官邪、防滥渎"，慎爵赏，不徇私枉法，不趋炎附势，敢与恶势力作斗争，开政坛清风，为"开元之治"作出了积极贡献。开元四年（716 年），张九龄奉诏开凿大庾岭新路，使"以载则曾不容轨，以运则负之以背"险峻山路变成"坦坦而方五轨，阗阗而走四通，转输以之化劳，高深为之失险"的坦途，极大地促进了南北交通、经济的发展。唐玄宗因为宰相张说生前曾极力推荐张九龄的才干，张说死后唐玄宗因为追念张说观点，于是，封张九龄为"秘书少监集贤院学士副知院事"，后来知道张九龄有"深明吏事、面决是非"的才能而改封为"中书侍郎"；而且，玄宗因张九龄仪表出众，也常说："每见九龄，令人精神顿生。"以后宰相每引荐公卿，玄宗必问："风度得如九龄否？""九龄风度"由此而彰显，并成为"宰相风度"的同义语。其实，九龄风度并非唐

玄宗的一句话这么简单，而是张九龄道德、文章、才识并美的高度概括，是他大善治国精神的凝聚。这种精神包含着敢言直谏的胆气、任人唯贤的正气和廉洁奉公的清气。他的五言古诗，以素练质朴的语言，寄托深远的人生慨望，对扫除唐初所沿袭的六朝绮靡诗风，贡献尤大。

余靖风采。余靖，韶州曲江人。北宋仁宗时"四谏"之一，著名的政治家、外交家、学者和诗人。历任朝廷要职，曾四使契丹，后升任工部尚书。他是推行"庆历之治"的骨干，先后经制五管，凡治六州，留下不少美政。有《武溪集》传世。张九龄之《曲江集》是以家乡之曲江为意，余靖之《武溪集》也以家乡之武溪为意，而且，还表明了余靖追步前贤的高远之志。余靖"风采"，出自蔡襄的《喜欧阳永叔余安道王仲仪除谏官》诗句，诗言："好竭谋猷居帝右，直须风采动朝端。"① 风采的铸就不仅根植于其所接受的儒家思想的熏陶，也根植于其处事为政的道德自律。今韶关市建国路里的余相巷，乃保存了余靖之故居（今为余靖纪念馆），风采路中的风采楼则是其"风采动朝端"的历史写照。

"愿君似尧舜，能使天下平"的晚唐诗人邵谒。邵谒，韶州翁源县人，晚唐著名诗人，犹长五言诗。新旧《唐书》无传，仅在诗序及后世私人传记、方志传记留有简略生平资料。但是，邵谒之诗却有不小的影响，其诗有32首选入《全唐诗》。与邵谒同时的国子监助教温庭筠称其诗："识略精微，堪裨教化，声词激切，曲备风谣，标题命篇，时所难及"；而明代进士黄佐赞邵谒曰："五岭以南，当开元盛时，以诗文鸣者，独谒与曲江公巍然并存。"于翁源地域，邵谒被称为唐代"岭南五才子"之一。他的诗作曾汇编成集，宋初曲江人胡宾王刊行传世，后多亡佚。后人据资料编有《邵谒集》。

清初学者廖燕。廖燕，韶州人，据其《家谱记略》言："吾姓出周文王子伯廖之后，《左传》称辛伯廖是也。吾韶之有廖姓，凡自江西樟树来者皆同族，数传而后遂与途人无异。……按谱称：吾始祖宣义公于洪武元年自樟树移居曲江武成里家焉。六传至仕贤公，讳哲者，复徙郡之西河。十三世至燕，因滇逆之变，始返武成故居，不忘旧

① （宋）蔡襄著，吴以宁点校：《蔡襄集》卷四《律诗·喜欧阳永叔余安道王仲仪除谏官》，上海：上海古籍出版社1996年版，第74页。

也。"① 廖燕幼时就塾，十九岁时补为秀才，隐居不仕，在武水西筑"二十七松堂"，潜心经史，攻古文词，著书立说，成为康熙前期著名学者，因其抗节不仕，布衣终身，世人称其为布衣学者。所著《二十七松堂文集》，部分刊行于日本，评价很高。

大将军侯安都。侯安都，梁陈间曲江（今乳源）人。从陈霸先起兵始兴，平定"侯景之乱"，成为陈朝的开国权臣。安都以赫赫战功，累进平南将军、镇北将军、镇西将军、征北将军、征北大将军和征南大将军，加开府仪同三司。武帝崩，安都按剑上殿，就丧次拥文帝即位。晋司空，威慑朝野。后以其失于检点，被误另谋异图，天嘉四年（563 年）赐死，年仅 44 岁，太建三年（571 年），追封陈集县侯。《陈书》载："侯安都字成师，始兴曲江人也。世为郡著姓。父文捍，少仕州郡，以忠谨称，安都贵后，官至光禄大夫、始兴内史，秩中二千石。安都工隶书，能鼓琴，涉猎书传，为五言诗，亦颇清靡，兼善骑射，为邑里雄豪。"② 由于侯安都屡建功勋，其自身不断得到加官晋爵，不仅光耀父母，也荫及兄弟、子嗣。其父赠为散骑常侍、金紫光禄大夫，其母拜为清远国太夫人；安都从弟晓，累从安都征讨有功，官至员外散骑常侍、明威将军、东衡州刺史、怀化县侯，邑五百户；安都长子敦，年十二，为员外散骑侍郎，天嘉二年（561 年）堕马卒，追谥桂阳国愍世子；安都第三子秘年九岁，上以为始兴内史，并令在乡侍养。

明军统帅陈璘。《明史·陈璘传》载："陈璘，字朝爵，广东翁源人。嘉靖末，为指挥佥事。从讨英德贼有功，进广东守备。与平大盗赖元爵及岭东残寇。万历初，讨平高要贼邓胜龙，又平揭阳贼及山贼钟月泉，屡进署都指挥佥事，佥书广东都司。"③ 清康熙《韶州府志》卷八《人物一》载："陈璘，嘉靖四十年，潮州贼张琏作乱，势连江闽，璘献策军门，张公奇之，随领兵事。平翁源、乳源、英德、河源诸贼。大征罗旁，开建一州二县。剿石牛、宁水贼，征广西岑溪瑶贼。

① （清）廖燕著，屠友祥校注：《二十七松堂文集·附录一》，上海：上海远东出版社 1999 年版，第 427 页。

② （唐）姚思廉：《陈书》（第 1 册）卷八《列传第二·侯安都》，北京：中华书局 1972 年版，第 143 页。

③ （清）张廷玉等：《明史》（第 21 册）卷二百四十七·列传一百三十五·陈璘，北京：中华书局 1974 年版，第 6404 页。

援朝鲜、战锦山，生擒贼首平秀政、倭帅平正成等，斩获倭酋石曼子等。征播州，夺出杨应龙尸，生擒酋子杨朝栋等。累官左都督，特进光禄大夫。卒，赠太子太保。"① 由于陈璘之战功，其自身不断得到加官晋爵，而且也光耀祖宗、荫及子孙，其曾祖陈安、祖父陈玉星、父陈本琳分别被朝廷封赠为特进光禄大夫、左都督等，陈璘之子陈九经、陈九相、陈九德、陈九叙、陈九垓、陈九正、陈九思世袭卫指挥使，正三品。

此外，粤北文化中还有诸如生态文化、红色文化等元素及符号，在一定的条件下，它们也会沉淀为特定的文化类型。

三、粤北文化的精神气象

由于历史上的粤北是岭南岭北经济、文化、政治交汇的中心区域，也是一个多民族不断融合的区域，所以，以粤北地域为空间范围的粤北文化便是一个以汉族客家文化为主体，兼及瑶、畲、壮等少数民族文化的多彩图景，凸显出粤北文化特有的精神气象。具体到韶州人之品质，明嘉靖《韶州府志》对韶州居民之品质曾有过记述，该志在《序》中言："韶属广，以奇胜，名皇冈、韶石，虽世远，莫稽然亦有虞氏之遗风。"② 在《风俗》中则言："土俗重耕稼，少商贾，习尚简朴，不事纷华。"③ 而同属粤北之南雄地域，其风俗及居民品质如何呢？明嘉靖《南雄府志》亦云："人性轻悍，质直任性。"但是，历史发展到今天，粤北人的精神已不再停留于传统，而是在传承中有创新，凸显出崭新的气象。

1. 崇先祀祖、质直守礼

崇先祀祖就是要崇敬先祖、祭祀先祖，饮水思源，以自己之功业报答先祖之血脉之亲、养育之恩；质直守礼就是要品质刚直、不失气节，遵守儒家倡导的国家、社会、家庭之伦理规范。崇先祀祖、质直

---

① 广东省地方史志办公室辑：《广东历代方志集成·韶州府部（一）·（康熙）韶州府志》卷八，广州：岭南美术出版社2009年版，第239页。

② 广东省地方史志办公室辑：《广东历代方志集成·韶州府部（一）·（嘉靖）韶州府志》，广州：岭南美术出版社2009年版，第1页。

③ 广东省地方史志办公室辑：《广东历代方志集成·韶州府部（一）·（嘉靖）韶州府志》，广州：岭南美术出版社2009年版，第15页。

守礼，既是粤北人具有的品质，也是整个中华民族、炎黄子孙之品质。

在调查中，笔者实地走访了南雄、乐昌、仁化、翁源等地的王、邓、何、朱、李等近百户粤北客家大族的祠堂，与其后人交谈，查看上百户客家大族的族谱，参阅了《粤北族谱家训家规集萃》等文献后发现：祖先"艰苦创业"精神得到了有效的传承，所以他们教导后人要"重祭祀""重报本""重感恩"。有客家人聚居的地方就有祠堂。祠堂是聚族而居的客家人崇先祀祖、联通血脉、聚会议事的场所。祠堂中的神龛是摆放祖先牌位之地，也是子孙情怀寄托之所，播居各地之子孙于每年的春季及清明均要回来祭祖以示敬奉之意，以祈祖先庇护之愿。祠堂的楹联不仅是楹联文化的重要内容，也是记载家族渊源的最好载体。如南雄乌迳七星树下叶姓，其开基祖为唐乾符元年（874 年）广东崖州都督叶崇义（名浚），所以其祠堂有联曰："恍问政之家风近悦远来圣教于今不朽，溯崖州之治绩少怀老安史册在昔常昭"；又如乌迳松溪董姓，虽然其始迁祖为南宋初的董玮，但与其他地方之董姓一样，皆尊董仲舒为祖，自认为是董仲舒之后裔，其祠堂联中便有了"上缵承贤良方正探一元大本入此祠先问此心自无愧于宗祖，下佑启义睦仁敦协三世雍和保乃命惟懋乃德庶有造于子孙"之记；而乌迳新溪之李姓，出于陇西堂，尊西晋太常卿李耿为开基祖，其所建爱敬堂的联中便有"粤东不乏良才观太常孙子轶后超前卓荦无殊骥北，岭南亦多望族仰户部门楣连科及第声名尤重陇西"；粤北曲江、乐昌之张氏，其（清河堂）《张氏族谱·序》载：张氏乃"汉留侯张良"之后，隋时因官而居韶，至唐相张九龄，其后裔引以为荣。

培养后人"质直守礼"的品格也是韶州各客族人的普遍要求。翻开各姓族谱之"家约""家规"，不难发现其中所载的"孝父母""隆师友""和兄弟""睦邻里""禁盗窃""守法律"要求。武溪《余氏族谱》更是在其"家规"中，把"孝、悌、忠、信、礼、义、廉、耻"等儒家之"仁"的要求融入其中，以培养后人的品质。

所以说，粤北客家人"崇先祀祖、质直守礼"是一种特定的精神气象。

2. 艰苦创业、耕读传家

客家人来自中原，播居海外，这是不容置疑的，正如客家学者罗香林先生在其《客家源流考》一书中指出："客家先民原自中原迁居

南方，迁居南方后，又尝再度迁移。"① 对于这个"客族"或"客家"的南迁，晚清诗人黄遵宪有："中原有旧族，迁徙名客人。过江入八闽，展转来海滨。俭啬崇唐魏，盖犹三代民。"② "筚路桃弧展转迁，南来远过一千年。方言足证中原韵，礼俗犹留三代前"③ 等诗句的描述，真切地反映了中原客族辗转迁徙，南渡长江，卜居岭南，繁衍各地或远迁海外的情况。

在长期艰难的南迁过程中，他们背井离乡、跋山涉水，躲过天灾、避开人祸，靠山而筑、依水而居，开荒为田、辟地为土，聚族为村、卜居一方，延续血脉、繁衍子孙，恪守着"耕读传家"的古训，传承着开拓进取的品格，赓续着"艰苦创业、耕读传家"的精神。

"节俭"与"艰苦创业"有机结合，融为一体。"节俭"的伦理规范要求，在粤北客家各族的家规、家训中普遍存在。如粤北始兴、仁化、曲江《张氏族谱》所载之"家训"中均表明"节俭"的要求，认为"世俗竞尚浮华，凡服饰器用馐馔之类，卒以侈靡相耀。余辈宜守质朴，凡冠婚丧祭，酌量而行。并引《易》曰：'不节若，则磋若。'可不畏哉"。曲江武溪《余氏族谱》也倡道"节俭"，其《家规十六宜》，指出："司马温公曰：为家长必量入为出。凡吉凶之费，皆宜蹲节俭朴，存赢余以备不虞，则有恒产。若饮食、衣服、宫室、器皿及冠婚丧祭等，一一奢靡过甚，则泉货必竭，同族切宜猛省。"仁化古夏《李氏族谱》载："夫俭，德之美也，礼奢宁俭，圣有明训。而去奢去泰，老氏拳拳致诚焉。夫岂惟节乃用足，而德亦因俭认也。我祖诗礼开家，一是皆以清自相承，朴素未有改也。居不高广，食不珍馐，衣服不文绣，器不雕饰。冠婚丧祭，称家有无，此吾祖家范所从来远矣。"

"耕读传家"是客家人的企望和梦想。究其原因主要有二：其一，南迁客家人于中原大凡是大家望族。受战乱、政乱的影响而举家、举族南迁是南迁客家中的多数，以至两晋时期尤其是宋代，便出现大规模"衣冠南渡"，即所谓的"中原有旧族，迁徙名客人"。其二，受"学而优则仕"传统政治体制的影响。农乃国之本，农耕是生计之所

---

① 罗香林：《客家源流考》，北京：中国华侨出版公司1989年版，第13页。
② （清）黄遵宪：《送女弟》，《人境庐诗草》卷一，上海：商务印书馆1937年版，第5页。
③ （清）黄遵宪：《己亥杂诗》，《人境庐诗草》卷九，上海：商务印书馆1937年版，第114页。

在，在此基础上为了跻身社会上层，读"圣贤书"成了客家人出人头地、光宗耀祖的唯一途径，"望子成龙"是客家人对子女的企盼，"朝为田舍郎、暮登天子堂"是读书人的愿望。因而在客家人的族谱的"家规""族规""家约"及祠堂的楹联、节庆文化中都能找到他们表达此意的文载。如《张氏族谱》强调"端蒙教""隆师友"，为此还特别定下"士训""农训"，认为读书要做到"无三虚"即"无虚日""无虚读""无虚作"，耕田要做到"无三失"，即"无失耕时""无失耨时""无失收时"；教导后辈要"文资进取，要思父兄志念，深体师长认教。一旦游庠登科，仍以举业者，训子弟则诗书世守。人多俊肖，祖宗有不含笑默佑哉。"其他各族对艰苦创业、耕读传家的要求亦然，体现了客家人安身立命与追求贤达的人生理想，蕴含着厚重的传统儒家精神底蕴。

3. 睦族友邻、宽容和谐

《诗·小雅》曰："秩秩斯干，幽幽南山。如竹苞矣，如松茂矣。兄及弟矣，式相好矣，无相犹矣"，"爰居爰处，爰笑爰语"即谓睦族也。中华民族素称"礼仪之邦"，爱好和平、倡导和谐。睦族友邻、宽容和谐也是客家人"团结""和谐"的精神气象。

粤北客家各族姓分支较多、枝繁叶茂，散居于粤北古道域内，但他们能守礼法、讲团结。如张氏，不论是翁源、曲江、乐昌、仁化，还是新丰张氏的《张氏族谱》中，均特别强调"睦宗族""和邻里"的伦理要求。他们认为"宗族，由祖而递分者也，虽有亲疏，而气脉同源"，"万派合源，千枝同根"，"人于宗族，水本同源"，认为"尊长、敬老、亲贤"是睦族之三要。"居多无他，在于和气。和而兼爱，受用无既"，"鸡犬声相闻，桑麻阴接地。想望咫尺间，当有仁厚意。疾病相扶持，守望相捍卫。勿以伎害心，各私持生计"。倡导"富贵有无相济，休戚相关，喜会相庆，过失相规。倘遇鳏寡孤独，尤宜加意矜恤。合爱同敬，而敦睦之风成。《诗》云：'岂无他人，不如我同姓。'"主张"勿以富骄贫，勿以贵傲贱，勿以强欺弱，勿以众暴寡，勿以少凌长，勿以利破义"。认为"或以富贵骄，或以智力抗，或欺凌长幼，怀忮求之心，甚至相角相仇，循环不已。此皆不睦之由"。而曲江武溪《余氏族谱》载有《襄公训规十四条》，不仅强调"子孙当以正直处宗族"，也强调"子孙和气处乡曲"。在"正直处宗族"方

面，认为"凡遇家庭有事，或因田地争竞，或因小忿争斗，务须披诚劝解，处断公平，不可旁观隐忍，唆是弄非，以起争端。至于外人或有欺凌，义所当行者，务宜同心协力，亲疏一体，则毁悔不生，而窥伺永免矣"。强调"家和福自生"。而在"气处乡曲"方面，主张"宁使我容人，毋使人容我；宁使人敬我，毋使人畏我。切不可存怒人之心，恃势作威，欺凌穷愚。事有万不得已者，则当以理斥之。岂可与人炫奇斗胜，两不相下。彼以其奢，我以吾俭，吾何嫌乎哉！"余靖为尚书时，韶州家人与邻居因宅基地发生纠纷，于是派人上京要余靖处理。余靖寄书曰："千里寄书为堵墙，让他三尺又何妨；万里长城今犹在，不见当年秦始皇。"家人收书后感到羞愧，并按余靖之意退让三尺，邻人见之，亦退让三尺，从而成就了韶关"余相巷"之佳话。乡邻乃同井共居，宜出入相友，守望相助，协力同心，切不可相残相斗，务宜视异姓如同骨肉之亲。正是因为有了这种要求，从而提出了要"戒非为""戒争讼"，认为"争讼非立身之道"，凡事必有失，讼则终凶。宜以忍让处之为尚，勿致有断情义之路，倾家荡产之悔。而南雄新田《新溪李氏族谱》的"族约"第十三条则载明"勿斗殴健讼"。认为："人有倔抑之情，不白之冤"，当以理遣情，不必计较，"人或些小事务即思健讼，构词诬告，越诉牵连与人，势必倾家败产"。《论语》云："己欲立而立人，己欲达而达人""己所不欲，勿施于人"，其倡导的不仅是一种处世的伦理规范和原则，更是一种生活价值取向与人生追求，也体现出"薄施于民而能济众"的社会理想。

在粤北客家人的族谱所载之家规、家约及族规中，以睦宗亲、和乡邻为内容的宽容和谐、爱乡爱国要求均是一种共识。

4. 爱乡爱国、开拓进取

岁月流转，白驹过隙。尽管客家人栉风沐雨、筚路蓝缕，远迁岭南，有的风雨中再次南迁，但他们饮水思源，爱乡爱国之情不灭、开拓进取之志不移。

翻开历史不难发现，南迁客家人来到岭南，尤其是卜居南雄珠玑巷后，由于各种原因，再播迁到珠三角及海外，"如今，珠玑巷后裔繁衍生息达四千万之众"①。这些珠玑后裔在珠三角地域、在中国的历

---

① 曾祥委、曾汉祥主编：《南雄珠玑移民的历史与文化·序》，广州：暨南大学出版社1995年版，第1页。

史舞台上做出了不凡的事业。至今，珠玑巷是铸在珠三角后裔心中的魂，是镌刻在他们心中的印，是他们的根，无怪乎他们都视珠玑巷为"七百年桑梓地""吾之故乡"。

粤北地域，自古英才辈出，有"将相之乡"之誉：既有以"风度"著称的唐相张九龄，以"风采"显世的北宋名臣余靖；又有在南陈时跟随陈霸先平"侯景之乱"的侯安都大将军，隋时的宿国公麦铁杖，明时抗倭平瑶的大将军陈璘；更有开创禅宗南派的六祖惠能，等等。至近代，若以客籍论之，康有为领导"公车上书"，鼓吹改良，引发了"百日维新"；梁启超发起"新民运动"，主张文艺革命；孙中山领导同盟会发动武装斗争，一举推翻了封建帝制，创立中华民国，并两次以粤北韶关为根据地出师北伐。他们在追求人生"三不朽"中所表现的善言善行，以国家、生民利益为重的美誉美德，体现出自古以来粤北人固有的爱乡爱国的精神追求与善美境界。

总之，依托于粤北古道，驻足、卜居于古道域内的客家汉族，当然也包括历次移民中的其他少数民族，是他们创造了粤北的文化，是他们守护了粤北的文化，他们传承的文化在今天绽放出美丽的文化之花，凸显出崭新的精神气象。无疑，这是粤北各族人的宝贵精神财富，是粤北地域各市县创建历史文化名城的重要驱动力。

四、有待深入探讨的问题

总的来说，本书对粤北古道与粤北文化问题的探讨是初步的，有些认识甚至是模糊的，还有诸多问题有待于今后从不同的视角、层面进行深入研究。如：

（1）粤北古道的调查与发掘问题；

（2）粤北古道移民的外拓问题；

（3）粤北古道历史功能的深化研究问题；

（4）粤北古道上的红色基因传承问题；

（5）粤北古道的活化保护问题；

（6）粤北古道与新农村建设问题；

（7）粤北古道与粤北文化问题。

凡此种种，都是今后要继续探讨的问题。

273

参考文献

一、方志类

1. 广东省地方史志办公室辑：《广东历代方志集成·南雄府部（一）·南雄府志》，广州：岭南美术出版社 2007 年版。

2. 广东省地方史志办公室辑：《广东历代方志集成·南雄府部（二）·（道光）直隶南雄州志》，广州：岭南美术出版社 2007 年版。

3. （明）胡永成修，谭大初纂：《南雄府志》，嘉靖二十一年（1542 年）刻本。

4. 广东省地方史志办公室辑：《广东历代方志集成（省部）·（道光）广东通志》，广州：岭南美术出版社 2009 年版。

5. 广东省地方史志办公室辑：《广东历代方志集成·韶州府部（十三）·（同治）连州志》，广州：岭南美术出版社 2009 年版。

6. 翁源县地方志编纂委员会编：《翁源县志》，广州：广东人民出版社 1979 年版。

7. 黄培荣等：《道光〈英德县志〉》，广州：岭南美术出版社 2009 年版。

8. 南雄县地方志编纂委员会编：《南雄县志》，广州：广东人民出版社 1991 年版。

9. 南雄市人民政府地方志编纂委员会编：《南雄市志》，北京：方志出版社 2011 年版。

10. 《南雄文物志》编委会、南雄市博物馆编：《南雄文物志》，1998 年版。

11. 广东省南雄县交通志编纂领导小组编：《南雄交通志》，1990年版。

12. 广东省南雄县商业志编纂领导小组编：《南雄商业志》，1990年版。

13. 广东省南雄县财税志编纂领导小组编：《南雄财税志》，1988年版。

14. 广东省南雄县黄烟志编纂领导小组编：《南雄黄烟志》，1988年版。

15. 广东省南雄县林业志编纂领导小组编：《南雄林业志》，1989年版。

16. 南雄年鉴编纂委员会编：《南雄年鉴（2020）》，天津：天津古籍出版社2020年版。

17. 骆伟、骆廷辑注：《岭南古代方志辑佚》，广州：广东人民出版社2002年版。

18. （清）林述训等修，单兴诗纂：《韶州府志》，韶州万竹园据光绪二年本重印。

19. 韶关市地方志编纂委员会编：《韶关市志》，北京：中华书局2001年版。

20. 曲江县地方志编纂委员会编：《曲江县志》，北京：中华书局1999年版。

21. 乳源瑶族自治县地方志编纂委员会编：《乳源瑶族自治县志》，广州：广东人民出版社1997年版。

22. 乐昌县地方志编纂委员会编：《乐昌县志》，广州：广东人民出版社1994年版。

23. 《乐昌文物志》编纂办公室编：《乐昌文物志》，广州：广东人民出版社1989年版。

24. 仁化县地方志编纂委员会编：《仁化县志》，广州：广东人民出版社2009年版。

25. 赣州地区旧志整理组编：《赣州府志》，台北：成文出版社1975年版。

26. 黄鸣珂修，石景芬等纂：《南安府志》，上海：上海古籍出版社2010年版。

韶
文
化
研
究
丛
书

参考文献

27. （宋）祝穆撰，祝洙增订，施和金点校：《方舆胜览》，北京：中华书局2003年版。

28. 李吉甫撰，贺次君点校：《元和郡县图志》，北京：中华书局1983年版。

29. 乐史撰，王文楚点校：《太平寰宇记》，北京：中华书局2007年版。

30. （清）梁廷枏、（汉）杨孚等著，杨伟群校点：《南越五主传及其它七种·始兴记》，广州：广东人民出版社1982年版。

31. 韶关市地名委员会、韶关市国土局编：《韶关市地名志》，广州：广东省地图出版社1993年版。

32. 广东省地方史志编纂委员会编：《广东省志·地名志》，广州：广东人民出版社1999年版。

33. 连州市地方志编纂委员会编：《连州市志》（上），广州：广东人民出版社2011年版。

34. 阳山县地方志编纂委员会编：《阳山县志》，北京：中华书局2003年版。

35. （清）徐宾符等：《同治乐昌县志》，台北：成文出版社1967年版。

36. 广东省地方史志编纂委员会编：《广东省志·水运志》，广州：广东人民出版社2006年版。

37. 广东省地方史志编纂委员会编：《广东省志·少数民族志》，广州：广东人民出版社2000年版。

38. 禤细贤主编：《曲江文物志》，广州：广东人民出版社2015年版。

39. 《乳源瑶族志》编纂小组编：《乳源瑶族志》，广州：广东人民出版社2000年版。

40. （明）戴璟修，张岳纂：《广东通志初稿》，广东省人民政府地方志办公室2007年影印版。

41. 张洗易纂修，谭佐贤点注：（清康熙二十六年）《乳源县志》（点注本），乳源瑶族自治县志编委会2001年版。

42. 《乳源瑶族志》编纂小组编：《乳源瑶族志》，广州：广东人民出版社2000年版。

43. （清）张希京修，欧樾华等纂：《曲江县志》，台北：成文出版社 1967 年版。

44. 连南瑶族自治县地方志编纂委员会编：《连南瑶族自治县县志》，广州：广东人民出版社 1996 年版。

45. 连南瑶族自治县地方志编纂委员会编：《连南瑶族自治县志（1979—2004）》，广州：广东人民出版社 2012 年版。

46. （清）沈均安、（清）黄世成、（清）冯渠：《赣县志》，台北：成文出版社 1989 年版。

47. 广东省地方史志编纂委员会编：《广东省志·教育志》，广州：广东人民出版社 1995 年版。

48. 广东省地方史志办公室辑：《广东历代方志集成·韶州府部（六）·（同治）仁化县志》，广州：岭南美术出版社 2009 年版。

49. 广东省地方史志办公室辑：《广东历代方志集成·韶州府部（一）·（嘉靖）韶州府志》，广州：岭南美术出版社 2009 年版。

50. 清远年鉴编纂委员会编：《清远年鉴（2020）》，北京：中国文史出版社 2020 年版。

51. 韶关年鉴编纂委员会编：《韶关年鉴（2020）》，天津：天津古籍出版社 2020 年版。

二、族谱类

1. 《赖氏永诚祠六修族谱》（1995 年）。

2. 《松阳堂赖氏族谱》（1997 年）。

3. 《南雄赵氏十修族谱》（1996 年）。

4. 《南雄温氏八修族谱》（1996 年）。

5. 《南雄珠玑巷杨氏三修族谱》（1997 年）。

6. 《粤赣边邓氏联谱》（1998 年）。

7. 《新溪李氏十修族谱》（1997 年）。

8. 《西平堂李氏八修族谱》（1997 年）。

9. 《汾阳堂浆田郭氏七修族谱》（1998 年）。

10. 《福修（七修）严氏族谱》（1998 年）。

11. 《南雄王氏九修族谱》（1997 年）。

12.《叶氏仲华七修族谱》（1998 年）。

13.《叶氏寿和堂五修族谱》（1998 年）。

14.《南阳堂叶氏五修族谱》（1998 年）。

15.《叶氏联谱》（二修，1999 年）。

16.《钟氏族谱》（七修，1998 年）。

17.《河南堂粤湘丘氏族谱》（1998 年）。

18.《武陵堂龚氏七修族谱》（1999 年）。

19.《南雄吴氏族谱》（五修，1999 年）。

20.《南雄吴氏联谱》（2001 年）。

21.《南雄谢氏六修族谱》（1999 年）。

22.《南雄肖氏七修族谱》（2000 年）。

23.《珠玑巷南迁刘氏通谱》（2003 年）。

24. 南雄乌迳《松溪董氏七修族谱》（再版，2010 年）。

25. 南雄乌迳《杜氏族谱》（1995 年）。

26.《江夏堂黄氏六修族谱》（1997 年）。

27.《庐江堂何氏五修族谱》（1998 年）。

28.《陈氏族谱（首修联谱)》（1998 年）。

29.《沈氏联修族谱》（2001 年）。

30.《连州黄氏族谱》。

31.《连州唐姓族谱》。

32.《新丰张氏族谱》。

三、著作类

1. 黄慈博：《珠玑巷民族南迁记》，广州：广东省中山图书馆
1957 年版。

2. 陈乐素：《求是集》（第 2 集），广州：广东人民出版社 1984
年版。

3. 吴述超：《南雄珠玑巷人南迁史话》，广州：中山大学出版社
1991 年版。

4. 曾昭璇：《珠玑巷人迁移路线研究》，广州：暨南大学出版社
1995 年版。

5. 曾祥委、曾汉祥主编：《南雄珠玑移民的历史与文化》，广州：暨南大学出版社 1995 年版。

6. 曾昭璇、曾宪珊：《宋代珠玑巷迁民与珠江三角洲农业发展》，广州：暨南大学出版社 1995 年版。

7. 林立芳、庄初升：《南雄珠玑巷方言志》，广州：暨南大学出版社 1995 年版。

8. 陈枫、范英主编：《南雄特色研究》，北京：人民出版社 1987 年版。

9. 袁钟仁：《岭南文化》，沈阳：辽宁教育出版社 1998 年版。

10. 李权时等：《岭南文化》（修订本），广州：广东人民出版社 2010 年版。

11. （清）屈大均：《广东新语》，北京：中华书局 1985 年版。

12. （清）屈大均著，李育中、邓光礼、林维纯等注：《广东新语注》，广州：广东人民出版社 1991 年版。

13. （北魏）郦道元：《水经注》，北京：时代文艺出版社 2001 年版。

14. （东汉）袁康、（东汉）吴平辑录，俞纪东译注：《越绝书全译》，贵阳：贵州人民出版社 1996 年版。

15. （清）黄遵宪著，钱仲联笺注：《人境庐诗草笺注》，上海：上海古籍出版社 1981 年版。

16. （清）顾炎武：《天下郡国利病书》（下），上海：上海古籍出版社 2002 年版。

17. 胡守为：《岭南古史》，广州：广东人民出版社 1999 年版。

18. 司徒尚纪：《广东文化地理》，广州：广东人民出版社 1993 年版。

19. 曾昭璇：《岭南史地与民俗》，广州：广东人民出版社 1994 年版。

20. 白寿彝：《中国交通史》，上海：上海书店 1984 年版。

21. （北宋）余靖撰，黄志辉校笺：《武溪集校笺》，天津：天津古籍出版社 2000 年版。

22. （意）利玛窦、金尼阁著，何高济、王遵仲、李申译，何兆武校：《利玛窦中国札记》，北京：中华书局 1983 年版。

23. （北宋）欧阳修：《欧阳修全集》，北京：北京市中国书店1986年版。

24. 林庚、冯沅君主编：《中国历代诗歌选》（上二），北京：人民文学出版社1964年版。

25. （北宋）司马光：《资治通鉴》，北京：中华书局2011年版。

26. （南宋）范晔：《后汉书》，北京：中华书局1965年版。

27. 刘佐泉：《客家历史与传统文化》，郑州：河南大学出版社1991年版。

28. 罗香林：《客家源流考》，北京：中国华侨出版公司1989年版。

29. 肖前：《马克思主义哲学原理》（下），北京：中国人民大学出版社1994年版。

30. 庄初升：《粤北土话音韵研究》，北京：中国社会科学出版社2004年版。

31. 李德勤：《中国区域文化》，太原：山西高校联合出版社1995年版。

32. 姚亚士：《粤北民俗大观》，广州：广东人民出版社1994年版。

33. 许志新、刘清生：《民俗文化》，广州：广州出版社2011年版。

34. 许志新、刘清生：《千年古道》，广州：广州出版社2011年版。

35. 许志新、刘清生：《千年雄州》，广州：广州出版社2011年版。

36. 林楚欣、许志新主编：《千年雄州　璀璨文化》，北京：中国评论学术出版社2009年版。

37. 葛剑雄等：《简明中国移民史》，福州：福建人民出版社1993年版。

38. 祝鹏：《广东省广州市佛山地区粤北地区沿革地理》，上海：学林出版社1984年版。

39. 曾汉祥、谭伟伦：《韶州府的宗教、社会与经济》（上、下册），香港：国际客家学会、法国远东学院、海外华人资料研究中心

2000 年版。

40. 王力：《汉语音韵学》，北京：中华书局 1955 年版。

41. 胡朴安：《中华全国风俗志》（上），石家庄：河北人民出版社 1986 年版。

42. 陈桥驿译注，王东补注：《水经注》，北京：中华书局 2009 年版。

43. 方韬译注：《山海经》，北京：中华书局 2009 年版。

44. 蔡美彪等：《中国通史》（第 5 册），北京：人民出版社 1978 年版。

45. （元）脱脱：《宋史》，北京：中华书局 1977 年版。

46. （西汉）司马迁：《史记》，北京：中华书局 1959 年版。

47. （南宋）周去非著，杨武泉校注：《岭外代答校注》，北京：中华书局 1999 年版。

48. （清）翁方纲著，欧广勇、伍庆禄补注：《粤东金石略补注》，广州：广东人民出版社 2012 年版。

49. 王先慎撰，钟哲点校：《韩非子集解》，北京：中华书局 1998 年版。

50. （唐）柳宗元：《柳宗元集》，北京：中华书局 1979 年版。

51. （清）廖燕：《廖燕全集》，上海：上海古籍出版社 2005 年版。

52. （清）张监：《雷塘庵主弟子记》，北京：中华书局 1995 年版。

53. （清）容闳：《西学东渐记》，长沙：湖南人民出版社 1981 年版。

54. （唐）刘禹锡：《刘禹锡集》，北京：中华书局 1990 年版。

55. （东汉）班固：《汉书》，北京：中华书局 1962 年版。

56. （南宋）洪适：《隶释·隶续》，北京：中华书局 1985 年版。

57. （明）黄宗羲：《明文海》，北京：中华书局 1987 年版。

58. （唐）韩愈：《韩昌黎全集》，上海：世界书局 1935 年版。

59. （清）阮元：（道光）《广东通志》，广州：岭南美术出版社 2009 年版。

60. （南宋）叶适著，刘公纯等点校：《叶适集》，北京：中华书

韶
文
化
研
究
丛
书

参考文献

局 1961 年版。

61. 张双棣：《淮南子校释》，北京：北京大学出版社 1997 年版。

62. （西晋）陈寿：《三国志》，北京：中华书局 1964 年版。

63. （北宋）欧阳修、（北宋）宋祁：《新唐书》，北京：中华书局 1975 年版。

64. 《清实录》，北京：中华书局 1985 年版。

65. （清）傅崇矩：《成都通览》（上），成都：成都时代出版社 2006 年版。

66. （北宋）李昉等编：《太平广记》，北京：中华书局 1961 年版。

67. （宋）欧阳修：《新五代史》，北京：中华书局 1974 年版。

68. （宋）宋敏求编：《唐大诏令集》，北京：商务印书馆 1959 年版。

69. （后晋）刘昫等：《旧唐书》，北京：中华书局 1975 年版。

70. 翁俊雄：《唐初政区与人口》，北京：北京师范学院出版社 1990 年版。

71. 赵文林、谢淑君：《中国人口史》，北京：人民出版社 1988 年版。

72. （唐）林宝撰，岑仲勉校记：《元和姓纂》，北京：中华书局 1994 年版。

73. （唐）姚思廉：《梁书》，北京：中华书局 1973 年版。

74. （唐）姚思廉：《陈书》，北京：中华书局 1972 年版。

75. （唐）魏徵：《隋书》，北京：中华书局 1973 年版。

76. 《瑶族简史》编写组编：《瑶族简史》，桂林：广西民族出版社 1983 年版。

77. 王东甫、黄志辉编著：《粤北少数民族发展简史》，广州：广东高等教育出版社 1998 年版。

78. （东晋）干宝撰，汪绍楹校注：《搜神记》，北京：中华书局 1979 年版。

79. 李默：《韶州瑶人——粤北瑶族社会发展跟踪调查》，广州：中山大学出版社 2004 年版。

80. 《畲族简史》编写组编：《畲族简史》，福州：福建人民出版

社 1980 年版。

81. 王文锦译解：《礼记译解》，北京：中华书局 2001 年版。

82. 施联朱、雷文先：《畲族历史与文化》，北京：中央民族大学出版社 1995 年版。

83. 徐元诰撰，王树民、沈长云点校：《国语集解》，北京：中华书局 2002 年版。

84. 杨伯峻编著：《春秋左传注》，北京：中华书局 1990 年版。

85. ［日］真人元开著，汪向荣校注：《唐大和上东征传》，北京：中华书局 1979 年版。

86. 沈光耀：《中国古代对外贸易史》，广州：广东人民出版社 1985 年版。

87. （唐）义净著，王邦维校注：《大唐西域求法高僧传校注》，北京：中华书局 1988 年版。

88. （唐）刘恂著，鲁迅勘校：《岭表录异》，广州：广东人民出版社 1983 年版。

89. 张子高：《中国化学史稿》（古代之部），北京：科学出版社 1964 年版。

90. （清）徐松：《宋会要辑稿》，北京：中华书局 1957 年版。

91. （宋）章如愚：《群书考索·后集》，北京：北京书目文献出版社 1992 年版。

92. （宋）马端临：《文献通考》，上海：上海古籍出版社 1987 年版。

93. （宋）李焘：《续资治通鉴长编》，北京：中华书局 2004 年版。

94. （唐）张九龄：《曲江集》，上海：商务印书馆 1937 年版。

95. （宋）文同：《丹渊集》，上海：商务印书馆 1936 年版。

96. （清）龙文彬：《明会要》，北京：中华书局 1956 年版。

97. （清）顾祖禹撰，贺次君、施和金点校：《读史方舆纪要》，北京：中华书局 2005 年版。

98. 赵尔巽等：《清史稿》，北京：中华书局 1976 年版。

99. （明）郭棐撰，黄国声、邓贵忠点校：《粤大记》，广州：中山大学出版社 1998 年版。

韶文化研究丛书

参考文献

100. 《续修四库全书》（第 811 册），赵申乔：《赵恭毅公自治官书》卷八《伤缉私盐咨》，上海：上海古籍出版社 2003 年版。

101. 麻天祥：《中国禅宗思想发展史》，长沙：湖南教育出版社 1997 年版。

102. （唐）慧能著，郭朋校释：《坛经校释》，北京：中华书局 1983 年版。

103. （宋）赞宁撰，范祥雍点校：《宋高僧传》，北京：中华书局 1987 年版。

104. （北宋）道原著，顾宏义译注：《景德传灯录译注》（五），上海：上海书店出版社 2010 年版。

105. 张美兰校注：《祖堂集校注》，北京：商务印书馆 2009 年版。

106. （宋）普济著，苏渊雷点校：《五灯会元》（上），北京：中华书局 1984 年版。

107. 杨宪萍主编：《宜春禅宗志》，北京：中国文史出版社 2007 年版。

108. 李利安等：《中国高僧正传》，西安：三秦出版社 2005 年版。

109. 方志钦、蒋祖缘主编：《广东通史》（古代上册），广州：广东高等教育出版社 1996 年版。

110. （唐）房玄龄等：《晋书》，北京：中华书局 1974 年版。

111. （梁）释惠皎撰，汤用彤校注：《高僧传》，北京：中华书局 1992 年版。

112. 方豪：《中西交通史》（第 4 册），台北：华冈出版有限公司 1954 年版。

113. ［日］平川佑弘著，刘岸伟、徐一平译：《利玛窦传》，北京：光明日报出版社 1999 年版。

114. （宋）朱熹：《朱子文集》（中），上海：商务印书馆 1937 年版。

115. （元）辛文房著，王大安校订：《唐才子传》，哈尔滨：黑龙江人民出版社 1986 年版。

116. （唐）韩愈撰，马其昶校注：《韩昌黎文集校注》，上海：上海古籍出版社 1986 年版。

117. 广东省地方史志编纂委员会编：《广东省志·水利志》，广

州：广东人民出版社 1995 年版。

118. ［瑞典］斯文·赫定著，江红、李佩娟译：《丝绸之路》，乌鲁木齐：新疆人民出版社 1996 年版。

119. 郭沫若主编：《中国史稿》（第 2 册），北京：人民出版社 1979 年版。

120. 王孝通：《中国商业史》，上海：上海书店 1984 年版。

121. 饶宗颐：《选堂集林·史林》（上册），香港：香港中华书局 1982 年版。

122. ［法］雅克·布罗斯著，耿昪译：《发现中国》，济南：山东画报出版社 2002 年版。

四、论文类

1. 叶显恩、周兆晴：《关于珠玑巷的传说》，《珠江经济》2007 年第 5 期。

2. 王元林：《费孝通与南岭民族走廊研究》，《广西民族研究》2006 年第 4 期。

3. 吴建新：《明清时期粤北南雄山区的农业与环境》，《古今农业》2006 年第 4 期。

4. 张素容：《大庾岭路与清代南雄州之虚粮》，《清史研究》2007 年第 2 期。

5. 黄志繁：《大瘐岭商路·山区市场·边缘市场——清代赣南市场研究》《南昌职业技术师范学院学报》2000 年第 1 期。

6. 胡水凤：《繁华的大庾岭古商道》，《江西师范大学学报（哲学社会科学版）》1992 年第 4 期。

7. 刘纶鑫：《论客家先民在江西的南迁》，《南昌大学学报（社会科学版）》1998 年第 1 期。

8. 李龙潜：《明清时期广东墟市的类型及其特点》，《学术研究》1982 年第 6 期。

9. 李如龙：《客家民系、客家方言和客家文化》，《韶关大学学报》2000 年第 1 期。

10. 庄初升：《粤北客家方言的分布和形成》，《韶关大学学报》

1999 年第 7 期。

11. 曾祥伟：《粤北客家文化概述》，《韶关学院学报》2001 年第 8 期。

12. 刘沛林、董双双：《中国古村落景观的空间意象研究》，《地理研究》1998 年第 1 期。

13. 李庆新：《荒服之善部　炎裔之凉地——论唐代粤北地区的经济与文化》，《广东社会科学》1998 年第 1 期。

14. 刘正刚：《清代广东移民在四川分布考——兼补罗香林四川客家人分布说》，《暨南学报（哲学社会科学版）》1996 年第 1 期。

15. 广东省文物管理委员会、华南师范学院历史系（执笔：杨豪）：《广东英德、连阳南齐和隋唐古墓的发掘》，《考古》1961 年第 3 期。

16. 遂溪县博物馆（执笔：陈学爱）：《广东遂溪县发现南朝窖藏金银器》，《考古》1986 年第 3 期。

17. 季羡林：《中国蚕丝输入印度问题的初步研究》，《历史研究》1955 年第 4 期。

岭南文化书系

粤北古道与文化

后 记

  粤北古道是粤北地域沟通岭南岭北经济文化交流、对接海陆丝路的重要通道。

  在完成"南雄乌迳古道文化圈姓氏节调查与珠玑文化"研究并出版《乌迳古道与珠玑文化》一书之后，我就产生了对粤北古道作进一步调查与研究的想法，或者说有一种意犹未尽的感觉，正是这种想法、感觉让我再次投入到对粤北古道的深入研究工作中，又经过近几年的努力，对"粤北古道与文化"的研究也接近尾声。

  "粤北古道与文化"主要以文献法和田野调查法为基本方法，以粤北古道为基础，以"古道—文化"为主线，较系统地梳理了粤北地域古道的基本情况，明确了古道在承接移民南迁、促进南北商贸交流和文化传播以及对接海陆丝路方面的历史功能，并较深入地分析了粤北古道与文化的关系。

  在本书的撰写过程中，本人参考了很多专家、学者的著作及其观点，从中得到很多启发；也得到了较多专家、学者及知情人士的热心指导和帮助，在此，衷心表示感谢！

  由于学力所限，所述内容难免有疏漏或讹误之处，恳请专家、学者批评指正！

赖井洋

2022 年 3 月 13 日